suhrkamp taschenbuch
wissenschaft 1500

Die Weltgesellschaft ist das einzige Gesellschaftssystem, das es gegenwärtig auf der Erde noch gibt. Die Aufsätze dieses Bandes durchdenken die Konsequenzen dieser vielleicht verblüffenden, auf jeden Fall aber umstrittenen These. Sie klären historische Voraussetzungen der Weltgesellschaft, und sie wenden die These auf einzelne Funktionssysteme der modernen Gesellschaft wie Politik und Wissenschaft an. Sie fragen nach Veränderungen in der sozialen Erfahrung von Raum und Zeit und nach der Adressenordnung der Weltgesellschaft wie auch nach den Möglichkeiten des vollständigen Verlusts einer Adresse, d. h. der »Exklusion« aus der Weltgesellschaft. Am Ende des Bandes steht eine theoretische Perspektive, die die wesentlichen Innovationen und Prozesse zu identifizieren versucht, die wir erforschen müssen, um die Dynamik der Weltgesellschaft zu verstehen.

Rudolf Stichweh, Professor für Soziologie an der Universität Bielefeld, hat im Suhrkamp Verlag veröffentlicht: *Zur Entstehung des modernen Systems wissenschaftlicher Disziplinen: Physik in Deutschland 1740-1890* (1984); *Der frühmoderne Staat und die europäische Universität* (1991); *Wissenschaft, Universität, Professionen* (1994, stw 1146).

Rudolf Stichweh
Die Weltgesellschaft

Soziologische Analysen

Suhrkamp

Die Deutsche Bibliothek – CIP-Einheitsaufnahme
Ein Titeldatensatz für diese Publikation
ist bei Der Deutschen Bibliothek erhältlich.

suhrkamp taschenbuch wissenschaft 1500
Erste Auflage 2000
© Suhrkamp Verlag Frankfurt am Main 2000
Alle Rechte vorbehalten, insbesondere das
der Übersetzung, des öffentlichen Vortrags
sowie der Übertragung durch Rundfunk und Fernsehen,
auch einzelner Teile.
Kein Teil des Werkes darf in irgendeiner Form
(durch Fotografie, Mikrofilm oder andere Verfahren)
ohne schriftliche Genehmigung des Verlages reproduziert
oder unter Verwendung elektronischer Systeme
verarbeitet, vervielfältigt oder verbreitet werden.
Druck: Nomos Verlagsgesellschaft
Printed in Germany
Umschlag nach Entwürfen von
Willy Fleckhaus und Rolf Staudt

2 3 4 5 6 − 06 05 04 03

Inhalt

Zur Theorie der Weltgesellschaft

I

Die Weltgesellschaft ist eine Idee des europäischen 18. Jahrhunderts. Als gedankliche Innovation reflektiert sie auf die Herausbildung eines europäischen Staatensystems in der frühen Neuzeit. Dieses Staatensystem ist erstmals seit der städtischen Welt der griechischen Antike ein System sich wechselseitig anerkennender und miteinander geregelte Beziehungen unterhaltender Staaten.[1] In dieser seiner Wirklichkeit läßt es – ungeachtet fortdauernder kriegerischer Auseinandersetzungen zwischen den Staaten – endgültig jede *Weltreichsvorstellung* oder jede Vorstellung einer *universalen Souveränität*[2], die sich mit nur einem dieser Staaten verknüpfen würde, obsolet werden. An die Stelle eines solchen universellen Anspruchs eines einzelnen Staats tritt die Wahrnehmung, daß sich oberhalb der miteinander interagierenden Staaten eine Ordnung etabliert, die eine Eigenqualität besitzt, also nicht in der Summe aller Interaktionen zwischen je zwei Staaten aufgeht. Wie läßt sich eine solche Ordnung beschreiben? Da in der Mitte des 18. Jahrhunderts die Unterscheidung von *Staat* und *Gesellschaft* noch nicht zur Verfügung steht,[3] bleiben nur politische oder staatstheoretische Begriffe zur Bezeichnung auch dieser neuen Makroordnung.

Republik ist der am häufigsten an dieser Stelle anzutreffende Terminus. So etwa bei Voltaire in seiner Schrift »Siècle de Louis XIV«, Europa sei eine große Republik, die zwischen verschiedenen Staaten aufgeteilt sei.[4] Oder sehr ähnlich Edward Gibbon in »Decline and Fall of the Roman Empire«: Europa als eine große aus verschiedenen Staaten zusammengesetzte Republik, in der wechselseitige Beobachtung und Imita-

---

1 Vgl. Hintze 1970, S. 460 ff.
2 Zu universaler vs. territorialer Souveränität Maine 1920, S. 105-114.
3 Vgl. zu ›Staat‹ als einem Begriff, der (noch) nicht von einem Gegenbegriff unterschieden werden kann, so daß es nur die Möglichkeit gibt, ihn durch ›Ankopplung‹ verwandter Begriffe (regnum, res publica etc.) zu modifizieren, Luhmann 1989, S. 112-3. Siehe auch ders. 1987.
4 Zit. n. Hampson 1981, S. 229, Fn. 4.

tion die Korrektur der Regierungsformen, die Erhaltung militärischer Tugend und die Stärkung der Wirtschaft sichere.[5] Schließlich, um ein letztes, zeitlich noch etwas früheres Beispiel zu zitieren, in dem an die Stelle Europas bereits ein Weltbegriff getreten ist: Bezeichnenderweise handelt es sich um einen freimaurerischen Text: eine Ansprache des Großmeisters der französischen Freimaurer, die 1740 gehalten wurde: Die Erde selbst sei nur eine große Republik, der eine jede Nation als *eine* Familie und eine jede Einzelperson als ein Kind zugehöre.[6] Zu dem in diesen Zitaten sichtbar werdenden Gebrauch des Wortes ›Republik‹ möchte ich drei Anmerkungen machen. Erstens meint ›Republik‹ in allen Verwendungen das *Gemeinwesen*, bezeichnet also die Existenz einer politischen Ordnung, die aber nicht über einen Staat verfügt. Zweitens ist immer die Gegenbegrifflichkeit Republik vs. Monarchie impliziert und damit die aristotelische Lehre der Regierungsformen, die die Monarchie als Herrschaft des Einen von der Aristokratie als Herrschaft der Wenigen und der Demokratie als Herrschaft der Vielen unterschied. Noch das 18. Jahrhundert konnte sich nur die Monarchie als eine stabile Regierungsform für einen größeren Staat vorstellen, und um so signifikanter war es, daß die entstehende politische Makroordnung als republikanisch und insofern als nicht-monarchisch beschrieben werden mußte. Drittens war genau diese gegenbegriffliche Stellung von Republik und Monarchie in einem der Funktionsbereiche der europäischen Gesellschaft bereits seit dem Anfang des 17. Jahrhunderts ausprobiert worden. Dies ist der Bereich der Literatur und Gelehrsamkeit. ›Res publica literaria‹ und verwandte Termini hatten immer auch den Sinn, daß sie eine sich ausgrenzende Makroordnung oberhalb der sich verfestigenden Territorialstaatlichkeit beschrieben – und diese Makroordnung wird manchmal ›demokratisch‹, in zugespitzten Formulierungen auch herrschaftsfrei (›anarchisch‹) genannt.[7] Den Transfer von Erfahrungen mit der ›res publica literaria‹ in den politischen Bereich will ich nur noch mit einem Zitat belegen. In Raynals Geschichte der kolonialen Expansion der Europäer heißt es 1778, nahe dem Ende des siebten

5 Zit. n. Pocock 1985, S. 149.
6 Zit. n. Jacob 1991, S. 147 und S. 267, Fn. 27.
7 Siehe näher Stichweh 1991, Kap. VI.

und letzten Bandes: »das Licht gewinnt unmerklich einen immer weiteren Horizont. Eine Art von Reich hat sich gebildet, das der Literatur, und dieses Reich bereitet die europäische Republik vor und leitet sie ein«.[8] → *verkaufende Seni,*
(Arten)

II

Analoge Erfahrungen mit einer sich ausbildenden Globalität lassen sich natürlich auch aus dem Bereich wirtschaftlichen Handelns berichten. Europa wird dann beispielsweise als eine große Handelsstadt beschrieben (»une grande ville commerçante«), in der die einzelnen Staaten gleichsam als Geschäfte mit Handelswaren (»autant de magasins de marchandises«) fungieren. So 1790 in einem Memorandum eines August Witzman für den russischen Hof.[9] Bemerkenswert ist, wie hier aus einer wirtschaftsbezogenen Perspektive eine assoziative Verbindung von europaweiten Makrozusammenhängen mit den sozialen Strukturen einer großen Stadt hergestellt wird. Auf dieses Moment komme ich zurück, möchte aber diese einleitenden Überlegungen zur Selbstbeschreibung der entstehenden Weltgesellschaft nicht weiter vertiefen, stattdessen – das 19. Jahrhundert und damit die Entstehung der Unterscheidung von Staat und Gesellschaft überspringend – übergehen zum modernen Begriff und zur modernen Theorie der Weltgesellschaft. Dieser moderne Begriff entsteht aus dem einer *europäischen Republik* durch zwei Transformationen. Für ›Europa‹ wird der Weltbegriff substituiert und an die Stelle der Idee einer ›Republik‹, die ihrerseits die mittelalterliche Reichsidee verdrängt hatte, tritt der der Soziologie als Fach zufallende Begriff einer *Gesellschaft*.

Zu der ersten dieser beiden Transformationen – der von einer europäischen zu einer weltbezogenen Perspektive – hier nur ganz wenige Worte. Sie ist bereits im ausgehenden 18. Jahrhundert teilweise vollzogen. Kant beispielsweise sieht dort,

8 »... la lumière gagne insensiblement un plus vaste horizon. Une espèce d'empire s'est formé, celui de la littérature, qui commence et prépare la république européenne.« Siehe Mortier 1969, S. 47-48, das Zitat aus Raynal, *Histoire philosophique et politique des Etablissements et du Commerce des Européens ...*, ebd. S. 48.
9 Zit. bei Raeff 1975, S. 1233.

wo er das Verhältnis eines Schriftstellers zu einem Publikum – also einer Öffentlichkeit – beschreibt, genau zwei Möglichkeiten vor. Der Schriftsteller oder gelehrte Autor wendet sich an ein »ganzes gemeines Wesen«, also ein staatlich eingehegtes Publikum, oder er versteht sich – Kant sagt »ja sogar«, um das Erstaunliche dieses Vorgangs hervorzuheben – als ein *Mitglied einer »Weltbürgergesellschaft«*.[10] Analog ist der von Goethe geschaffene Begriff der »Weltliteratur« (1826) zu verstehen. Dieser Transfer aller Attribute, die das 18. Jahrhundert noch Europa zuschreiben konnte, auf den Weltbegriff ist der letzte Grund der Aussichtslosigkeit aller Versuche, für den Europabegriff in der Gegenwart noch eine Sinndeutung zu finden, die das unbestreitbare Faktum regionaler Verbünde wirtschaftlicher oder politischer Natur kulturell überhöht oder legitimiert. Der Europabegriff eignet sich seiner durch das Hervorbringen von Universalismen geprägten Geschichte nach nicht, um eine *begrenzte* Identität innerhalb der Weltgesellschaft zu bezeichnen. Wofür immer wir uns interessieren, sei es der »europäische Roman«, um Milan Kunderas letzten Wertbegriff zu zitieren,[11] oder auch die »europäische Universität«,[12] wir haben es in jedem Fall nur mit historischen Begriffen zu tun, die durch den Erfolg dessen, wovon sie sprechen, obsolet geworden sind.

Weit umstrittener als der Weltbegriff ist der Gesellschaftsbegriff, soweit es um die Analyse von Makrozusammenhängen geht. Es ist auffällig, daß die meisten Autoren, die sich für Globalisierung interessieren, den Gesellschaftsbegriff bewußt vermeiden, wenn sie das umfassende System bezeichnen wollen, um dessen Herausbildung und heute weltweite Bedeutung es ihnen geht: Weltsystem, Weltökonomie, Soziosphäre[13] und andere Vorschläge stehen zur Diskussion. Andererseits gibt es ein interessantes wissenschaftssystematisches Indiz, das darauf hinzudeuten scheint, daß eine *Regionalisierung des Gesellschaftsbegriffs* nicht konsistent gedacht werden kann. Während das Fach ›internationale Politik‹ im Unterschied zur ›Staatswissenschaft‹ und das Fach ›Weltwirtschaftslehre‹ im

10 Kant 1784, S. 55-56.
11 Kundera 1984.
12 Vgl. dazu Stichweh 1991.
13 Dazu Boulding 1992.

Unterschied zur ›Nationalökonomie‹ etablierte Teildisziplinen oder Teilperspektiven der Politik- bzw. Wirtschaftswissenschaft sind oder waren, kann von einer vergleichbaren Zweiteilung in der Soziologie für keinen Zeitpunkt ihrer Geschichte die Rede sein. Nie hat es – außer in Einzelstudien, die dann bezeichnenderweise ›Fallstudien‹ waren, und darüber hinaus in der Lehre – eine Soziologie Frankreichs, Englands oder Deutschlands gegeben und daneben dann noch eine international vergleichende Soziologie. Daß der Grund für diese Sonderstellung der Soziologie in einem Gesellschaftsbegriff zu suchen ist, der regionale Einschränkungen nicht konsistent zu denken erlaubt, liegt auf der Hand.[14] Ich sehe nur zwei Möglichkeiten, einem Gesellschaftsbegriff, der selbstverständlich weltweite Zusammenhänge einschließt, auszuweichen. Entweder identifiziert man den Gesellschaftsbegriff mit dem *Kulturbegriff* der Sozialanthropologie und übernimmt dann die für diesen heute selbstverständliche Implikation, daß es immer eine Pluralität von Kulturen, insofern auch eine Pluralität von Gesellschaften gibt.[15] Oder man bindet den Gesellschaftsbegriff – in der Regel stillschweigend – zurück an den Staat und hat es in der Folge immer mit einer Gesellschaft zu tun, die man als durch einen Staat regiert oder beherrscht und eben auch begrenzt denkt. Daß beide dieser Denkmöglichkeiten letztlich keine sind, weil im einen Fall die Soziologie eine Teildisziplin der Sozialanthropologie, im anderen Fall der Politikwissenschaft wäre, wird man konzedieren müssen, wenn man nicht die Soziologie selbst und/oder den Gesellschaftsbegriff[16] opfern will.

Also wird man nicht umhinkönnen, die Implikationen eines Gesellschaftsbegriffs zu akzeptieren, der im übrigen durchaus traditionell ist und den in klassischer Einfachheit Talcott Parsons formuliert hat. Gesellschaft sei, so heißt es in einem Aufsatz von 1961, das *Sozialsystem höchster Ordnung*, das ein Ordnungsniveau in der Weise etabliere, daß innerhalb eines

14 Darauf weist auch Zolberg 1983, S. 269, hin.
15 Vgl. zu Kontingenz als Moment des modernen Kulturbegriffs Luhmann 1992, S. 93 und 198.
16 Vgl. zu dieser letzteren Option aus der Sicht eines Sozialanthropologen Wolf 1988; bei Eric Wolf und anderen läßt sich zeigen, daß die Kritik am Gesellschaftsbegriff in der Regel daher rührt, daß sie ihn zu eng mit Merkmalen wie Territorialität, Staatlichkeit etc. verknüpft denken.

Gesellschaftssystems *alle Strukturen und Prozesse*, an denen ein Analytiker sozialer Systeme interessiert sein könne, eine *relativ vollständige und stabile Entwicklung* finden. Das aristotelische Konzept der Selbstgenügsamkeit oder Autarkie habe dafür als das grundlegende Modell gedient.[17] Ohne jedes Wort dieser Definition unterschreiben zu wollen – was z. B. heißt ›relativ‹ vollständige Entwicklung und was heißt eine ›stabile Entwicklung‹, wo doch die Überbrückung von Instabilitäten dasjenige ist, was Entwicklungsprozesse interessant macht –, scheint sie mir doch ein überzeugendes Plädoyer – und zwar über einige der paradigmatischen Differenzen der Soziologie hinweg – für einen Gesellschaftsbegriff zu enthalten, der unter Gegenwartsbedingungen notwendigerweise mit dem Begriff der Weltgesellschaft zusammenfällt.[18] Ich möchte noch einmal ein Moment dieser Definition hervorheben: Alle Strukturen und Prozesse, die für die Analyse sozialer Systeme wichtig sind, müssen innerhalb der Gesellschaft ihren Platz finden. Eine logische Folgerung ist dann auch, daß die Gesellschaftstheorie und die Theorie der Weltgesellschaft im Prinzip ein und dasselbe Unterfangen sind; daß man zwar, indem man ›Weltgesellschaft‹ explizit als Forschungsproblem wählt, auf bestimmte Makroaspekte (und vermutlich auch Mikroaspekte) der modernen Gesellschaft abstellt, also den Gesellschaftsbegriff selektiv einsetzt – daß aber umgekehrt gerade für den Gesellschaftstheoretiker immer gilt, daß er keine theorieinterne Entscheidung treffen darf, ohne dabei das strukturelle Faktum der Weltgesellschaft zu berücksichtigen.

Einer Konnotation des Gesellschaftsbegriffs, die wiederum in der Regel stillschweigend mitgeführt wird, ist hier noch nicht Rechnung getragen worden. Dies ist die Frage der *Einheitlichkeit der Lebensbedingungen*.[19] In dieser Frage scheint mir das dominante Motiv des Widerstands gegen die Idee der Weltgesellschaft zu liegen. Die unzähligen Inhomogenitäten der Weltgesellschaft, die enormen Differenzen zwischen reichen und armen Ländern, die Unterschiede des Entwicklungs-

17 Parsons 1961, S. 121-122.
18 Daß Talcott Parsons selbst (wegen des Bezugs auf eine ›nationale Gemeinschaft‹, der in seinem Begriff der ›societal community‹ liegt) diese Schlußfolgerung nicht gezogen hat, ist bekannt.
19 Vgl. Luhmann 1992a, S. 72.

standes oder des Modernisierungsgrades, die Unzugänglich-
keit der technischen Voraussetzungen weltweiter Interaktion
für die Mehrzahl der Menschen – all dies sind überzeugende
Motive, das Postulat nur eines Gesellschaftssystems abweisen
zu wollen. Andererseits fällt sofort auf, daß, wenn man mit der
definitorischen Forderung einheitlicher Lebensbedingungen
Ernst machen wollte, die Dekomposition der Weltgesellschaft
in homogenere Gesellschaften nicht gerade auf der Ebene
staatlich bestimmter ›Nationalgesellschaften‹ ihren Endpunkt
finden würde. Beispielsweise brauchte man nur daran zu erin-
nern, daß die Lebenserwartung junger Schwarzer in Harlem
niedriger ist als die gleichaltriger Jugendlicher in den ärmsten
afrikanischen und asiatischen Ländern,[20] um auf diese Weise
die Vorstellung einer ›amerikanischen Gesellschaft‹ als absurd
zu erweisen. Also bliebe unter der Prämisse einer Einheitlichkeit der Lebensbedingungen als Definiens von Gesellschaft
letztlich nur die Familie als ein plausibler Kandidat für die An-
wendbarkeit des Gesellschaftsbegriffs.

Eine, wie mir scheint, überzeugendere konzeptuelle Reaktion auf die Inhomogenitäten und Inegalitäten der Weltgesellschaft drängt sich auf. Wenn man sich beispielsweise die
deutschsprachige Literatur zur Weltgesellschaft ansieht, dann
haben die beiden einflußreichsten Protagonisten, Niklas Luhmann und Peter Heintz, konsistent darauf insistiert, daß die
Leistungsfähigkeit der Theorie der Weltgesellschaft sich gerade daran wird erweisen müssen, daß es ihr gelingt, Unterschiede im System der Weltgesellschaft *als interne Differenzierungen* dieses Systems zu erweisen.[21] Unterschiede sind dann
also nicht nur *historisch konditioniert* und sie sind nicht nur ein
in der Weltgesellschaft mögliches *synchrones Vorkommen un-
gleichzeitiger Entwicklungsniveaus* in ein und demselben System, obwohl beides auch richtig ist. Zunächst aber sind beobachtbare Unterschiede als *strukturelle Effekte der Weltgesellschaft* selbst zu analysieren, und die wissenschaftliche
Beobachtung der Weltgesellschaft wird sich darauf konzentrieren, *wie* dieses System mit historischen Konditionen und
der ›Gleichzeitigkeit des entwicklungsgeschichtlich Ungleichzeitigen‹ umgeht und diese Sonderlagen für den eigenen Struk-

20 Siehe Sen 1992.
21 Siehe Heintz 1982, S. 9; Luhmann 1992a, S. 72.

turaufbau fruchtbar macht. Diese konzeptuelle Strategie, das Inhomogenitätsargument so zu wenden, daß daraus der eigentliche Erklärungsanspruch der Theorie gewonnen wird, ist im übrigen der gemeinsame Kern der Theorien der Weltgesellschaft, von Weltsystemtheorien, wie sie u. a. Immanuel Wallerstein formuliert hat, und der seit den sechziger Jahren vertretenen Dependenztheorien. Gleichzeitig fällt auf, daß der Alternativbegriff der *Globalisierung*, der gegenwärtig in der soziologischen, wirtschaftswissenschaftlichen und sozialgeographischen Literatur zu dominieren scheint und den u. a. Anthony Giddens präferiert,[22] in dieser Hinsicht einen schwächeren Erklärungsanspruch wählt, weil er primär auf das genetische Moment der Ausweitung oder der Delokalisierung bis dahin lokal begrenzter Phänomene blickt, aber dies nicht aus dem Blickwinkel eines gleichzeitig entstehenden Systems einer höheren Systemebene tut, das Mechanismen der Globalisierung als Mechanismen des eigenen Strukturaufbaus nutzt. Insofern ist an Theorien der Globalisierung immer die Frage zu richten: Globalisierung im Kontext welchen Systems?

III

Ein Aspekt des Inhomogenitätsproblems ist noch nicht thematisiert. Die meisten Menschen nehmen nie an weltweiten Interaktionen teil, führen also beispielsweise nie ein interkontinentales Telefongespräch, und außerdem ist der Anteil weltweiter Interaktionen an der Gesamtzahl aller Interaktionen vermutlich nach wie vor gering. Natürlich läßt sich leicht nachweisen, daß das Wachstum internationaler Kontakte schon seit Jahrzehnten höhere Raten aufweist als das Wachstum lokaler oder nationaler Kontakte. Alex Inkeles hat solche Zahlen vorgelegt.[23] Das ist ein erwarteter Befund. Nur das Gegenteil wäre eine Überraschung und würde eine Suche nach vielleicht instruktiven Erklärungen stimulieren. Eine Zählung von Interaktionen mit den erwarteten Differenzen in den Zuwachsraten hilft uns aber wenig bei der Identifikation von ana-

22 Siehe dazu Giddens 1989; ders. 1990.
23 Inkeles 1975.

lytischen Strategien, mit denen wir uns die Weltgesellschaft durchsichtig machen können.

Eine dafür entscheidende Frage ist die nach der Unterscheidung von Systemebenen in der Weltgesellschaft und die Anschlußfrage, wie die Interaktion zwischen Systemebenen zu definieren ist. Im Prinzip sehe ich drei alternative Möglichkeiten in der gegenwärtigen Diskussion repräsentiert: *Zentrum/Peripherie-Unterscheidungen; exklusive Hierarchien von Systemebenen und inklusive Hierarchien von Systemebenen.* Zentrum/Peripherie-Unterscheidungen sind heute vor allem in der Wallerstein-Tradition präsent.[24] Sie behandeln die Frage nach Systemebenenunterscheidungen in der Weltgesellschaft und die nach der Differenzierungsform der Weltgesellschaft mit ein und demselben Begriffsvorschlag. Zwei Schwächen treten vor allem hervor: Die Wallerstein-Tradition kann der funktionalen Differenzierung der Weltgesellschaft nicht angemessen Rechnung tragen. Funktionale Differenzierung führt aber u. a. dazu, daß Zentrum/Peripherie-Unterscheidungen heute allenfalls als Zweitdifferenzierungen innerhalb von Funktionssystemen relevant sind. Außerdem verlieren im Grade der *Delokalisierung* von Funktionen Zentrum/ Peripherie-Unterscheidungen in der Gegenwart schnell an Bedeutung, so daß wir es hier mit einer Analysetradition zu tun haben, die zwar der Selbstauffassung der Nationalstaaten – in einer Perspektive von ›rise and decline‹ – relativ nahesteht, die aber doch durch abnehmende analytische Zugriffssicherheit gekennzeichnet ist.

Die beiden anderen analytischen Perspektiven trennen Funktionsunterscheidungen explizit von Systemebenenunterscheidungen. Das hat zur Folge, daß Dimensionen wie Mikro/Makro oder Globalität/Lokalität spezifisch durch Systemebenenunterscheidungen betreut werden. Zwei Möglichkeiten lassen sich unterscheiden: Exklusive vs. inklusive Handhabung von Systemebenen. Mit einer exklusiven Handhabung von Systemebenen meine ich eine Unterscheidung globaler von regionalen und schließlich lokalen Aspekten der Weltgesellschaft, wobei einzelne Interaktionen jeweils einer und nur einer dieser Dimensionen zugerechnet werden. Interaktionen finden dann entweder in einem globalen oder in ei-

24 Siehe zuletzt Wallerstein 1991.

nem regionalen Kontext statt, aber nicht in beiden gleichzeitig. Man kann dies die parsonianische Option nennen, weil solche Zuordnungen sich nur unter der Prämisse eines analytischen Systembegriffs überzeugend durchführen lassen und weil es naheliegt, die Dimensionen von Globalität vs. Lokalität in einer Art AGIL-Hierarchie aufzuordnen, so daß die Dimension global/lokal mit der Dimension informationell/energetisch korrelieren würde. In der gegenwärtigen Diskussion vertritt vor allem George Modelski diese Option, der die Weltgesellschaft in ein globales, regionales, nationales und lokales Subsystem einteilt und diese Vierfachunterscheidung anschließend mit einer parsonianischen Funktionenunterscheidung – economy, polity, community, cultural system – kreuztabelliert.[25] Das kann im einzelnen zu interessanten Ergebnissen führen. So etwa Modelskis umstrittene Diagnose, die für das globale Subsystem für ca. ein Jahrhundert (1480-1580) Portugal eine dominante Stellung zuschreibt,[26] während gleichzeitig in einem regionalen, europäischen Kontext die Anwendung der Zentrum/Peripherie-Unterscheidung zur Identifikation ganz anderer Machtzentren (Frankreich/Spanien) führt. Begrifflich ähnlich konstruiert ist auch die Braudel verwandte These, die die Weltgesellschaft der Gegenwart als Vernetzung bestimmter sehr kleiner Sektoren einiger sehr großer Weltstädte analysiert.[27] Wie diese beiden Beispiele zeigen, läßt sich auch die Wallerstein-Logik mittels einer Analytik von Systemebenen überzeugender rekonstruieren.

Die zweite Möglichkeit ist die einer inklusiven Handhabung von Systemebenen. Der klassische Vorschlag ist hier der von Niklas Luhmann, Interaktionssysteme, Organisationen und Gesellschaft zu unterscheiden,[28] mit der Implikation, daß ein und dieselbe Interaktion gleichzeitig allen drei Systemebenen angehören kann, was dazu führt, daß die wechselseitige Beeinflussung globaler und lokaler Zusammenhänge an der einzelnen Interaktion ablesbar sein muß – und dies auch dann noch, wenn eine zunehmende Differenzierung der Systemebe-

25 Siehe Modelski 1978; ders. 1981; ders. 1983.
26 Vgl. Modelski 1983a.
27 Vgl. Korff 1991.
28 Luhmann 1975.

nen im Verhältnis zueinander postuliert wird.[29] Eine weitere
konstruktive Besonderheit des Luhmannschen Vorschlags ist,
daß die intermediäre Systemebene Organisation zugleich der
zentrale Mechanismus des Vermittelns weltweiter Kontakt-
chancen ist, Organisationszugehörigkeit insofern als die Zu-
gangsbedingung zur Weltgesellschaft fungieren kann.[30] Diese
These muß heute allerdings ergänzt werden – und auch Luhmann sieht dies so[31] – durch den Hinweis auf *Telekommunikation* als den anderen relevanten Mechanismus des Eröffnens
von Zugangschancen zu weltweiten Kontakten, und ein wichtiges Forschungsthema ist die wechselseitige Vernetzung, aber
auch funktionale Äquivalenz von Organisation und Telekommunikation als Mechanismen der Herstellung weltweiter Zusammenhänge.[32]

Die entscheidende Frage für eine Theorie vom Luhmann-
Typ ist aber die nach der einzelnen Interaktion oder der einzelnen kommunikativen Sequenz als Umschaltpunkt oder als
Integrationsmoment, so daß im einzelnen interaktiven Ereignis Lokales und Globales miteinander interpenetrieren. Ich
will an dieser Stelle nicht detaillieren und nicht eine relativ bekannte Theorie paraphrasieren. Aber ich will zwei Leithypo-
thesen und eine Folgerung nennen. Ich denke, daß das Luh-
mann-Argument zwei Teilannahmen enthält: Die eine nenne
ich die »*Und so weiter*«-Hypothese. Die andere ist eine *Dekontextualisierungsthese*. Die »Und so weiter«-Hypothese besagt, daß der für die Theorie der Weltgesellschaft entscheidende Sachverhalt nicht ist, daß die einzelne Interaktion
enorme räumliche oder zeitliche Distanzen überspannt, daß es
vielmehr darum geht, daß in jeder einzelnen Interaktion ein
»Und so weiter« anderer Kontakte der Teilnehmer präsent ist
und dies die Möglichkeit weltweiter Verflechtungen eröffnet,
eine Möglichkeit, die wiederum als Selektivitätsbewußtsein in
der einzelnen Interaktion relevant wird und auf diese Weise in
die Interaktionssteuerung eingreift.[33] Die Dekontextualisierungsthese meint die Behauptung, daß die Verlängerung der

29 Luhmann 1987b.
30 Vgl. Luhmann 1971, S. 54.
31 Luhmann 1987a, S. 208.
32 Siehe einige Hinweise in Stichweh 1989.
33 Siehe Luhmann 1971, S. 53-4 und 67, Fn. 12.

»Und-so-weiter«-Ketten durch funktionale Spezifikationen und andere in der Interaktion präsente Abstraktionen – also beispielsweise die generalisierten Symbole der Kommunikationsmedien – ermöglicht wird, die die Interaktion aus diffusen Verflechtungen mit anderen Kontexten herauslösen.[34] In dieser zweiten Hinsicht einer behaupteten Dekontextualisierung trifft sich Luhmanns Diagnose präzise mit der Theorie Anthony Giddens', der dasselbe Phänomen »disembedding« nennt und Mechanismen wie Expertensysteme, Vertrauen, Professionen und »symbolic tokens« anführt, also ebenfalls Mechanismen einer durch funktionale Spezifikation ermöglichten Generalisierung von Symbolen.[35] Wie bei Luhmann ist bei Giddens die Absicht die, zu zeigen, daß es unter modernen Bedingungen eine Penetration des Lokalen durch globale Umstände gibt[36] – und genau in diesem Sinn scheint Giddens auch seine Kernthese einer Differenzierung von Raum und Zeit zu meinen: Es können jetzt Ereignisse füreinander gleichzeitig sein und sich in ihren Wirkungen wechselseitig durchdringen, obwohl sie voneinander durch enorme räumliche Distanzen getrennt sind.[37] Also gehen aus räumlichen Differenzen nicht mehr selbstverständlich Zeitunterschiede hervor und deshalb vollzieht sich die interne Differenzierung von Funktionssystemen zunehmend nach Gesichtspunkten, die keinen territorialen Index tragen. Bemerkenswert an Überlegungen dieses Typs ist, daß sie eine These belegen, die ich schon oben skizziert habe. Die Arbeit an Leitfragen der Gesellschaftstheorie – symbolische Generalisierung, funktionale Spezifikation u. a. – schreibt zugleich uno actu die Theorie der Weltgesellschaft, weil es entscheidend darum geht, daß die Wirkung der Weltgesellschaft sich als Penetration des einzelnen lokalen Akts er-

34 Zur funktionalen Spezifikation von Intentionen, die die Erwartungen des anderen mittels ›Normalitätsunterstellungen‹ erwartbar macht, Luhmann 1971, S. 54.
35 Giddens 1990, S. 21-29; Tomlinson 1994.
36 Siehe Giddens 1990, insb. S. 19, S. 64.
37 Vgl. zur Delokalisierung von Märkten, die impliziert, daß Waren gleichzeitig auf Märkten gehandelt werden können, ohne deshalb zur gleichen Zeit am selben Ort sein zu müssen, Bell 1987, S. 12, am Beispiel des Rotterdamer Spotmarkts, der als Markt für frei kontrahierbare Restmengen Öl seine Entstehung ursprünglich den günstigen infrastrukturellen Bedingungen des Rotterdamer Hafens verdankt habe, aber jetzt als »Telex-Radio-Computer Network« ohne Lokalitätsbedingungen für beteiligte Schiffe funktioniere.

weisen läßt. Eine Theoriepräferenz dieses Typs muß im übrigen nicht implizieren, daß nicht parallel die Weiterarbeit an den analytischen Systemmodellen der Weltgesellschaft attraktiv wäre, die im ersten Schritt globale, regionale und andere Subsysteme isolieren, um danach die Interaktion dieser Subsysteme zu modellieren. Das Theorieproblem der Interaktion analytischer Subsysteme tritt unter diesen Prämissen an die Stelle der Penetrationsthese.

Diesen Teil meines Arguments abschließend will ich nur noch eine Anekdote berichten. Vor einiger Zeit habe ich an einer Tagung mit Historikern teilgenommen. Ein jüngerer Historiker trug in der Diskussion Standardeinwände gegen lokalgeschichtliche Forschung vor, worauf ein etablierter Hochschullehrer replizierte: »Es gibt nur Lokales.« Bemerkenswert fand ich, daß die Diskussion damit beendet war, daß, statt daß eine Fragestellung eröffnet worden war, ein Generationskonflikt ausgetragen worden war. Ein Sinn von Theoriearbeit des hier skizzierten Typs ist offensichtlich der, Fragen dieser Art einer wissenschaftlichen Diskussion zugänglich zu machen.

IV

Ich will im folgenden noch zwei speziellere Fragen behandeln, die in der systemtheoretischen Diskussion bisher nicht viel Aufmerksamkeit gefunden haben. Gibt es eine Möglichkeit, auf der Ebene der Weltgesellschaft von einer *Kultur* zu sprechen, und gibt es ein *politisches System* der Weltgesellschaft, oder bleibt es bei der Diagnose, daß nur von einer segmentären Differenzierung in Staaten die Rede sein kann und darüber hinaus wenig zu sagen ist? Die beiden Fragen werden sich als miteinander verknüpft erweisen.

Vieles scheint dafür zu sprechen, daß der Begriff einer Kultur der Weltgesellschaft analytisch nicht sinnvoll ist. Ich habe oben bereits die These der Kontingenz von Kultur erwähnt, die impliziert, daß es immer auch andere Kulturen gibt. Auch Immanuel Wallerstein denkt hier ähnlich, wenn er in einer Formulierung, die so klingt, als sei sie von Simmel inspiriert, folgert, Kultur meine das Phänomen, daß man Eigenschaften *mit einigen anderen Personen* teilt, während es weiterhin Eigenschaften gebe, die man mit allen anderen Personen, und schließlich Eigenschaften, die man mit niemandem teilt.[38] Also bezeichnet Kultur die mittlere Lage zwischen Universalien und Idiosynkrasien und ist insofern unhintergehbar plural.[39]

Das muß aber nicht die letzte Antwort sein. Mindestens drei Deutungsmöglichkeiten sehe ich, die eine Pluralität von Kulturen auf eine zugrundeliegende weltgesellschaftliche Ordnungsstruktur relationieren. Weltkultur kann erstens als eine *wechselseitige Inklusivität von Einzelkulturen* gedacht werden; sie kann zweitens als ein *Repertoire aufeinander ab-gestimmter oder auch lose gekoppelter Möglichkeiten* beschrieben werden, aus dem Einzelkulturen durch selektive Nutzung und feste Kopplung einiger Möglichkeiten hervorgehen, oder sie kann drittens als *Minimal-* oder *Metakultur* gedacht werden, der man wiederum in verschiedenem Grade generative Kraft zuschreiben kann.

(1) Die erste Denkmöglichkeit unterstellt die These, daß die Weltgesellschaft die in ihr vorkommenden Kulturen dazu nötigt, sich bei Interpretation der eigenen Bestände in Richtungen zu bewegen, die das Moment der Kompatibilität mit anderen Kulturen verstärken. Jede Kultur bleibt dabei innerhalb des eigenen Alternativenspektrums, aber in diesem werden die Alternativen privilegiert, die eine inklusive Vernetzung mit anderen Kulturen erlauben. Theologie und Kirchenorganisation kennen einen Begriff für diesen Sachverhalt – *Ökumene*. Roland Robertson hat in einer dieser Hypothese nahestehenden Argumentation darauf hingewiesen, daß nationale religiöse und kulturelle Traditionen sich gerade in der Fähigkeit und Bereitschaft unterscheiden können, solche inklusiven Operationen an sich selbst zu vollziehen.[40] Die japanische Religion – als ein unhintergehbar polytheistisches und synkretistisches System – gilt Robertson als ein Musterbeispiel einer Kombination aus Übernahmefähigkeit und dadurch nicht gefährdeter Selbsterhaltung. Ein Gegenbeispiel wäre dann vielleicht die gegenwärtige Entwicklung des fundamentalistischen

38 Wallerstein 1991, S. 158.
39 Dazu interessant auch Nederveen Pieterse 1994, insb. S. 176-177, der territoriale *Kulturen* (im Plural) von einer translokalen *Kultur* (vermutlich im Singular) unterscheidet und mit letzterem Begriff Diffusion und Lernprozesse über Grenzen hinweg meint.
40 Robertson 1987.

Islam, der bewußt Exklusion betonende eigene Alternativen wählt, um damit eine partielle Segregation aus der Weltgesellschaft (oder eine demonstrative Besonderheit *in* der Weltgesellschaft) zu betreiben.[41] Beide Wirkungsrichtungen sind also denkbar: Eine Weltgesellschaft als kulturelle Inklusivitätserwartung, die, weil sie dies ist, bestimmte ihrer Regional- und Lokalkulturen privilegiert und andere disprivilegiert – und umgekehrt Regional- und Lokalkulturen, die ihre eigene weitere Evolution selegieren und dabei zugleich eine präferierte Nähe oder Distanz zum System der Weltgesellschaft mitwählen.

(2) Die zweite Möglichkeit ist die einer *Weltkultur als Repertoire von Möglichkeiten*. Zwei Varianten lassen sich unterscheiden. Die erste dieser Varianten nimmt einen begrenzten ›set‹ weniger kultureller Ideologien an, die weltweit verfügbar sind und die in manchen Fällen als binäre Oppositionen auftreten. Talcott Parsons hat in den sechziger Jahren Analysen vorgelegt, die eine gewisse Einheit der Weltgesellschaft gerade aus der *polaren ideologischen Struktur* herzuleiten versucht haben, wie sie durch die Alternativen Kapitalismus vs. Sozialismus, Imperialismus vs. autochthone nationale Entwicklung definiert wurde.[42] Das war insofern ein klassisches soziologisches Argument, als es Konflikt und Polarisierung als Instanzen der Vergesellschaftung deutete. Ähnlich argumentiert heute Immanuel Wallerstein, wenn er Konservativismus, Sozialismus und Liberalismus als die drei Ideologien der Weltgesellschaft des 19. und 20. Jahrhunderts denkt und Wahlen zwischen diesen drei Ideologien als Selektionseffekte politisch-ökonomischer Strukturen interpretiert.[43] Eine verwandte Denkschule spricht von *transnationalen Parteien* und beschreibt insofern dasselbe Phänomen einer basalen Einheitlichkeit einer Weltkultur dank ideologischer Oppositionen.[44] In all diesen Argumenten ist der politische Schwerpunkt unübersehbar, und offensichtlich ist es auch der Bedarf für politisch handhabbare Vereinfachungen, der die Reduktion einbezogener Alternativen auf binäre Oppositionen begünstigt.

41 Vgl. die Notiz bei Folkers 1987, S. 79, Fn. 17.
42 Parsons 1961; ders. 1967.
43 Wallerstein 1991, S. 9 ff.
44 Vgl. Goldman 1983.

Demgegenüber ist die zweite Variante der Theorien, die Welt-kultur als Repertoire von Möglichkeiten denken, eher *evoluti-onstheoretisch* zu nennen. Wilbert E. Moore hat schon 1966 zu zeigen versucht, daß eine Diversität von Kulturen einerseits unbestreitbar ist, diese Diversität sich andererseits in der Ge-genwart dank einer *eklektischen* und *zufälligen Kombination von Elementen* ergibt, die aus einem Pool kultureller Optio-nen stammen, der im Prinzip weltweit institutionalisiert ist.[45] Man kann dies auch in die Sprache von loser und fester Kopp-lung übersetzen und wird dann von einem lose gekoppelten Pool kultureller Elemente sprechen, in Hinsicht auf den ein-zelne Kulturen erstens eine Selektion vornehmen und zwei-tens feste Kopplungen für die losen Kopplungen substituieren. Auch bei diesen evolutionstheoretischen Überlegungen wird ein politisch-ideologischer Hintergrund postuliert, der Limi-tationen hinsichtlich dessen garantiert, was überhaupt Ele-ment des Optionenpools werden kann. Wilbert E. Moore spricht von einer Ubiquität national gerichteter Programme geplanten sozialen Wandels und von einer überall beobachtba-ren Ideologie wirtschaftlicher Entwicklung.[46] Insofern ist ein Modernisierungshintergrund unübersehbar, wobei der Begriff der Modernisierung aber einer Rekonstruktion bedarf. Ein für unsere Zwecke interessanter Vorschlag verdankt sich Roland Robertson, der vor einiger Zeit dafür plädiert hat, daß Moder-nisierung heute als eine Art bipolare Orientierung zu denken ist, die gesellschaftlichen Eliten abverlangt, daß sie einerseits immer die Erhaltung und Entwicklung regionaler und lokaler Identitäten im Blick haben, andererseits mit gleicher Intensität globale Bedingungen beobachten und als Handlungsaufforde-rung interpretieren.[47] Die letzte Variante einer Theorie der Weltkultur würde entweder von Minimal- oder von Metakul-tur sprechen. Hier dominiert statt der Vorstellung eines Re-pertoires (von Oppositionen oder Optionen), viel eher die Vorstellung eines ›sets‹ *von Instruktionen*, einer Art von Tie-fenstruktur, die Oberflächenvariationen erzeugt. ›Metakultur‹ sagt beispielsweise Louis Dumont, und er meint damit eine

---

45 Moore 1966, S. 481. Dies kann man auch als eine Applikation von Talcott Parsons' Theorie der Kultur lesen. Siehe Parsons 1973.
46 Moore 1966, S. 481.
47 Robertson 1988, S. 753.

Konfiguration von abstrakten Elementen (Individualismus, Primat der Beziehungen zu Sachen gegenüber den Beziehungen zu Personen, scharfe Subjekt/Objekt-Trennung), die weltweit durchgesetzt sei.[48] Diversität ist dann nicht ein Resultat selektiver Behandlung dieser Konfiguration, ist vielmehr eine Varietät, die im Prozeß der lokalen Konkretisierung abstrakter Elemente entsteht. Diametral entgegengesetzt ist die Vorstellung einer *Minimalkultur*, die die Ebene der Weltgesellschaft gerade durch einen sehr niedrigen Grad der Artikulation kultureller Gemeinsamkeiten beschreibt und aus diesem Befund – d. h. aus der Abwesenheit eines instruktiven ›sets‹ – Folgerungen herleitet. So etwa George Modelski, der vermutet, eine politische Führungsposition im System der Weltgesellschaft könne nur von einer Macht besetzt werden, die die kulturelle Lücke auf der Ebene der Weltgesellschaft respektiert und sie nicht durch eigengenerierte ideologische Definitionen auszufüllen versucht.[49] Auch hier also ein Selektionseffekt, der von der Ebene der Weltgesellschaft ausgeht und bestimmte Arten der Ausbildung eines Subsystems präferiert. Die Verwandtschaft zu der eingangs diskutierten Inklusivitätsthese ist unübersehbar: Während die Inklusivitätsthese eine Begünstigung anpassungs- und übernahmefähiger Kulturen prognostiziert, wäre die Diagnose hier eher die einer Begünstigung unaufdringlicher, nicht aggressiv formulierter Kulturen, in denen zusätzlich vielleicht eine reflexive Selbstdistanz Platz findet.[50]

V

Die letzte Frage, die ich abschließend kurz diskutieren will, ist die, ob es ein politisches System der Weltgesellschaft gibt. Existiert oberhalb der Ebene der schnell wachsenden Zahl von Nationalstaaten eine globale Ordnungsform der Politik?[51] Die Überlegungen zur Möglichkeit gemeinsamer kultureller Elemente der Welt, die die Prominenz politischer Komponenten

48 Dumont 1991, insb. S. 19-20.
49 Modelski 1983, S. 118.
50 Vgl. zu Reflexivität als Moment des modernen Kulturbegriffs Luhmann 1992, S. 93.
51 Vgl. zu diesem Thema auch Stichweh 1994.

in den basalen Strukturen einer Weltkultur sichtbar machten, lassen vermuten, daß die Antwort auf diese Frage in irgendeinem Sinn positiv sein wird. Daher will ich einen ersten Antwortversuch in die Richtung unternehmen, daß die *Institutionalisierung des souveränen Nationalstaats selbst* die grundlegende Prämisse des politischen Systems der Welt ist. Für die Weltpolitik gilt insofern nicht, daß eine Zersplitterung in eine Vielzahl von Nationalstaaten ihr – in irgendeinem Sinn zu bedauerndes – Problem ist. Viel richtiger scheint die Diagnose, daß gerade die Institutionalisierung des Nationalstaats die entscheidende Leistung der Weltpolitik ist. John Meyer hat dies unter Verweis auf die Charta der Vereinten Nationen, die explizit Rechte für Nationalstaaten definiert, zu der These zugespitzt, daß es ein politisches System der Welt gibt, in dem die *Nationalstaaten als konstitutive Bürger* fungieren.[52] Damit entsteht eine egalitäre Basisstruktur nationaler Souveränität,[53] der Hans Geser eine interessante präzisierende Deutung gegeben hat: Es existieren jetzt zwei Typen von Nationalstaaten, erstens kleine Staaten, die ein strukturelles Interesse an einer *holistischen Selbstinterpretation* haben, d. h. an einer Interpretation, die sie als eine geschlossene politische Entität neben anderen gleichartigen staatlichen Entitäten beschreibt. Andererseits gibt es große Staaten, die sich selbst *nominalistisch* auffassen, d. h. auf die Vielzahl der Bürger verweisen, aus denen sie bestehen, und dies als Forderung nach *Demokratisierung* in internationale Organisationen einbringen.[54]

Mit dieser egalitären Basisstruktur nationaler Souveränität zeichnet sich offensichtlich eine Trendumkehr in der Weltpolitik ab. Noch das 19. Jahrhundert schien den Prozeß territorialer Zentralisierung voranzutreiben und mit den Vereinigten Staaten und Rußland wurden *kontinentgroße Einzelstaaten* weltpolitisch dominant, eine Tendenz, die, wie Geoffrey Barraclough betont hat, als der Hintergrund für den deutschen Expansionismus im 20. Jahrhundert gedeutet werden.[55] Die Egalisierung nationaler Souveränität, die sich seit dem

---

52 Meyer 1987, S. 50, unter Verweis auf Abschnitt 51 der Charta der Vereinten Nationen. Vgl. Wallerstein 1991, S. 153.
53 Vgl. Geser 1992, S. 652.
54 Geser 1992, S. 645-646.
55 »Gedeutet werden könnte«: siehe Zolberg 1983, S. 283-284.

Zweiten Weltkrieg beobachten läßt, ändert dies radikal. Erstmals unterscheiden sich die Überlebenswahrscheinlichkeiten für große und kleine Staaten nicht wesentlich, sind kleine Staaten nicht mehr auf geographische Sonderlagen und hegemoniale Unterordnung angewiesen.[56] Gleichzeitig werden größere Staaten wegen des Nationalitätsprinzips angreifbar, da jetzt jederzeit eine Ethnie behaupten kann, daß der Prozeß der Konstruktion einer Nation mißlungen sei und sie mit diesem Argument eine Sezession betreiben kann. Sie kann dafür zwar keine weltpolitische Unterstützung erwarten, da die Weltpolitik den Nationalstaat garantiert. Aber sie kann erstens auf Sympathie in der Weltöffentlichkeit rechnen. Zweitens kommen an dieser Stelle die nichtstaatlichen internationalen Organisationen ins Spiel, deren weltpolitische Funktion man so beschreiben kann, daß sie Interessenlagen aufgreifen, die am Souveränitätsprinzip des Nationalstaats scheitern.[57] Diese internationalen Organisationen werden der die Sezession betreibenden Ethnie zumindest humanitäre und publizistische Hilfe leisten. Diese Argumente lassen es als wahrscheinlich erscheinen, daß mit einer weiteren Proliferation neuer Nationalstaaten zu rechnen ist.[58]

Mit einer letzten Hypothese möchte ich ein weiteres Moment der modernen Weltpolitik betonen. Ich denke, man kann ohne Übertreibung davon sprechen, daß, ähnlich wie dem Bürger im Staat, dem Nationalstaat in der Weltpolitik ›Rechte‹ und ›Pflichten‹ zuwachsen, wobei diese beiden Begriffe natürlich in einem übertragenen Sinn gemeint sind. Am überzeugendsten hat diesen Zusammenhang meinem Eindruck nach die Arbeitsgruppe um John Meyer an der Stanford University herausgearbeitet.[59] ›Pflichten‹ meint dabei so etwas wie eine Verpflichtung des Nationalstaats auf die Institutionen der Mo-

---

56 Siehe exzellent Geser 1992. Der Umbruch wird treffend markiert durch Nassers Definition des Imperialismus: »the subjugation of small nations to the interests of the big ones.« (Zit. n. Evans 1994, S. 25).

57 Siehe interessant Thränhardt 1992, insb. S. 231. Ghils 1992, S. 419, nennt eine Gesamtzahl von 23 000 internationalen nichtstaatlichen Organisationen.

58 Vgl. dieselbe Prognose mit einer anderen Begründung bei Bell 1987, S. 13-14: »the nation state is becoming too small for the big problems of life, and too big for the small problems of life.«

59 Thomas et al. 1987.

kaibeter, weil vage WK

dernität. Auf jeden einzelnen Nationalstaat wird von der Ebene der Weltpolitik aus ein struktureller Druck ausgeübt, ein anderen Staaten vergleichbares institutionelles Geflecht zu schaffen: Schulen und Hochschulen, Wissenschaftspolitik und Kunstförderung, Sprachpolitik, eine Armee mit Erziehungs- und Modernisierungsfunktionen und vieles andere mehr.[60] In diesen strukturellen Effekten liegt der Grund für die erstaun- lichen Konvergenzen im System der Weltgesellschaft, die u. a. Inkeles wiederholt analysiert hat.[61] Problematisch ist die an- dere Seite, die der ›Rechte‹ des Nationalstaats. Im Prinzip ist er im Handeln gegenüber seinen eigenen Bürgern nur wenig ge- bunden. Mißbräuche, Verletzungen der Menschenrechte etc. sind zwar benennbar, aber die weltpolitische Anerkennung seiner Souveränität konzediert dem Nationalstaat auch ein weitgehendes faktisches Verfügungsrecht gegenüber seinen Bürgern. In Extremfällen kann er sie durchaus foltern oder tö- ten und dabei auf das Schweigen anderer Staaten rechnen, so- lange er nicht auf das Territorium anderer Staaten übergreift. Auch in dieser Hinsicht sind nichtstaatliche internationale Or- ganisationen das hauptsächliche Korrektiv. Aus dem eigenen Operieren heraus erzeugt das Prinzip der Egalität von Staaten, das einen Wertungsverzicht hinsichtlich ihrer politisch-huma- nitären Dignität einschließt, vielfach eine faktische Duldung von Inhumanität.

VI

Am Ende meiner Überlegungen möchte ich noch einmal einen analytischen Gesichtspunkt hervorheben, den auch meine Überlegungen zum politischen System der Weltgesellschaft deutlich machen sollten. In vielen Diskussionen über welt- weite gesellschaftliche Zusammenhänge werden heute genau zwei konkurrierende Denkschulen gegeneinander ins Feld ge- führt. Eine *Theorie der internationalen Gesellschaft oder der internationalen Politik*, die klassische nationale Akteure po-

60 Vgl. Wallerstein 1991, S. 191.
61 Siehe Inkeles/Sirowy 1983. Vgl. Meyer 1987, insb. S. 42. Siehe auch bemer- kenswert am Beispiel der Curricula für Primärschulen Meyer et al. 1992; Meyer et al. 1993.

stuliert und deren intensivere Interaktion und Verflechtung hervorhebt – und ihr gegenüber eine *Globalisierungstheorie*, die zu zeigen versucht, daß viele ehedem wichtige Systemgrenzen bedeutungslos werden, also beispielsweise die transnationale Korporation keinen nationalen Bias mehr in ihren Standort- und anderen organisatorischen Entscheidungen aufweisen wird.[62] Angesichts dieser Alternative ist immer wieder zu betonen, daß die Theorie der Weltgesellschaft keiner dieser beiden Denkschulen zugehört. Sie weist kein eingebautes Präjudiz zugunsten des Verschwindens klassischer Grenzen beispielsweise des Nationalstaats auf. Ihre These ist nur die, daß eine Makroordnung entsteht, für die gilt, daß neben vielem anderen auch die Funktion nationaler Grenzen von der Systembildungsebene Weltgesellschaft her neu bestimmt wird.

Literatur

Bell, Daniel, »The World and the United States in 2013«, in: *Daedalus* 116 (1987), S. 1-31.

Boulding, Kenneth E., »Economics and the Economy in the Total World System«, in: *European Social Science in Transition. Assessment and Outlook,* hg. von Meinolf Dierkes / Bernd Biervert, Frankfurt/M. und Colorado 1992, S. 561-581.

Dumont, Louis, *L'idéologie allemande. France-Allemagne et retour,* Paris 1991.

Evans, R. J. W., »The Sun Also Sets«, in: *New York Review of Books* 41 (1994), H. 4, 17. Februar, S. 25-27.

Folkers, Horst »Verabschiedete Vergangenheit. Ein Beitrag zur unaufhörlichen Selbstdeutung der Moderne«, in: *Theorie als Passion: Niklas Luhmann zum 60. Geburtstag,* hg. v. Dirk Baecker et al., Frankfurt/M. 1987, S. 46-83.

Geser, Hans, »Kleinstaaten im internationalen System«, in: *Kölner Zeitschrift für Soziologie und Sozialpsychologie* 44 (1992), S. 627-654.

Ghils, Paul, »International Civil Society: International Non-governmental organizations in the International System«, in: *International Social Science Journal* 44 (1992), S. 417-431.

Giddens, Anthony, *Sociology,* London 1989.

---

62 Siehe interessant mit einer Kontrastierung dieses Typs Hirst/Thompson 1992. Vgl. Ohmae 1990.

Giddens, Anthony, *The Consequences of Modernity*, London 1990.

Goldman, Ralph M., (Hg.), *Transnational Parties. Organizing the World's Precincts*, Lanham 1983.

Hampson, Norman, »The Enlightenment in France«, in: *The Enlightenment in National Context*, hg. von Roy Porter / Mikulas Teich, Cambridge 1981, S. 41-53, 228-230.

Heintz, Peter, *Die Weltgesellschaft im Spiegel von Ereignissen*, Diessenhofen 1982.

Hintze, Otto, *Staat und Verfassung. Gesammelte Abhandlungen zur allgemeinen Verfassungsgeschichte*, Göttingen 1970.

Hirst, Paul / Thompson, Grahame »The Problem of ›Globalization‹: International Economic Relations, National Economic Management and the Formation of Trading Blocs«, in: *Economy and Society* 21 (1992), S. 357-396.

Inkeles, Alex, »The Emerging Social Structure of the World«, in: *World Politics* 27 (1975), S. 467-495.

Inkeles, Alex / Sirowy, Larry, »Convergent and Divergent Trends in National Educational Systems«, in: *Social Forces* 62 (1983), S. 303-333.

Jacob, Margaret C., *Living the Enlightenment. Freemasonry and Politics in Eighteenth-Century Europe*, New York und Oxford 1991.

Kant, Immanuel (1784), »Beantwortung der Frage: Was ist Aufklärung?«, in: *Werke*, hg. v. Wilhelm Weischedel, Bd. 9, Darmstadt 1975, S. 51-61.

Korff, Rüdiger, »Die Weltstadt zwischen globaler Gesellschaft und Lokalitäten«, in: *Zeitschrift für Soziologie* 20 (1991), S. 357-368.

Kundera, Milan, »The Novel and Europe«, in: *New York Review of Books* 31 (1984), H. 12, S. 15-19.

Luhmann, Niklas, »Die Weltgesellschaft«, in: ders., *Soziologische Aufklärung 2. Aufsätze zur Theorie der Gesellschaft*, Opladen 1975, S. 51-71 (=1971).

Luhmann, Niklas, »Interaktion, Organisation, Gesellschaft«, in: ders., *Soziologische Aufklärung 2. Aufsätze zur Theorie der Gesellschaft*, Opladen 1975, S. 9-20.

Luhmann, Niklas, »Die Unterscheidung von Staat und Gesellschaft«, in: ders., *Soziologische Aufklärung 4. Beiträge zur funktionalen Differenzierung der Gesellschaft*, Opladen 1987, S. 67-73.

Luhmann, Niklas, »Zwischen Gesellschaft und Organisation. Zur Situation der Universitäten«, in: ders., *Soziologische Aufklärung 4. Beiträge zur funktionalen Differenzierung der Gesellschaft*, Opladen 1987, S. 202-211 (=1987a).

Luhmann, Niklas, »The Evolutionary Differentiation between Society and Interaction«, in: *The Micro-Macro Link*, hg. v. Jeffrey C. Alexander et al., Berkeley 1987, S. 112-131 (=1987b).

Luhmann, Niklas, »Staat und Staatsräson im Übergang von traditionaler Herrschaft zu moderner Politik«, in: ders., *Gesellschaftsstruktur und Semantik. Studien zur Wissenssoziologie der modernen Gesellschaft, Bd. 3*, Frankfurt/M. 1989, S. 65-148.

Luhmann, Niklas, *Beobachtungen der Moderne*, Opladen 1992.

Luhmann, Niklas, *Die Universität als Milieu*, Bielefeld 1992 (=1992a).

Maine, Henry Sumner, *Ancient Law. Its Connection with the Early
History of Society and Its Relation to Modern Ideas*, hg. v. Frederick Pollock, London 1920.

Meyer, John, »The World Polity and the Authority of the Nation
State«, in: Thomas, George M. et al., *Institutional Structure. Con-
stituting State, Society, and the Individual*, Newburry Park 1987,
S. 41-70.

Meyer, John W. et al., *School Knowledge for the Masses: World Models
and National Primary Curricular Categories in the Twentieth
Century*, Washington D.C. und London 1992.

Meyer, John W. / Nagel, Joane / Snyder, Conrad W., »The Expansion
of Mass Education in Botswana: Local and World Society Perspectives«, in: *Comparative Education Review* 37 (1993), S. 454-475.

Modelski, George, »The Long Cycle of Global Politics and the Nation State«, in: *Comparative Studies in Society and History* 20
(1978), S. 214-235.

Modelski, George, »World Politics and Sustainable Growth: A Structural Model of the World System«, in: *Quest for a Sustainable Society*, hg. v. James C. Coomer, New York 1981, S. 145-163.

Modelski, George, »Long Cycles of World Leadership«, in: Thompson 1983, S. 115-139.

Modelski, George, »Of Global Politics, Portugal, and Kindred Issues:
A Rejoinder«, in: Thompson 1983, S. 291-298 (=1983a).

Moore, Wilbert E., »Global Sociology: The World as a Singular System«, in: *American Journal of Sociology* 71 (1966), S. 475-482.

Mortier, Roland, *Clartés et ombres du siècle des lumières. Etudes sur le
XVIIIe siècle littéraire*, Genève 1969.

Neederveen Pieterse, Jan, »Globalisation as Hybridisation«, in: *International Sociology* 9 (1994), S. 161-184.

Ohmae, Kenichi, *The Borderless World. Power and Strategy in the In-
terlinked Economy*, o.O. 1990.

Parsons, Talcott, »Order and Community in the International Social
System«, in: *International Politics and Foreign Policy*, hg. v. James
N. Rosenau, Glencoe, Ill. 1961, S. 120-129.

Parsons, Talcott, »Polarization of the World and International Order«, in: ders., *Sociological Theory and Modern Society*, New York.
1967, S. 466-489.

Parsons, Talcott, »Culture and Social System Revisited«, in: *The Idea* of *Culture in the Social Sciences*, hg. von Louis Schneider / Charles M. Bonjean, Cambridge 1973, S. 33-46.

Pocock, J. G. A., *Virtue, Commerce, and History. Essays on Political Thought and History, Chiefly in the Eighteenth Century*, Cambridge 1985.

Raeff, Marc, »The Well-Ordered Police State and the Development of Modernity in Seventeenth- and Eighteenth-Century Europe: An Attempt at a Comparative Approach«, in: *American Historical Review* 80 (1975), S. 1221-1243.

Robertson, Roland, »Globalization and Societal Modernization: A Note on Japan and Japanese Modernization«, in: *Sociological Analysis* 47 (1987), S. 35-42.

Robertson, Roland, »Bringing Modernization Back«, in: *Contemporary Sociology* 17 (1988), S. 752-754.

Sen, Amartya, *Inequality Reexamined*, New York 1992.

Stichweh, Rudolf, *Computer, Kommunikation und Wissenschaft: Telekommunikative Medien und Strukturen der Kommunikation im Wissenschaftssystem*, MPI für Gesellschaftsforschung, Discussion Paper 89/11, Köln 1989.

Stichweh, Rudolf, *Der frühmoderne Staat und die europäische Universität. Zur Interaktion von Politik und Erziehungssystem im Prozeß ihrer Ausdifferenzierung (16.-18. Jahrhundert)*, Frankfurt/M. 1991.

Stichweh, Rudolf, »Nation und Weltgesellschaft«, in: *Das Prinzip Nation in modernen Gesellschaften. Länderanalysen und theoretische Orientierungen*, hg. v. Bernd Estel / Tilman Mayer, Wiesbaden 1994, S. 83-96 (in diesem Band: Kap. 3).

Thomas, George M. et al., *Institutional Structure. Constituting State, Society, and the Individual*, Newbury Park 1987.

Thompson, William R. (Hg.), *Contending Approaches to World System Analysis*, Beverly Hills 1983.

Thränhardt, Dietrich, »Globale Probleme, globale Normen, neue globale Akteure«, in: *Politische Vierteljahresschrift* 33 (1992), S. 219-234.

Tomlinson, John, »A Phenomenology of Globalization: Giddens on Global Modernity«, in: *European Journal of Communication* 9 (1994), S. 149-172.

Wallerstein, Immanuel, *Geopolitics and Geoculture. Essays on the Changing World-System*, Cambridge und Paris 1991.

Wolf, Eric R., »Inventing Society«, in: *American Ethnologist* 15 (1988), S. 752-761.

Zolberg, Aristide R., »›World‹ and ›System‹. A Misalliance«, in: Thompson 1983, S. 269-290.

Differenz und Integration
in der Weltgesellschaft

I

Die Weltgesellschaft ist das einzige Sozialsystem, das völlig eindeutige Grenzen aufweist.[1] Wenn man Gesellschaft als jenes Sozialsystem versteht, das alle kommunikativ füreinander zugänglichen kommunikativen Handlungen einschließt, und wenn man daraus unter den spezifischen Bedingungen der modernen Gesellschaft folgert, daß es nur noch ein einziges Gesellschaftssystem gibt, das aus allen Kommunikationen und aus nichts anderem besteht, dann ergibt sich diese Schlußfolgerung, daß unter allen Systemgrenzen vor allem die der Weltgesellschaft ohne jeden Zweifel bestimmt werden können. Soweit die Frage der Integration eines Systems etwas mit der Frage zu tun hat, ob die Identifikation einzelner Bestandteile des Systems oder ihre Zurechnung zum System strittig sein kann, folgt als ein weiteres Resultat dieser Überlegung, daß die Integration der Weltgesellschaft unproblematisch zu sein scheint. Integration wird bereits durch Kommunikation als konstitutives Element des Systems gesichert. Also verlagert sich das Interesse zunächst auf die Frage der Differenzierung des Systems.[2] Nach welchen Gesichtspunkten erfolgt die Differenzierung der Weltgesellschaft als Innendifferenzierung eines Systems?

In dieser Fragestellung scheint mir eine begriffsstrategisch instruktive Wendung zu liegen. Der Widerstand gegen die Idee der Weltgesellschaft stützt sich vielfach auf die Vorstellung, daß die extremen Ungleichheiten und Inhomogenitäten, die weltweit beobachtbar sind, es nicht zulassen, ein Gesellschaftssystem zu postulieren, das alle diese Ungleichheiten und Inhomogenitäten in sich soll einschließen können. Demgegenüber besteht die eigentliche Herausforderung, die sich für die Theorie der Weltgesellschaft stellt, darin zu zeigen, daß

1 So Luhmann 1984, S. 557.
2 Vgl. auch Beyer 1989, S. 40.

sich extreme Ungleichheiten als Innendifferenzierung eines Sozialsystems analysieren lassen. In dieser Beschreibung der Aufgabe stimmen Niklas Luhmann, Peter Heintz und Immanuel Wallerstein als die bisher vermutlich einflußreichsten Theoretiker der Weltgesellschaft überein.[3] Peter Heintz spricht von dem Versuch, »die Differenzierung der Weltgesellschaft in ... Interaktionsfelder aus der Existenz dieser Gesellschaft selbst zu erklären.«[4] Niklas Luhmann fordert, es gehe darum, beobachtbare Unterschiede »als strukturelle Effekte der modernen Gesellschaft« zu erklären.[5] Auffällig ist schließlich auch die innere Logik der Wallersteinschen Position. Wallerstein betont ja, wie andere Theoretiker auch, einen spezifischen (historischen) Moment der Emergenz des Systems. Das Weltsystem entsteht in dem Augenblick, in dem die Ökonomie die Identität ihrer Grenzen mit den Grenzen der Politik endgültig hinter sich läßt und sich erstmals eine Weltwirtschaft und nicht erneut ein Weltreich konstituiert. Dieses Weltsystem ist zu verstehen als ein emergentes System eigener Unterscheidungen, das sich von der Vielzahl der Unterschiede in den fortbestehenden, politisch verfaßten regionalen Systembildungen unterscheidet. Es überlagern sich damit zwei Arten von Unterschieden: Die regionalen Systembildungen werden aus der Sicht des entstehenden Weltsystems zu internen Differenzierungen: Sie werden z. B. zu verschieden geeigneten Orten für die Produktion und Konsumtion von Gütern und Dienstleistungen, zu Märkten mit Arbeitsformen und Arbeitskräften verschiedenster Typik etc.[6] Das aber heißt, daß eine jede vorausliegende Differenz nicht einfach als Determinante aus einer unkorrigierbaren Vergangenheit fortwirkt, sie vielmehr in eine interne Differenzierung des Systems umgeformt wird. Genereller kann man postulieren, daß es für eine Theorie der Weltgesellschaft konzeptuell zwingend scheint, historische Vorgegebenheiten nicht einfach als in das System der Weltgesellschaft übernommene Strukturen zu akzeptieren, vielmehr nach der Weise zu fragen, in der dieses aktuell operierende System historische Unterschiede *reproduziert*.

3 Vgl. Stichweh 1995.
4 Heintz 1982, S. 9.
5 Luhmann 1992, S. 72.
6 Das ist gut herausgearbeitet bei Sahlins 1988, S. 441, Fn. 6.

Es ist schon in diesen einleitenden Bemerkungen deutlich geworden, daß es von den begrifflichen Implikationen, die man dem Gesellschaftsbegriff mitgibt, abhängt, ob ein weltweites Makrosystem gedacht werden kann, das unter den Begriff der Gesellschaft fällt. Wählt man den Leitbegriff ›Kommunikation‹, dann ist eine weltweite Anschließbarkeit von Kommunikationen unter Bedingungen der Moderne eine selbstverständliche Folgerung. Anders verhält es sich, wenn man eine Reihe anderer klassischer Definitionsbedingungen des Gesellschaftsbegriffs in den Vordergrund rückt. Das gilt für Vorstellungen über Solidarität oder Sympathie, über Bindungen an die Identität einer gesellschaftlichen Gemeinschaft, Wertkonsens oder schließlich Verpflichtungsgefühle gegenüber schwer negierbaren normativen Standards.[7] In all diesen Hinsichten gibt es keine plausiblen Anzeichen dafür, daß Verflechtungsmotive dieses Typs für die Genese von Systembildungen verantwortlich sein sollten, die die durch den Territorialstaat bestimmten Grenzen überschreiten. Auch wenn es Anzeichen für eine weltweite Solidarität geben mag, so scheint die Bildung dieser Solidarität sich eher auf die Vorstellung einer gemeinsamen Zugehörigkeit zur »Menschheit« zu beziehen. D.h., das verbindende Moment ist nicht die gemeinsame Zugehörigkeit zu ein und demselben Gesellschaftssystem, vielmehr eine Art Speziesbegriff wie »Menschheit«, der zweifellos ein Korrelatbegriff zu »Weltgesellschaft« ist, dem aber die Sinnkomponente einer zudem bewußt vollzogenen Inkorporation in ein Sozialsystem fehlt.[8] Das aber heißt, daß die Weltgesellschaft einerseits ein realer sozialer Wirkungszusammenhang ist, dem in Begriffen wie dem der »Menschheit« sogar Vorstellungen über die Existenz eines – wenn auch abstrakten – Kollektivs korrespondieren, daß andererseits aber auf alle Vorstellungen über Zugehörigkeit, Inkorporation, Mitgliedschaft etc. verzichtet werden muß.

Diese Einschränkung betrifft in gewisser Hinsicht auch den systemtheoretischen Inklusionsbegriff, der zwar nicht auf Mitgliedschaft abstellt, stattdessen die Verfügbarkeit von Teil-

7 Vgl. Beyer 1989, S. 44; Bornschier/Lengyel 1990, S. 5-6; Luhmann 1971, S. 54.
8 Vgl. auch zu »Menschheit« Stichweh 1994, wie überhaupt die Beiträge in dem Sammelband Fuchs/Göbel 1994.

nehmerrollen für jeden in jedem Funktionssystem hervorhebt. Aber die Inklusionsvorstellung transportiert zwei Prämissen, die im Zusammenhang der Weltgesellschaft problematisch sind: Einerseits verweist sie auf ein wohlfahrtsstaatliches Moment, weil der Staat als Teil des Vollzugs von Inklusion in das politische System durch politische Einflußnahme die Inklusion in andere Funktionssysteme befördert: man denke an Schulpflicht und Sozialversicherungssysteme. Zweitens hat Inklusion etwas mit Wachstumsmöglichkeiten für Funktionssysteme zu tun, die erst dann ausgeschöpft werden können, wenn Teilnehmerrollen für jedermann entstehen. Beide genannten Bedingungen – die wohlfahrtsstaatliche Stützung von Inklusion und die Angewiesenheit auf jede einzelne Person um des Wachstums eines Funktionssystems willen – sind im System der Weltgesellschaft nicht oder nur begrenzt gegeben. Darin mag man den Grund für die heute u. a. von Luhmann betonten Exklusionsphänomene vom Typ der brasilianischen »favelas« sehen, die dann vor allem dort auftreten würden, wo ein territorialstaatliches System seine weltgesellschaftliche Verflechtung gegenüber internen Inklusionsphänomenen favorisiert. Andererseits ist zu vermuten, daß Zonen der Exklusion, zumal wenn sie territorial identifizierbar sind, als staatsfreie Räume schnell politische Systembildungen vom Typ mafiaähnlicher Patron/Klient-Beziehungen hervorrufen, denen dann eine andere Art der Vernetzung mit der Weltgesellschaft gelingt.

II

Ein erstes Resümee lautet: die Weltgesellschaft ist über Kommunikation als Basiselement integriert und auf dieser Grundlage beliebiger interner Differenzierung zugänglich. Konflikte sind unter der Bedingung hoher Diversität und Pluralität wahrscheinlich,[9] und sie können zugleich durch weitere Differenzierungen vielfach entschärft werden. Andererseits entfällt, wie gerade gezeigt, ein ganzer *set* klassischer Bedingungen für das Vorliegen von Gesellschaft, so daß die Frage drängend wird, was die Weltgesellschaft an ihre Stelle setzt, wie sie Ver-

9 Vgl. Beyer 1989, S. 53.

flechtungszusammenhänge realisiert und intensiviert und ob sich dazu über den Basissachverhalt weltweiter Vernetzbarkeit von Kommunikationen hinaus etwas Spezifischeres sagen läßt. In theoretischer Hinsicht geht es dabei um eine Revision oder Neufassung des Integrationsbegriffs in einer Weise, die dem Faktum der Weltgesellschaft angemessen ist.

Ich werde deshalb im folgenden vor allem fragen: Wie werden desintegrative Tendenzen in der Weltgesellschaft konterkariert und welche Mechanismen der Verflechtung stehen dafür zur Verfügung? Eine Antwortstrategie wird darin bestehen zu zeigen, daß gerade die dem Anschein nach desintegrativen Momente, wenn die Weltgesellschaft einmal als Prämisse vorausgesetzt werden muß, in einer Weise umgeformt werden, die sie dem Einfluß der Weltgesellschaft unterwirft.

Eine erste seit Jahrhunderten verfügbare Antwort auf die Frage nach der Integration der von Menschen bewohnten Welt verweist auf *Fremde*, insbesondere auf Juden, und später dann auf kosmopolitische Orientierungsmuster bei bestimmten Gruppen und Personen. D. h. in Abwesenheit einer Integration über Gemeinsamkeiten, Werte etc., die für Makrozusammenhänge nicht mehr funktionieren, rücken auf Integration spezialisierte Gruppen und Personen in diese Funktionslücke ein. Ein gutes Beispiel dafür bietet die Abwicklung des transatlantischen Handels in amerikanischen Häfen wie Newport und New York, die bis 1750 durch Mitglieder kleiner verfolgter Sekten wie Juden und Quäker dominiert wurde. Der Grund dafür scheint zu sein, daß es in der frühen Neuzeit keine sozialstrukturelle Grundlage für Vertrauensbildung über weite Distanzen hinweg gab.[10] Also waren kleine, weltweit verbreitete ethnisch-religiöse Gruppierungen, die durch gruppeninterne Homogenität die fehlenden wirtschafts- und rechtssystemeigenen Mechanismen kompensieren konnten, in einer privilegierten Position. Eine faszinierende Formulierung dieser Funktionszuweisung an Juden – die Herstellung weltweiter Vernetzungen – findet sich im ›Spectator‹ vom 27. September 1712: »They are ... so disseminated through all the trading Parts of the World, that they are become the Instruments by which the most distant Nations converse with one another and by which mankind are knit together in a general Corre-

10 Haskell 1985, S. 556.

spondence: they are like the Pegs and Nails in a great Building, which, though they are but little valued in themselves, are absolutely necessary to keep the whole Frame together.«[11] Bemerkenswert ist hier auch die Mischung von purem Funktionalismus, »absolutely necessary to keep the whole Frame together«, und impliziertem Antisemitismus, »though they are but little valued in themselves.«

Später werden vergleichbare Leistungen des Generierens von Zusammenhalt dem Kosmopoliten zugemutet, wobei als eine Überleitung die Vorstellung fungiert haben mag, daß die Juden die einzige kosmopolitische Rasse bilden, weil nur sie es gelernt haben, unter allen geographischen und meteorologischen Bedingungen überall auf der Welt zu leben.[12] Der Kosmopolit geht Beziehungen und Bindungen im Verhältnis zu mehreren aus einer weltweiten Diversität von Kulturen ein. Gleichzeitig wird jede ihm eigene Bindung an eine lokale Herkunftskultur reflexiv distanziert.[13] Ein Indiz für die Transformation primordialer Entitäten unter dem Druck der Weltgesellschaft ist, daß Staaten, wie sehr auch immer sie ethnische oder religiöse Besonderung suchen mögen, für ihre Selbstbehauptung in der Welt – und sei es unfreiwillig – auf kosmopolitische Funktionseliten angewiesen sind.[14]

Was an diesem Argument, das auf Fremde und kosmopolitisch orientierte Gruppen und Personen verweist, überzeugt, ist, daß es Integration nicht als *Gemeinsamkeit der Grundlagen*, sondern als *Interrelation des Differenten* denkt. Die zugehörige Vorstellung ist die, daß strukturelle Differenz das Signum der Weltgesellschaft ist und daß das Problem, zu dessen Lösung u. a. kosmopolitische Orientierungen beitragen, darin besteht, die voneinander differenzierten Teile der Welt in intensivere Interrelationen miteinander zu versetzen.[15] Dies stellt sich als eine der theoretisch allgemeinen Möglichkeiten, die Weltgesellschaft zu denken, heraus: als einen Zusammenhang fortschreitender Differenzierung, in dem die einzelnen Einheiten immer häufiger gezwungen sind, einander wechsel-

---

11 Zit. n. Sombart 1922, S. 913.
12 Goldstein 1985, S. 526, zit. Boudin, *Du non-cosmopolitisme des races humaines*, 1860.
13 Siehe Hannerz 1990, insb. S. 239 f., 247.
14 Siehe Hannerz 1991, S. 118-119, am Beispiel von Nigeria.
15 Vgl. Hannerz 1990, S. 249.

seitig in Rechnung zu stellen. Neben anderen Autoren haben Roland Robertson und Jo Ann Chirico in diesem Sinne argumentiert.[16] Dieses Argument ist wiederum in zwei Varianten vorstellbar. Man kann davon sprechen, daß einzelne Systeme häufiger aufeinander Bezug nehmen müssen, und man hat dann die Relationen zwischen einzelnen Systemen oder Einheiten in der Weltgesellschaft im Blick.[17] Alternativ kann man die Weltgesellschaft als die innere Umwelt aller in ihr vorkommenden Systeme denken und wird unter diesen Prämissen von der Anpassung der einzelnen Systeme an diese innere Umwelt sprechen, ohne diese Anpassungsleistungen unmittelbar in Beziehungen zwischen je zwei Systemen zu zerlegen.[18] Talcott Parsons hat in späteren Aufsätzen gelegentlich so formuliert: »The integration of a system is in one primary aspect the adaptation of its parts to the internal environment.«[19]

Die in dem gerade zitierten Beispiel verwendete Leitunterscheidung ist *Differenz/Interdependenz* oder auch *Independenz/Interdependenz*. Verschiedene Einheiten im System der Weltgesellschaft werden als eine Folge struktureller Differenzierung im Verhältnis zueinander in steigendem Grade independent. Die als Voraussetzung von Independenz fungierende Spezialisierung führt aber andererseits dazu, daß in vielen Hinsichten zunehmende Interdependenzen realisiert werden müssen und daß diese sich faktisch bereits vor jeder absichtsvollen Anstrengung, die sich auf ihre Herstellung richtet, einstellen. Insofern läßt sich die Weltgesellschaft als ein Zusammenhang von Differenz und Interdependenz beschreiben.

Ich möchte Überlegungen dieses Typs allgemeiner fassen und deshalb vier Leitunterscheidungen anführen, die sich in ihrer Gesamtheit eignen, einen Integrationsbegriff zu formulieren, der dem Faktum der Weltgesellschaft angemessen ist. Zu diesen vier Leitunterscheidungen gehören meinem Eindruck nach außer dem gerade zitierten Beispiel Interdependenz/Independenz (= Differenz), die Unterscheidungen

16 Robertson/Chirico 1985; vgl. dazu Simpson 1989, S. 30.
17 Vgl. etwa Luhmann 1981, S. 166: »die Gesellschaft das, was sie an Einheitlichkeit durch Differenzierung einbüßt, durch Interdependenzen zwischen den Teilsystemen zurückgewinnen kann.«
18 Siehe bei Luhmann 1984 die Unterscheidung von »Umwelt eines Systems« und »Systemen in der Umwelt dieses Systems«.
19 Parsons 1977, S. 111.

Kompatibilität/Inkompatibilität, Überschneidung/Disjunktion und schließlich Konsistenz/Inkonsistenz.

Die zweite Leitunterscheidung ist *Kompatibilität/Inkompatibilität*. Gemeint ist damit, daß die Grenzen zulässiger Inkompatibilität in der Weltgesellschaft dort liegen, wo ein System in seinem Operieren Probleme erzeugt, die für andere Systeme zu unlösbaren Problemen werden.[20] Wenn man so formuliert, führt dies auf einen Begriff *negativer Integration* hin, der Integration nicht durch positive Leistungen beschreibt, sondern durch Limitationen auf zulässige Abweichung eines Systems.[21] Eine solche Formulierung garantiert natürlich nicht, daß die von ihr genannte Bedingung auch erfüllt wird, also Abweichung tatsächlich limitiert wird. Sie spezifiziert also keine Wahrscheinlichkeit für das Vorliegen von Integration. Aber sie läßt durch das Umdenken von positiver auf negative Integration erneut ins Bewußtsein treten, wie groß die Freiheitsspielräume für Subsysteme im System der modernen Gesellschaft sind.

Ein verwandtes Problem negativer Integration, das seinen Schwerpunkt aber in der Zeitdimension hat, wird durch die Leitunterscheidung *Konsistenz/Inkonsistenz* artikuliert. Autonome Systeme operieren im Verhältnis zu Fremdsystemen zweifellos inkonsistent. Eine Abgestimmtheit zwischen Änderungsrhythmen zweier Systeme, die den Eindruck eines konsistenten Musters erzeugt, ist eher unwahrscheinlich. Also kann Konsistenz immer nur den Selbstbezug des Systems meinen. Welche Abweichungen und Abweichungsverstärkungen auch immer ein System wählen mag, für die zeitliche Integration verschiedener Systeme ist es wichtig, daß jedes System *seine* Abweichungen konsistent verfolgt. Nur wenn diese Bedingung erfüllt ist, können Fremdsysteme sich über längere Zeiträume auf ihre eigenen Operationen konzentrieren und dies in der plausiblen Erwartung tun, daß das Verhalten anderer Systeme im Bereich einer erwartbaren Veränderungslogik bleibt. Unberechenbare (i. e. inkonsistente) Fluktuationen anderer Systeme dagegen lassen jedes von der Umwelt zeitweise absehende Involviertsein mit eigenen Problemen schwierig

---

20 Vgl. zu Kompatibilität/Inkompatibilität Luhmann 1980, S. 105.
21 Luhmann 1985, S. 413, beschreibt Integration am Beispiel des Ich als »wechselseitige Limitierung der einzelnen Möglichkeitsbereiche des Ich«.

werden, weil man unablässig die durch Fremdsysteme gesetzten Überraschungen verarbeiten muß.

Eine letzte Leitunterscheidung, die für Fragen der Integration eines Systems wichtig ist, ist die Unterscheidung *Überschneidung/Disjunktion*. Einerseits entstehen Leerräume der Unzuständigkeit zwischen Funktionssystemen oder spezialisierten Einrichtungen. Bei den dort angesiedelten Problemen handelt es sich teils um komplexe Problemverkettungen, denen mit Spezialisierung nicht beizukommen ist. Andrew Abbott zitiert in einem verwandten Diskussionszusammenhang das Beispiel der »depressed, unemployed welfare mother with 10 dependents and no skills«, mit der jede denkbare Instanz, sei es nun Psychiatrie oder Sozialhilfe überfordert sei.[22] Teils handelt es sich bei diesen unbearbeiteten Problemen auch um Probleme, die dem ersten Anschein nach banal sind und für die die Ausdifferenzierung eines spezialisierten Unterfangens der Problemlösung nicht zu lohnen scheint. Zu denken wäre hier an Krankheiten wie Schnupfen oder auch an Zustände zwischen Gesundheit und Krankheit, mit denen weder die Medizin noch der Sport etwas anfangen kann, weil es keine medizinische Therapie für sie gibt und man andererseits wegen mangelnder Belastbarkeit von der Teilnahme am gesundheitsfördernden Sport ausgeschlossen bleibt.[23]

Bemerkenswert ist nun, daß das für Probleme der Disjunktion von Systemen zur Verfügung stehende Lösungsmuster erneut nicht auf Koordination, intersystemischer Verständigung und ähnlichen Mechanismen aufruht. Statt dessen ist an dieser Stelle das zu Disjunktionen komplementäre Phänomen der Überlappung von Systemen anzuführen, das redundante Problemlösungsmöglichkeiten zur Verfügung stellt, die als Einzellösungen zwar in keinem Fall genau die richtige Antwort bieten, aber manchmal doch durch Mehrfachbearbeitung desselben Problems eine gewisse Abhilfe zu schaffen verstehen. ›Überlappung‹ kommt in vielen Theorievarianten vor: als Theorie der Integration des Wissenschaftssystems in Donald T. Campbells »Fischschuppen-Modell der Allwissenheit«,[24]

22 Abbott 1981, S. 826.
23 Zum Sport als dem Gesundheitssystem der modernen Gesellschaft vgl. Stichweh 1995a.
24 Campbell 1969.

oder als die Idee einer »Familie« sich überschneidender europäischer Kulturen, wie sie kürzlich noch Anthony D. Smith der Theorie der Weltgesellschaft entgegengestellt hat.[25] In der Systemtheorie wird die analoge Theoriestelle durch die *System/Umwelt-Unterscheidung* selbst besetzt. Jedes System wird als eines vorgestellt, das sich mit Hilfe dieser Unterscheidung in die Welt einschreibt und dabei alles dasjenige, was nicht in das System inkorporiert wird, als Weltentwurf des Systems hervorbringt. Das aber heißt, daß die Welt vielmals aus vielen verschiedenen Perspektiven entworfen und rekonstruiert wird und auf diese Weise, auch wenn man das Verhältnis dieser in gewisser Hinsicht inkommensurablen Entwürfe nicht länger als ›Überschneidung‹ kennzeichnen kann, in hoher Intensität immer neu exploriert wird.

III

Im abschließenden Teil meiner Überlegungen möchte ich noch einmal gezielt der Frage nachgehen, wie Dimensionen der Differenzierung und Pluralisierung der Weltgesellschaft, die in ihrer Wirkungsweise als desintegrativ erscheinen könnten, als Folge eines strukturellen Effekts des Systems der Weltgesellschaft so umgeformt werden, daß eher die vereinheitlichenden Momente hervortreten. Staatlichkeit und die Pluralität von Kulturen sind zwei Themen, die ich in Hinblick auf diesen Gesichtspunkt diskutieren möchte.

Ist Staatlichkeit, insbesondere in ihrer nationalstaatlichen und insofern vielfach ethnisch bestimmten Version, ein Moment der Desintegration, oder gar des Widerstands in Prozessen interaktiver Vernetzung der Weltgesellschaft? Vieles spricht gegen diese These. Zunächst einmal ist zu betonen, daß Nationalstaatlichkeit heute als eine auf der Ebene der Weltgesellschaft institutionalisierte Form betrachtet werden sollte. Das aber heißt, daß von einem politischen System der Weltgesellschaft auszugehen ist, in dem Nationalstaatlichkeit als eine an lokale politische Zusammenhänge zu adressierende Erwartung fungiert und insofern als Struktur dieses politischen Systems der Weltgesellschaft zu verstehen ist. Nationalstaatlich-

25 Smith 1990.

keit ist dann die Form, in der im politischen System der Welt-gesellschaft *Individualität* institutionalisiert wird. Insofern spricht Frank Lechner zu Recht – und in einer treffenden Ana-logie zu Durkheims »Kult des Individuums« – von einem »Kult des Nationalstaats« als einer in der Moderne entstehen-den globalen Kultur.[26]

Der so verstandene Nationalstaat hat sich in den vergange-nen Jahrzehnten als ein wirkungsmächtiges Movens der welt-weiten Standardisierung institutioneller Formen erwiesen. Autoren wie John Meyer und Immanuel Wallerstein haben dies wiederholt gezeigt:[27] Eine Legislative, eine Verfassung, eine Bürokratie, Gewerkschaften, eine Währung, ein Schulsy-stem, eine Kunst- und Wissenschaftspolitik[28] – alle diese Ein-richtungen müssen in jedem Nationalstaat vorhanden sein, und sie fungieren als Kriterium seiner weltweiten Akzeptanz. Damit diese Akzeptanz gesichert ist, sollten die genannten Einrichtungen auch überall ähnlich aussehen. Entsprechendes gilt für die Diffusion der Versicherungssysteme des Wohl-fahrtsstaats im System der Weltgesellschaft.[29] Damit stoßen wir auf einen paradoxen Befund: *Institutionelle Vereinheitli-chung* ist die Form, in der im System der Weltgesellschaft Indi-vidualität artikuliert wird. John Meyer und seine Mitarbeiter haben in einer weltweiten Vergleichsstudie von Curricula für Primarschulen gezeigt, wie gerade der Wunsch der Artikula-tion nationalen Selbstbewußtseins mittels Schuleinrichtungen zu weltweiter curricularer Standardisierung führt.[30] Eine ana-loge Beschreibung einer Struktur findet sich bereits in Tocque-villes Analyse amerikanischer Individualität, die gleichfalls In-dividualisierung als Movens einer Angleichung der Entwürfe für die Darstellung von Individualität gedeutet hat.[31]

Individualität kann aber nicht restlos in der Vereinheitli-chung ihrer Darstellung aufgehen. Daneben dauert die Erwar-tung von *Einzigartigkeit* fort, ein Moment, das beispielsweise in Roland Robertsons Analysen besonders betont wird.[32] In

26 Lechner 1989, S. 17-18.
27 Siehe Thomas 1987; Meyer 1992; Wallerstein 1991.
28 Ich paraphrasiere eine Liste in Wallerstein 1991a, S. 93.
29 Siehe Abbott/DeViney 1992.
30 Meyer 1992, S. 166-167.
31 Ebd.
32 Siehe Robertson 1992, S. 58; Axtmann 1993, S. 63.

gewisser Hinsicht sind nationale Selbstidentifikationen und die Artikulation eines ethnischen Sonderbewußtseins Weisen, dieser Erwartung von Einzigartigkeit Rechnung zu tragen. Wenn dies sich so verhält, haben wir es auch bei diesen – für manche Beobachter archaisch wirkenden – Mustern mit allem anderen als mit einem Widerstand gegen die Weltgesellschaft zu tun. Eine interessante Parallellage bietet die Wiederkehr ethnischer Selbstidentifikationen innerhalb des Territoriums eines Nationalstaats. Ähnlich wie für das System der Weltgesellschaft ein Konflikt von Integration und ethnisch-nationaler Selbstdarstellung postuliert wurde, wurde auch für die innerstaatliche Ebene vielfach die These vertreten, daß Assimilation und ethnische Selbstauffassung miteinander konfligieren. Auch hier existiert ein naheliegendes Gegenargument, das Herbert Gans schon früh vorgetragen hat:[33] die Rückkehr zur Ethnizität bei weißen ethnischen Gruppen in den Vereinigten Staaten sei eher ein Indiz für die Aufwärtsmobilität dieser Gruppen und signalisiere insofern nicht Desintegration, sondern einen Bedarf, eine erreichte soziale Position mit einem kulturellen Signum der Eigenständigkeit auszustatten. Wenn dieses Argument empirisch zutreffen sollte, markierte es ein exaktes Analogon zu unserer hier für die zwischenstaatliche, weltgesellschaftliche Ebene vorgetragenen Argumentation.

Der strukturelle Druck, der von der Ebene der Weltgesellschaft auf die Ebene ihrer segmentären Differenzierung in Nationalstaaten ausgeht, läßt sich nicht auf das Phänomen der Hervorbringung einheitlicher institutioneller Muster beschränken. Die Universalität von »citizenship« als Konglomerat von Mitgliedschaftsrechten und Mitgliedschaftspflichten in staatlichen Systemen ist bekanntlich eines dieser institutionellen Muster. Nun fällt aber auch auf, daß dieser Begriff von »citizenship« sich verändert, wenn das der Systemebene der Weltgesellschaft zugehörige Konzept der *Menschenrechte* hinzutritt und einen Anpassungsdruck auslöst,[34] der sich in der Form bemerkbar macht, daß er staatliche Souveränität limitiert, weil langsam – unter wie eng umgrenzten Vorbehalten auch immer – Eingriffsrechte entstehen, die in seltenen Fällen Interventionen in bis dahin souveräne Bereiche staatlicher

33 Gans 1979; vgl. Björklund 1986, S. 285.
34 Vgl. Meyer 1992, S. 174.

Handlungstätigkeit nahelegen und erlauben. Das aber heißt, daß neben das Phänomen der Wiederholung immer derselben institutionellen Muster in immer mehr Nationalstaaten eine neuartige Vernetzung der Staaten tritt, die das Prinzip der Souveränität, das seit 1945 auf eine immer größere Zahl von Staaten ausgedehnt worden ist, durch Restriktionen auf Souveränität umschreibt.

Mit dem Konzept der Menschenrechte habe ich erstmals eine kulturelle Komponente der Weltgesellschaft angesprochen. Dieser Frage, inwiefern eine Kultur der Weltgesellschaft gedacht werden kann, der zudem integrative Funktionen zugemutet werden können, will ich einige abschließende Bemerkungen widmen. Für welche anderen kulturellen Komponenten – außer dem Konzept der Menschenrechte – ist es vorstellbar, daß als die Ebene ihrer Institutionalisierung primär oder ausschließlich das System der Weltgesellschaft in Frage kommt? Dabei muß man dem Einwand Rechnung tragen, den u. a. Anthony D. Smith gemacht hat, daß »Kultur« ihrem Begriff nach nur in der Form der Existenz mehrerer verschiedener Kulturen gedacht werden kann, also die Idee einer Weltkultur eine in sich widersprüchliche Vorstellung wäre.[35] Eine naheliegende Reaktion auf diesen Einwand ist die, zu vermuten, daß dieser Einwand selbst die Kultur der Weltgesellschaft verkörpert oder ausspricht. D. h., weltweit institutionalisiert ist vor allem das Prinzip *kultureller Diversität*[36] selbst, und alles weitere, was darüber hinaus gesagt werden kann, folgt aus den Bedingungen der Sicherung dieses Prinzips. Zu denken wäre hier zunächst an sehr abstrakte Voraussetzungen wie *Universalismus* und *Rationalismus*,[37] an denen wegen ihrer Abstraktheit vor allem das Moment ihrer Variationsfähigkeit auffällt oder, anders gesagt, das ihrer Einpaßbarkeit in sehr verschiedene Kontexte. Weitere Folgerungen ergeben sich durch Anwendung unserer oben formulierten vier Leitunterscheidungen auf die Frage nach der Möglichkeit einer Weltkultur. Diese Weltkultur ist dann erstens gekennzeichnet durch das Prinzip kultureller Diversität bei gleichzeitiger zunehmender

35 Smith 1990. Vgl. auch Stichweh 1995, insb. S. 37-40.
36 Vgl. Beyer 1989, S. 51, der mit Bezug auf Menschenrechte und kultureller Diversität von einer *Zivilreligion* der Weltgesellschaft spricht.
37 Siehe Lechner 1989, S. 23.

Interdependenz verschiedener kultureller Systeme.[38] Zweitens ist in zeitlicher Hinsicht das Moment der Konsistenz von Kulturen wichtig, das beispielsweise durch plötzliche fundamentalistische Regressionen gefährdet wird, die für die Umwelt der von diesen Regressionen erfaßten kulturellen Systeme die Erwartbarkeit des Verhaltens tangieren. Drittens sind im Blick auf die kulturellen Systeme der gegenwärtigen Welt in ihrem Verhältnis zueinander sowohl ausgeprägte Disjunktionen wie auch charakteristische Bereiche der Überschneidung von Traditionen auffällig. Dabei können Überschneidungen auch dort beobachtbar sein, wo gleichzeitig ausgeprägte Disjunktionen vorliegen. So teilen beispielsweise die islamische und die christlich-westliche Welt sowohl wissenschaftliche (beispielsweise aristotelische) wie religionsgeschichtliche (alt- und neutestamentarische) Traditionen, während eine basale Gemeinsamkeit der Rechtskultur nicht unterstellt werden kann. Viertens wird die Frage von Kompatibilität und Inkompatibilität zentral. Für diese Unterscheidung sind verschiedene Auslegungen denkbar. Einmal wird es in der Weltgesellschaft wichtig, daß Kulturen nicht aggressiv-missionierend auftreten. Weltweit verbreitete kulturelle Komponenten müssen einen relativ geringen Grad von Explizitheit aufweisen, und George Modelski schließt daran die Überlegung an, daß eine politische Führungsrolle im System der Weltgesellschaft nur für Staaten zugänglich sei, die nicht gleichzeitig eine kulturelle Mission verfolgen.[39] Eine weitere Überlegung würde die Unterscheidung Kompatibilität/Inkompatibilität im Blick auf unser Problem durch die Unterscheidung Exklusivität/Inklusivität operationalisieren. Damit ist gemeint, daß kulturelle Deutungssysteme dann der Realität der Weltgesellschaft besser angepaßt sind, wenn sie inklusiv operieren können, d. h. einen Platz für konkurrierende Deutungssysteme vorsehen können.[40] Demgegenüber sind Kulturen problematisch, die auf Exklusionen angewiesen sind, also ihr Verhältnis zu anderen Kulturen nur in die Form eines strikten entweder/oder bringen können. Das verweist die Beobachtung einer emergenten Weltkultur auf eine Leitfragestellung. Ist das System der Weltgesellschaft

38 Vgl. Hannerz 1990, S. 249.
39 Modelski 1983, S. 118.
40 Vgl. Robertson 1987.

darin kulturell effektiv, daß sich in ihm unter der Prämisse institutionalisierter kultureller Diversität ein Selektionsprozeß vollzieht, der inklusive Varianten begünstigt und exklusive Varianten marginalisiert?

Literatur

Abbott, Andrew, »Status and Status Strain in the Professions«, in: *American Journal of Sociology* 86 (1981), S. 819-835.

Abbott, Andrew / DeViney, Stanley, »The Welfare State as Transnational Event: Evidence from Sequences of Policy Adoption«, in: *Social Science History* 16 (1992), S. 245-274.

Axtmann, Roland, »Society, Globalization and the Comparative Method«, in: *History of the Human Sciences* 6 (1993), S. 53-74.

Beyer, Peter F., »Globalism and Inclusion: Theoretical Remarks on the Non-Solidary Society«, in: *Religious Politics in Global and Comparative Perspective*, hg. v. William H. Swatos, New York 1989, S. 39-53.

Björklund, Ulf, »World-Systems, the Welfare State, and Ethnicity«, in: *Ethnos* 10 (1986), S. 285-306.

Bornschier, Volker / Lengyel, Peter, »Introduction: Notions of World Society«, in: Dies. (Hg.), *World Society Studies. Vol. 1*, Frankfurt und New York 1990, S. 3-15.

Campbell, Donald T., »Ethnocentrism of Disciplines and the Fish Scale Model of Omniscience«, in: *Interdisciplinary Relationships in the Social Sciences*, hg. v. M. Sherif / C.W. Sherif, Chicago 1969, S. 328-348.

Fuchs, Peter / Göbel, Andreas (Hg.), *Der Mensch – das Medium der Gesellschaft?*, Frankfurt/M. 1994.

Gans, Herbert J., »Symbolic Ethnicity«, in: *Ethnic and Racial Studies* 2 (1979), S. 1-20.

Goldstein, Jan, »The Wandering Jew and the Problem of Psychiatric Antisemitism in Fin-de-Siècle France«, in *Journal of Contemporary History* 20 (1985), S. 521-552.

Hannerz, Ulf, »Cosmopolitans and Locals in World Culture«, in: *Theory, Culture & Society* 7 (1990), S. 237-251.

Hannerz, Ulf, »Scenarios for Peripheral Cultures«, in: Anthony D. King (Hg.), *Culture, Globalization and the World-System. Contemporary Conditions for the Representation of Identity*, Houndmills 1991, S. 106-128.

Haskell, Thomas L., »Capitalism and the Origins of the Humanitarian Sensibility«, in: *American Historical Review* 90 (1985), S. 339-361, S. 547-566.

Heintz, Peter, *Die Weltgesellschaft im Spiegel von Ereignissen*, Diessenhofen 1982.

Lechner, Frank J., »Cultural Aspects of the Modern World-System«, in: William H. Swatos (Hg.), *Religious Politics in Global and Comparative Perspective*, New York 1989, S. 11-27.

Luhmann, Niklas, »Die Weltgesellschaft«, in: ders., *Soziologische Aufklärung 2. Aufsätze zur Theorie der Gesellschaft*, Opladen 1975, S. 51-71 (=1971).

Luhmann, Niklas, »Kommunikation über Recht in Interaktionssystemen«, in: Erhard Blankenburg et al. (Hg.), *Alternative Rechtsformen und Alternativen zum Recht*, Opladen 1980, S. 99-112.

Luhmann, Niklas, *Soziologische Aufklärung 3. Soziales System, Gesellschaft, Organisation*, Opladen 1981.

Luhmann, Niklas, *Soziale Systeme: Grundriß einer allgemeinen Theorie*, Frankfurt/M. 1984.

Luhmann, Niklas, »Die Autopoiesis des Bewußtseins«, in: *Soziale Welt* 36 (1985), S. 402-446.

Luhmann, Niklas, *Die Universität als Milieu* (Hg. André Kieserling), Bielefeld 1992.

Meyer, John W. et al., *School Knowledge for the Masses: World Models and National Primary Curricular Categories in the Twentieth Century*, Washington D.C. und London 1992.

Modelski, George, »Long Cycles of World Leadership«, in: William R. Thompson (Hg.), *Contending Approaches to World System Analysis*, Beverly Hills 1983, S. 115-139.

Parsons, Talcott, *Social Systems and the Evolution of Action Theory*, New York 1977.

Robertson, Roland, »Bringing Modernization Back In«, in: *Contemporary Sociology* 17 (1988), S. 752-754.

Robertson, Roland, *Globalization. Social Theory and Global Culture*, London 1992.

Robertson, Roland / Chirico, Jo Ann, »Humanity, Globalization and Worldwide Religious Resurgence: A Theoretical Exploration«, in: *Sociological Analysis* 46 (1985), S. 219-242.

Sahlins, Marshall, »Cosmologies of Capitalism: The Trans-Pacific Sector of ›The World-System‹«, in: Nicholas B. Dirks / Geoff Eley / Sherry B. Ortner (Hg.), *Culture / Power / History. A Reader in Contemporary Social Theory*, Princeton 1988, S. 412-455.

Simpson, John H., »Globalization, the Active Self, and Religion: A Theory Sketch«, in: William H. Swatos (Hg.), *Religious Politics in Global and Comparative Perspective*, New York 1989, S. 29-38.

Smith, Anthony D., »Towards a Global Culture?«, in: *Theory, Culture & Society* 7 (1990), S. 171-191.

Sombart, Werner, *Der moderne Kapitalismus. Bd. 1*, München und Leipzig 1922, 5. Aufl.

Stichweh, Rudolf, »Fremde, Barbaren und Menschen. Vorüberlegungen zu einer Soziologie der ›Menschheit‹«, in: Peter Fuchs / Andreas Göbel (Hg.), *Der Mensch – das Medium der Gesellschaft?*, Frankfurt/M. 1994, S. 72-91.

Stichweh, Rudolf, »Zur Theorie der Weltgesellschaft«, in: *Soziale Systeme* 1 (1995) , S. 29-45 (in diesem Band: Kap. 1).

Stichweh, Rudolf, »Sport und Moderne«, in: *Modernisierung und Sport*, Schriften der deutschen Vereinigung für Sportwissenschaft, Bd. 65, St. Augustin 1995, S. 13-27 (=1995a).

Thomas, George M. et al., *Institutional Structure. Constituting State, Society, and the Individual*, Newbury Park 1987.

Wallerstein, Immanuel, *Geopolitics and Geoculture. Essays on the Changing World-System*, Cambridge und Paris 1991.

Wallerstein, Immanuel, »The National and the Universal: Can There Be Such a Thing as World Culture«, in: Anthony D. King (Hg.), *Culture, Globalization and the World-System. Contemporary Conditions for the Representation of Identity*, Houndmills 1991, S. 91-105 (=1991a).

Nation und Weltgesellschaft

I

›Nation‹ ist einer der Begriffe des 18. Jahrhunderts, die einen Anspruch auf eine neue Form von Staatlichkeit anmelden. Die Reichweite dieses Begriffs wird deutlich, wenn man einige der sich vollziehenden Substitutionen ansieht. In Frankreich tritt ›nation‹ – mit im Laufe des 18. Jahrhunderts zunehmender Häufigkeit – an die Stelle von ›roi‹, wenn es um die Benennung des höchsten, eine Kollektivität zur Einheit zusammenfassenden Gutes geht.[1] Tocqueville notiert, daß die Bezugnahme auf die Nation auch das partikulare aristokratische Wertsystem ›Ehre‹ entbehrlich mache, und er registriert, daß dies mit einer wachsenden Wertungsunsicherheit hinsichtlich einzelner Verhaltensäußerungen einhergehe.[2] Drittens kann man in jenen Texten, die in Paris aus Anlaß der Hinrichtung Krimineller auf der Straße verkauft wurden, bemerken, daß die Adressaten, die lange Zeit als ›pêcheurs‹ angesprochen worden waren, im 18. Jahrhundert als ›peuple‹ oder ›nation‹ adressiert werden.[3] Der *König*, die *Ehre* (des Adels), die *Sünden* (der Vielen) – die in diesen Beispielen verzichtbar werdenden Größen legen offen, daß der politische Begriff der Nation die ständische Ordnung des alten Europa ablöst. Außerdem tritt er an die Stelle des frühneuzeitlichen Begriffs der *Untertanen*, der ebenfalls schon die ständische Schichtung und die alte Differenz von *Bürgern* (mit Rechten) und *Einwohnern* (ohne Rechte, eventuell aber mit Privilegien) überspielt hatte.[4] Im Unterschied zu ›Untertanen‹ ist ›Nation‹ aber ein voluntaristischer Begriff mit Aufforderungsqualität, der in historisch variierenden Mischungsverhältnissen Teilnahmerechte und Handlungspflichten normiert. Der Prozeß der Inklusion von jedermann in das politische System – mit einem zwischen Pflichten

---

1 Giesey 1981, S. 174.
2 Siehe Dinges 1989, S. 410.
3 Lüsebrink 1981, S. 71, der als eine dritte (generationsspezifische) Anrede ›jeunes-jeunesse‹ festgestellt hat.
4 Vgl. Luhmann 1989, S. 86.

und Rechten oszillierenden Bedeutungsspektrum von ›Inklusion‹ – ist vermutlich der eigentliche Schlüssel für die Entstehung der modernen Nationen.[5]

Im Verhältnis der Nation zum Staat sind zwei alternative Wirkungsrichtungen denkbar und historisch beobachtbar. In vielen Fällen versucht ein präexistenter Staat, seine Bürger zur Einheit einer Nation zu formen (Frankreich, Spanien); in anderen Fällen ist die postulierte Existenz einer Nation das Argument, das den Anspruch auf eigene Staatlichkeit oder zumindest politische Autonomie rechtfertigen soll (Italien, Deutschland; Baskenland, Katalonien).[6] ›*Politische vs. ethnische Nationen*‹ ist eine Form, in der diese Unterscheidung heute häufig ausgesprochen wird, wobei auf beiden Seiten dieser Unterscheidung die Wirkungsrichtung auf den Staat hin oder vom Staat her unumstritten ist.[7] Eine mögliche Beschreibung der europäischen Entwicklung des 19. und 20. Jahrhunderts besagt dann, daß diese Entwicklung ihrem Trend nach die Differenz von politischen und ethnischen Nationen zunehmend eingeebnet hat, so daß nach dem 2. Weltkrieg in Europa der Anteil ethnischer Minoritäten ohne jede politische Autonomie nur noch 3% betrug, während es um 1820 noch mehr als 50% gewesen sind.[8] Wie auch immer die Fusion von Staat und Nation sich im einzelnen vollzieht, in jedem Fall gilt die Prämisse, daß für den Zustand eines politischen Gemeinwesens die *Vielzahl* seiner *einzelnen* Bürger und deren Teilnahme in einem Maße wichtig wird, wie dies für ältere Formen von Staatlichkeit (außer in den seltenen Fällen einer Demokratie) nie galt. Um den von den einzelnen Bürgern ausgehenden Impulsen die Zufälligkeit, Varianz und Unberechenbarkeit zu nehmen, wird gefordert, der Staat solle auf einer Vereinheitlichung[9] seiner Bürger aufruhen, die die Form der Nation hat.

---

5 Vgl. zu ›Inklusion‹ Luhmann 1981, S. 25-32; Stichweh 1988; zum ›Voluntarismus‹ des Begriffs Michels 1929, S. 179.

6 Siehe zu dieser Unterscheidung am Beispiel des frühneuzeitlichen Europa Koenigsberger 1975, S. 171-2; vgl. Stölting 1992a, S. 227-8, der dies als Unterschied von westlichem und östlichem Typus der Nationenbildung behandelt.

7 Vgl. zum Verhältnis von Nation und Machtwillen Weber 1972, S. 244.

8 Krejčí/Velímsky 1981, S. 70, die für 1920 einen Anteil von 7% nennen.

9 Vgl. zu Einheit als Leitbegriff Stryker 1959, S. 352: »Whatever else nationalism may imply, it includes an emphasis on and a positive evaluation of unity

Der Begriff der Nation kombiniert also die Beteiligung eines jeden als Mitglied der Nation mit der an diese Vielheit von Mitgliedern gerichteten Erwartung, sich zu einer Einheit zusammenführen zu lassen.[10]

Der Begriff der Einheit kommt dann in modernen politischen Systemen zweifach vor: als Zusammenfassung aller Entscheidungskompetenzen an der Spitze des Staates unter dem Titel der *Souveränität*,[11] und zweitens in der Nation als der Einheit aller Bürger, die die konstitutiven Teile des Staates sind. Die so verstandene Nation ist eine paradoxe Entität. Die Paradoxie läßt sich entfalten, indem man entweder die Nation als eine *Gesellschaft, die eine Gemeinschaft* ist, analysiert, oder alternativ sagt, die Nation sei die *Gesellschaft des Staates*.[12] In beiden Fällen werden der Nation zwei einander ausschließende Attribute (Gemeinschaft/Gesellschaft; Gesellschaft/Staat) gleichzeitig zugeschrieben. Parsons' Begriff der ›societal community‹, der die Implikation transportiert, daß die ›societal community‹ durch eine Form gesellschaftsweiter Solidarität zusammengehalten wird, trifft diesen Begriff der Nation ziemlich genau.[13] Dabei dominiert in den Definitionen des Begriffs der Nation seit dem Beginn des 19. Jahrhunderts zunächst die Komponente ›Gemeinschaft‹: z. B. *Gemeinschaftsgefühl* als das Prinzip der Bildung der Nation[14] oder *Gemeinschaftsindividualität* als Garant ihrer Einheit nach innen

within the political society. The basic principle of political organization in a society oriented toward the concentration of power at a national level is the minimization of internal differences within the prime political unit which is the society itself.«

10 Siehe Zeller 1845/6, S. 200, der eine »kräftige Nationalität« auf dem Grund »einer freien und in sich einigen Volksthümlichkeit« erhofft, die »nicht blos die obern Schichten der Gesellschaft und ihre, ohne diese Unterlage in der Luft schwebende Bildung, sondern die Masse umfassen ... soll.« Den »Geist der Zeit«, der dies befördert, definiert Zeller als »Auflösung aller spröden Besonderheit, die organische Einordnung des Einzelnen in's Ganze, sein Leben im Ganzen und für's Ganze.«

11 Vgl. etwa Luhmann 1989a, S. 194; Dumont 1991, insb. S. 134, 257.

12 Haber 1979, S. 631, zit. eine Schrift von 1833, in der die Forderung nach Gerichtsöffentlichkeit damit begründet wird, diese gebe dem Angeklagten die Gelegenheit, »sich vor der *gesamten Gesellschaft des Staates, d.i. der ganzen Nation* zu rechtfertigen« (Hervorhebung von mir).

13 In Parsons 1973, S. 10, vollzieht er diese Identifikation von ›societal community‹ und Nation explizit.

14 So z.B. Michels 1913, S. 407.

und Unterschiedenheit nach außen.[15] Nur das Faktum der zahlenmäßigen Größe dieser Gemeinschaft oder das ihrer kommunikativen Ausdehnung läßt es gleichzeitig als zwingend erscheinen, daß sie auch eine Gesellschaft ist.

II

Mit der Definition der Nation als eine Gesellschaft, die eine Gemeinschaft ist, ist ein für das Folgende entscheidendes Spannungsverhältnis angesprochen. Es gibt offensichtlich wichtige Hinsichten, in denen die Nation und der Nationalstaat eine intermediäre Stellung in der soziokulturellen Evolution einnehmen. Nation und Nationalstaat bieten sich insofern als ein klassischer Beispielfall ›partieller Modernisierung‹[16] an. Das läßt sich u. a. in den Termini der ›pattern variables‹ aussprechen: dem Nationalstaat wächst gegenüber seinen Bürgern eine umfassende Verantwortung zu, und er ist genau deshalb in der Moderne als Wohlfahrtsstaat zu verstehen. Diese Verantwortung ist aber, da sie eine umfassende Verantwortung ist, *diffus*, und der Staat nimmt sie in einer *partikularistischen* Weise gegenüber seinen Mitgliedern wahr, die ihm per *Askription* zugehören.[17] Eine andere Beobachtung mit verwandtem Resultat weist darauf hin, daß der Nationalstaat eine Möglichkeit der *Inklusion von Individualität* zu eröffnen scheint, d. h. er offeriert Mitgliedern eine Möglichkeit der Identifikation mit einem nationalen Bezugssystem, das alle ihre vielfältigen Engagements einzuschließen und insofern zu integrieren imstande ist.[18] Dies ruht auf der Suggestion auf, daß der Nationalstaat segmentäre Geltungsgrenzen für Funktionssysteme definiert, die auf der Basis der Territorialität des Staates auf überraschende Weise zusammenzufallen scheinen.[19]

Entscheidend ist nun Folgendes. Nation und Nationalstaat stehen – wie die gerade skizzierten Überlegungen demonstrieren – zwischen der Einbindung in traditionsgesicherte lokale

15 Siehe nur Gerber 1930, S. 30-31.
16 Dieser Begriff bei Rüschemeyer 1976.
17 So Deutsch 1966, S. 58.
18 Hahn 1993, 201.
19 Ebd., S. 198.

Zusammenhänge und der Unübersichtlichkeit der Weltgesellschaft als jenem emergenten Sozialsystem, das weltweit alle
denkbaren Kommunikationen zur Einheit eines und nur eines
Systems zusammenführt.[20] Nur die Weltgesellschaft ist heute
noch in einem präzisen Sinn dieses Begriffs eine *Gesellschaft*,
und sie *schließt* im übrigen als Weltgesellschaft *alle Ungleichheiten in sich ein*, die durch die soziokulturelle Evolution und
das Operieren der Funktionssysteme hervorgebracht worden
sind.[21] Im Kontrast zur Unübersichtlichkeit der Weltgesellschaft bietet die Nation eine relativ stabile Identifikation für
Personen, denen herkömmliche lokale ›settings‹ eine hinreichende Erwartungssicherheit hinsichtlich ihrer eigenen Lebensbedingungen nicht mehr garantieren können. In diesem
Sinn ist die nationale Identifikation und sind dann auch die
Überhöhungen des Nationalismus – Karl Deutsch hat dies
schon in den sechziger Jahren gezeigt – als eine Folge sozialer
Mobilisierung und der durch sie verursachten zunehmenden
Erwartungsunsicherheit zu verstehen.[22] Angesichts von Erwartungsunsicherheit ruhen die Leistungen der Nation zu einem wesentlichen Teil darauf auf, daß die Nation *Ungleichheit
ausschließt* (weil sie sie in die Weltgesellschaft externalisiert)
und eine scheinbare *Gleichheit* (aller Mitglieder der Nation)
einschließt.[23] Eine daraus resultierende (nationalistische) Be-
sorgnis, die sich auf die Erhaltung dieser innerhalb der Nation
garantierten Gleichheit richtet, hat in ihrer Entstehung viel mit
der Frage zu tun, ob eine Einzelperson oder ein soziales Milieu
die Fortsetzung der eigenen Lebensführung aus eigenen Hand-
lungsmöglichkeiten heraus garantieren zu können glaubt. Es
ist auffällig, daß in Forschungen über Fremdenfeindlichkeit
die Dimension der ›self-efficacy‹, d. h. die vorhandene oder
eben auch nicht vorhandene Überzeugung, die Kontinuität der
eigenen Lebensbedingungen aus eigener Kraft sichern zu können, als der wichtigste Erklärungsfaktor auftaucht.[24]

20 Vgl. zur Theorie der Weltgesellschaft Luhmann 1971, 1990; Heintz 1982.
21 Vgl. ausführlicher Stichweh 1995.
22 Deutsch 1966, S. 53 ff.
23 Vgl. Deutsch ebd. S. 58. Alternativ kann man auch das Moment betonen,
   daß Nationalismus im Binnenverhältnis einer Nation vor allem die Funktion hat, Ungleichheit für die von ihr Betroffenen zu invisibilisieren.
24 Siehe Hernes/Knudsen 1992.

Außer dieser Sicherung von Gleichheits-/Ungleichheits-Relationen im System der Weltgesellschaft ist die *Fixierung von staatlichen Grenzen*, die, weil sie nationale Grenzen sind, eine inhärente Plausibilität gewinnen, eine zweite wichtige Funktion des Nationalstaats in der Weltgesellschaft.[25] Für einen dynastischen Fürstenstaat der Frühneuzeit konnten Grenzen noch etwas Beliebiges besitzen. Sie konnten je nach Interessenlage der Dynastie frei ausgehandelt werden, und es war im übrigen jederzeit möglich, die Grenzen eines Staates militärisch zu attackieren, da der Multikulturalismus des Staates sowieso eine nicht in Frage gestellte Selbstverständlichkeit war, also auch keine Bedenken bestehen mußten, im Erfolgsfall neue Populationen in den eigenen Staat zu inkorporieren. Mit der Entstehung des Nationalstaats kann es auch aus inneren Gründen der Einheit des Staates (also nicht nur aus militärischen Gründen der Verteidigungsfähigkeit von Eroberungen) fragwürdig werden, ob ein Staat fremde Ethnien (und ihr Gebiet) anzugliedern versuchen sollte. Das erhöht in der Folge für politisch konstituierte Nationen den Druck, ihre bereits vorhandenen fremdethnischen Gebiete der Kernnation zu assimilieren, und das provoziert umgekehrt, gerade wenn die politische Nation diesen Versuch unternimmt, den Widerstand und die Sezessionsbestrebungen in dem betroffenen fremdethnischen Gebiet.

Ein drittes funktional für die Nation entscheidendes Moment ist die *Garantie einer relativen kulturellen Homogenität nach innen* und zugleich als ein komplementäres Resultat die Erhaltung und vielleicht sogar Verstärkung kultureller Differenz zwischen den verschiedenen Nationalstaaten. Eine Nation ist immer prononciert eine kulturelle Entität.[26] Auch darin tritt sie an die Stelle von Tradition, lokaler Sitte und ständischer Ordnung.[27] Dem entspricht, daß auf der Ebene der Weltgesellschaft das Moment der Kultur nur einen vergleichsweise

25 Vgl. Segal 1988, S. 319, Fn. 10.
26 Eine multiethnische, politische Nation muß eine Eigenkultur erst erfinden. *Flagge* und *Hymne* sind darin auffällig, daß sie in einem reinen Sinn die Eigenkultur der Nation – ohne ethnischen Hintergrund – verkörpern können (Segal 1988, S. 312). Mit treffender funktionaler Analyse und versteckter Selbstreferenz sagt das Nationallied des multiethnischen Preußens von 1830: »Ich bin ein Preuße, kennt ihr meine Farben?« (Michels 1913, S. 399).
27 Vgl. für Deutschland Nipperdey 1976.

geringeren Grad von Artikulation oder Ausarbeitung aufweisen kann.[28] Es geht in der Weltgesellschaft eher um abstrakte Repertoires von Möglichkeiten, vor allem auch um die inklusive Abschwächung oder Reinterpretation nationalkultureller Eigenheiten, soweit diese mit anderen Kulturen in der Weltgesellschaft inkompatibel sind.[29] Letzteres – der Zwang zur inklusiven Abschwächung kultureller Idiosynkrasien – gilt verstärkt noch einmal für Nationalstaaten, die im System der Weltgesellschaft eine politische Führungsrolle übernehmen. Diese Führungsrolle kann nicht mehr als kulturelle Leitfunktion verstanden werden,[30] und Staaten, die einen solchen kulturell-missionarischen Zug aufweisen, werden dadurch im System der Weltgesellschaft politisch disprivilegiert.[31]

Es tritt also zu der enormen wirtschaftlichen Gleichheits-/Ungleichheitsschwelle, die die Ebene der Nationalstaaten von der der Weltgesellschaft trennt, eine analoge kulturelle Homogenitäts-/Inhomogenitätsschwelle hinzu. Die Frage, die sich an diese Überlegung zwingend anschließt, ist: Wie kann die Weltgesellschaft dennoch ein System sein und wie trägt sie als Sozialsystem der Faktizität und den Funktionen des Nationalstaats Rechnung?

III

Die erste der beiden gerade gestellten Fragen ist hier nicht eigentlich unser Thema. Dennoch liegt eine abgekürzte Antwort auf der Hand: Die Weltgesellschaft ist System als weltweite Anschlußfähigkeit von Kommunikationen – und sei es auch, daß sich dieses Anschließen als ›kreatives Verstehen‹, das von Mißverstehen nicht streng und schon gar nicht normativ zu unterscheiden ist, unter Ausblendung des kulturellen Kontextes vollzieht. Auf diese Weise entstehen u. a. Weltkunst[32] und Weltliteratur als Erwartungsbildungen, die ihrer abgelaufenen Geschichte schnell ein eigenes Gewicht verdanken. Die Antwort

28 Modelski 1983, S. 118, spricht von »low-saliency culture at the global level«.
29 Siehe näher Stichweh 1995.
30 Vgl. zur Kultur der amerikanischen Nation, die aus Gründen innerer Diversität von vornherein eine Zwischenstellung zwischen ›Menschheit‹ und ›Ethnos‹ habe formulieren müssen, Hollinger 1993, insb. S. 334.
31 Vgl. Modelski a.a.O.
32 Vgl. dazu Luhmann 1990.

auf unsere zweite Frage ist analog zu suchen. Staatlichkeit als nationale Souveränität ist für die Weltgesellschaft offensichtlich nicht nur ein strukturelles Faktum einer darunterliegenden Systemebene, vielmehr kristalliert auf der Ebene der Weltgesellschaft eine Erwartungsstruktur, die bestimmte Komponenten nationaler Staatlichkeit normativiert und als normative Erwartungen an Einzelstaaten adressiert. Zugleich werden Einzelstaaten durch diese weltgesellschaftliche Erwartungsstruktur und ein zugehöriges Institutionengeflecht (internationale Organisationen etc.) in ihrer Existenz stabilisiert.

Entscheidend ist nun folgendes. Es geht für unsere Überlegung nicht um internationale Beziehungen, nicht um das Netzwerk bilateraler und multilateraler Kontakte, das die wachsende Zahl von Nationalstaaten im System der Weltgesellschaft verknüpft. Vielmehr interessiert sich unsere Analyse für eine normative Erwartungsstruktur, die der Möglichkeit internationaler Beziehungen und der Etablierung nationaler Staatlichkeit in jedem einzelnen Fall zugrunde liegt. Schon Talcott Parsons hat bei der Analyse des internationalen Systems das klassische Durkheimsche Argument wiederholt: auch Vertragsschlüsse zwischen Staaten setzen eine normative Ordnung voraus, die die Möglichkeit von Verträgen allererst begründet.[33] In den letzten Jahren haben vor allem John W. Meyer und Roland Robertson eine verwandte These überzeugend vorgetragen:[34] Staatlichkeit in der Form nationaler Souveränität ist eine auf der Ebene der Weltgesellschaft institutionalisierte Leitidee, die als institutionalisierte Idee Prozesse weiterlaufender Staatsbildung und interethnischer Auseinandersetzung in der Weltgesellschaft formt.

Es liegt dann einerseits nahe, nach den historischen Voraussetzungen der Herausbildung dieser weltweiten Erwartungsstruktur zu fragen. Wenn man dies tut, wird man erstens auf die Universalismen des europäischen Mittelalters, insbesondere auf die Strukturen des mittelalterlichen Christentums und dessen Lokalität und Zentralität miteinander vermittelnde organisatorische und semantische Leistungen blicken.[35] Auch die

33 Parsons 1961, S. 125.
34 Zum folgenden siehe vor allem Meyer 1987, 1989; Robertson 1992; vgl. Abbott/DeViney 1992, S. 249.
35 Meyer 1989, insb. S. 403-404, 408 ff.; Boli 1987, S. 75-76.

Rezeption des römischen Rechts in einer Vielzahl verschiedener Territorien, die das römische Recht jeweils mit einer eigenen Rechtstradition synthetisieren mußten, ist als ein solches universalistisches Moment aufzufassen.[36] Zweitens wird man das sich in der frühen Neuzeit herausbildende europäische Staatensystem analysieren müssen. Dieses verbindet sich seit dem 18. Jahrhundert mit der Vorstellung, daß es oberhalb der Ebene der einzelnen Staaten eine politische Makroordnung gibt, die die Form einer Republik aufweist, also eine Regierungsform besitzt, die im Fall des Einzelstaats immer als instabil galt.[37] Die Entstehung der Weltgesellschaft ist auch als Expansion dieses europäischen Staatensystems durch Extension des Europabegriffs[38] und schließlich durch Hineinnahme außereuropäischer Staaten zu sehen.[39] Eine dritte Schicht historischer Analysen würde sich mit dem Naturrecht des 16. und 17. Jahrhunderts,[40] mit Formulierungen der Menschheitsidee[41] und verwandten semantischen Traditionen befassen. Allen diesen Traditionen ist eigen, daß sie eine Europa überschreitende Makroebene zu identifizieren erlauben, von welcher her normative Erwartungen an die sich seit dem 19. Jahrhundert ausbildende nationale Staatlichkeit formuliert werden können. Historische Fragen dieses Typs will ich hier nicht weiter verfolgen. Statt dessen geht es mir darum, einige zentrale Komponenten einer weltgesellschaftlichen Erwar-

---

36 Savigny 1840, S. 78-80, deutet diesen »merkwürdigen« Vorgang als Indiz einer neueren Form der Nationalität: »Es zeigt sich hierin, daß die neueren Nationen nicht in dem Maaße wie die alten, zu einer abgeschlossenen Nationalität berufen waren, daß vielmehr der gemeinsame christliche Glaube um sie alle ein unsichtbares Band geschlungen hatte, ohne doch die nationale Eigenthümlichkeit aufzuheben« (S. 80).

37 Vgl. Stichweh 1995. Eine vergleichbare Vorstellung einer Republik als Makroordnung eines entstehenden funktionalen Komplexes ist seit dem 17. Jahrhundert in der Idee der Gelehrtenrepublik verwendet worden (Stichweh 1991, Kap. VI).

38 Dazu interessant Stölting 1992, der die Verschiebbarkeit der Grenze Europa/Asien demonstriert. Eine Vielzahl von Staaten reklamiert genau dies für sich, daß sie noch auf der europäischen Seite sind – und Europa gegen Asien abschirmen.

39 Dazu Bull/Watson 1984. Man kann dies auch so sehen, daß die Europaidee zunächst wichtig wird und dann wieder unwichtig wird.

40 Vgl. Bull 1984, insb. S. 119, 123.

41 Vgl. dazu Stichweh 1994.

tungsstruktur, die den Nationalstaat als Gegenstand der Erwartungsbildung betrifft, zu identifizieren.

Ein erstes strukturell wichtiges Moment ist, daß sich der Nationalstaat aus einer Dekomposition der Weltgesellschaft ergibt und daß er diese als eine Zerlegung in territorial eindeutig begrenzte Staaten vollständig durchzuführen erlaubt.[42] Ich hatte oben schon betont, daß das Moment des Nationalen langfristig eine Stabilisierung territorialer Grenzziehungen mit sich bringt. Diese Grenzziehungen haben nun zwei weitere interessante Eigenschaften. Zwischen den Nationalstaaten liegt erstens keine ungenutzte, sie räumlich voneinander distanzierende Ödnis; statt dessen ist der räumliche Abstand zwischen zwei Staaten unendlich klein. Zweitens erlaubt die Differenzierung nationaler Kulturen, daß mit diesem unendlich kleinen Abstand eine (kulturelle) Diskontinuität einhergeht, die als maximale Distanz oder im Extremfall als Inkommensurabilität (im Kuhnschen Sinne) zweier Nationalkulturen erfahren werden kann. Insofern sind Staaten auf der Basis von Nationalität gegeneinander geschlossene Systeme,[43] die zugleich die Landmasse der ganzen Welt (mit der Antarktis als einziger Ausnahme) lückenlos abdecken. Auffällig ist weiterhin, daß Zurechnungen zu einem nationalstaatlichen System absolut und nicht relativ sind: jemand also beispielsweise ein Franzose nicht nur gegenüber Briten, vielmehr in einem absoluten Sinn ist.[44] Auch dies erleichtert eine Stabilisierung von Nationalstaaten als relativ geschlossenen Systemen.

Der erste Schritt dieses Arguments hat bisher nur etabliert, daß Nationalstaaten im System der Weltgesellschaft einander formal ähnlich sind. Sie weisen eine territoriale Grenze auf, individuieren sich auf der Basis einer Kultur, haben einen Namen[45] – und sie sind auf dieser Grundlage nahezu überschnei-

42 Hierzu und zum folgenden Segal 1988, S. 302 ff.
43 Beaud 1994 (Titre I, Chapitre IV) weist in Anlehnung an Kelsen zu Recht darauf hin, daß in einer zweiten Hinsicht Staaten durchaus Hoheitsakte auf dem Territorium fremder Staaten vollziehen (z.B. in diplomatischen Vertretungen) und daß insofern die Territorien auch als einander interpenetrierend gedacht werden können.
44 Segal ebd.
45 Der Streit um den Namen der früheren jugoslawischen Teilrepublik Mazedonien belegt, wie kritisch bereits diese einfache Frage des Namens sein kann und dann zu weltweiten Aushandlungsprozeduren führt.

dungsfrei und lückenlos in die Weltgesellschaft einpaßbar. In einer zweiten Annäherung – und eigentlich erreichen wir erst hier die Ebene strukturbildender Erwartungen hinsichtlich legitimer Staatlichkeit – werden schnell Gemeinsamkeiten deutlich, die über diese formalen Ähnlichkeiten hinausgehen. Es scheint für Staaten eine *Modernitätsverpflichtung* und damit zugleich eine *Verpflichtung auf wohlfahrtsstaatliches Handeln* zu geben.[46] In einer anderen Terminologie, die sich an Talcott Parsons anlehnt, könnte man auch von einem ›instrumentellen Aktivismus‹ als einer weltweit vorhandenen Erwartung an Staaten sprechen.[47] Wenn man es in diesen Parsonsschen Termini analysiert, wird deutlicher, woher die Verpflichtung auf Modernität und Wohlfahrt stammt. Der Staat faßt sich unter den Prämissen der Nationalstaatlichkeit selbst als ein Instrument auf, das dazu dient, die Verwirklichung der Interessen der Nation zu optimieren – und genau diese Selbstauffassung liegt im System der Weltgesellschaft in der Form einer normativen Erwartung an Staatlichkeit vor.

Das Resultat der gerade beschriebenen Struktur ist, daß sich ein verblüffend ähnlicher ›set‹ von Institutionen der Moderne[48] herausbildet: Schulen und die frühe Errichtung tertiärer Hochschulinstitutionen,[49] wobei letzteren ein besonders enges Verhältnis zur Einheit eines nationalen Systems eigen zu sein scheint,[50] die Versicherungssysteme des Wohlfahrtsstaats und die in vielen Staaten ähnliche Sequenz ihrer Etablierung;[51] Militär und militärische Dienstpflicht; nationale Kultur-, Wissenschafts- und Sprachpolitik[52] – ein Nationalstaat im System der Weltgesellschaft ist schlecht ohne diese Institutionen und ohne

---

46 Ähnlich schon Moore 1966, insb. S. 481.
47 Siehe Parsons 1964.
48 Dieser Begriff bei Meyer 1987, S. 50.
49 Vgl. Inkeles/Sirowy 1983.
50 Vgl. zum Zusammenhang von *Bildungswesen, nationaler Kultur* und der *Plausibilisierung staatlicher Souveränität* M. Müller 1911, S. 46: »Eine durch das Bildungswesen zwar nicht ausschließlich, aber doch vorwiegend erzeugte selbständige *nationale Kultur* ist schließlich der unanfechtbarste Titel für die *völkerrechtliche Anerkennung eines Staates*. Darauf beruht der ganze Zukunftsglaube selbstbewußter Kleinstaaten ...« (Hervorhebung b. Müller).
51 Abbott/De Viney 1992.
52 Vgl. den Katalog bei Wallerstein 1991, S. 191, und siehe Meyer 1987, S. 42.

bestimmte formale Eigentümlichkeiten dieser Institutionen zu denken. Daß dies sich so verhält, wird wohl kaum mittels teleologischer Vorstellungen über Konvergenz zu erklären sein. Plausibler scheint die Vermutung, daß die Prämisse der Unverzichtbarkeit dieser Institutionen für einen jeden legitimen und modernen Staat selbst ein Teil der in der Weltgesellschaft vorliegenden Kultur des Nationalstaats ist.

Wenn aber im System der Weltgesellschaft gelten soll, daß im Prinzip an jeden einzelnen Staat dieselben Erwartungen hinsichtlich der Institutionen der Moderne und der Wohlfahrtsverpflichtung des Staates zu richten sind und daß es sich dabei jeweils um Verpflichtungen des Staates gegenüber der ihn konstituierenden Nation handelt, dann muß dies andererseits auch Folgen für die Beziehungen der Staaten untereinander und für die Statusordnung der Staaten haben. Ein sich in den Jahrzehnten nach dem Zweiten Weltkrieg durchsetzendes Muster scheint zu sein, daß das *Prinzip der Inklusion*, das seit dem Anfang des 19. Jahrhunderts die politische Ordnung des Nationalstaats hervorgebracht hat, sich auch auf der Ebene des politischen Systems der Weltgesellschaft etabliert. Ähnlich wie nationale Souveränität als etwas gedacht wird, was letztlich auf die Willensakte der vielen einzelnen die Nation konstituierenden Bürger zurückgeht, ist jetzt auch das politische System der Welt als eines zu beschreiben, das nicht mehr angemessen in Termini wechselnder weltpolitischer Führungspositionen großer Mächte begriffen werden kann. John Meyer hat darauf hingewiesen, daß die Charta der ›Vereinten Nationen‹[53] explizit Rechte für Nationalstaaten definiert, und er hat diese Beobachtung zu der These zugespitzt, daß es ein politisches System der Welt gibt, in dem die *Nationalstaaten als konstitutive Bürger* fungieren.[54] Inklusion in das politische System der Welt nimmt damit die Form an, daß eine *egalitäre Basisstruktur nationaler Souveränität* entsteht, die im Prinzip alle Staaten einander gleichstellt.[55] Diese neue Struktur hat eine offen zutage liegende Funktion. Während die Funktion des Nationalstaats,

---

53 Bezeichnenderweise heißt es ›Nationen‹ und nicht ›Staaten‹; siehe auch den Namen der Vorgängerorganisation: ›Völkerbund‹.
54 Meyer 1987, S. 50, unter Verweis auf Abschnitt 51 der Charta der Vereinten Nationen; vgl. Wallerstein 1991, S. 153.
55 Vgl. Geser 1992, S. 652.

wie oben gezeigt, wesentlich auch darin besteht, Gleichheits-/ Ungleichheits-Differenzen im System der Weltgesellschaft auf Dauer zu stellen, ist der Effekt der egalitären Basisstruktur nationaler Souveränität darin zu sehen, daß sie dieser institutionalisierten Erhaltung von Ungleichheit ein zumindest formal balancierendes Prinzip entgegenstellt. Staaten haben ungeachtet ihres wirtschaftlichen Entwicklungsstandes als Staaten in der Weltgesellschaft formal die gleiche Dignität, und Forderungen nach wirtschaftlichem Ausgleich haben daran einen gewissen Halt.

Hans Geser hat ein weiteres interessantes Strukturmoment dieses politischen Systems der Welt aufgedeckt, das sichtbar macht, wie folgenreich und also umstritten die Egalisierung der Staaten ist und sein wird. Geser postuliert, daß in der Gegenwart zwei Typen von Nationalstaaten existieren: erstens *kleine Staaten*, die ein strukturelles Interesse an einer *holistischen Selbstinterpretation* haben, d. h. an einer Interpretation, die sie als eine geschlossene politische Entität neben anderen gleichartigen staatlichen Entitäten beschreibt. Auf der anderen Seite gibt es *große Staaten*, die sich selbst *nominalistisch* auffassen, d. h. auf die Vielzahl der Bürger verweisen, aus denen sie bestehen, und dies als Forderung nach *Demokratisierung* in internationale Organisationen einbringen.[56]

Mit der egalitären Basisstruktur nationaler Souveränität zeichnet sich eine Trendumkehr in der Weltpolitik ab. Noch das 19. Jahrhundert schien den Prozeß territorialer Zentralisierung voranzutreiben und mit den Vereinigten Staaten und Rußland wurden *kontinentgroße Einzelstaaten* weltpolitisch dominant, eine Tendenz, die, wie Geoffrey Barraclough betont hat, vielleicht der Hintergrund für den deutschen Expansionismus im 20. Jahrhundert war.[57] Die Egalisierung nationaler Souveränität, die sich seit dem Zweiten Weltkrieg beobachten läßt, ändert dies radikal. Erstmals unterscheiden sich die Überlebenswahrscheinlichkeiten für große und kleine Staaten nicht wesentlich und sind kleine Staaten nicht mehr auf geographische Sonderlagen und hegemoniale Unterordnung angewiesen.[58] Gleichzeitig werden größere Staaten wegen des Nationa-

56 Geser 1992, S. 645-6.
57 Siehe Zolberg 1983, S. 283-4.
58 Siehe exzellent Geser 1992.

litätsprinzips angreifbar, da jederzeit eine Ethnie behaupten kann, daß der Prozeß der Konstruktion der Nation mißlungen sei und sie mit diesem Argument eine Sezession betreiben kann. Dafür wird sie zwar keine weltpolitische Unterstützung erhalten, da die Weltpolitik den Nationalstaat garantiert und einmal bestehende Nationalstaaten als strukturlose Elemente begreifen muß, in deren dennoch existente Binnenstrukturen sie nicht durchgreifen darf.[59] Aber die eine Sezession betreibende Ethnie kann wenigstens auf Sympathie in der *Weltöffentlichkeit* rechnen. Zweitens kommen an dieser Stelle die *nichtstaatlichen internationalen Organisationen* (INGOs) ins Spiel, deren weltpolitische Funktion sich so beschreiben läßt, daß sie Interessenlagen aufgreifen, die am Souveränitätsprinzip des Nationalstaats scheitern müssen.[60] Diese internationalen Organisationen werden der eine Sezession betreibenden Ethnie zumindest humanitäre und publizistische Hilfe leisten. Überlegungen dieses Typs lassen es als wahrscheinlich erscheinen, daß mit einer weiteren Proliferation neuer (kleinerer) Nationalstaaten zu rechnen ist.[61] Ein potentiell einen neuen Staat erzeugender Konflikt spielt sich immer dort ab, wo der Transfer einer Mehrzahl ethnischer (primordialer) Nationen in *eine* politisch konstruierte Nation sich nicht erfolgreich vollzogen hat,[62] so daß die Spannung zwischen diesen beiden Referenzsystemen sowohl einen virulenten Nationalismus (einer ethnischen Nation, die die Dignität einer politischen beansprucht) wie in der Folge auch Sezessionsbestrebungen produziert. In einer Weltpolitik, die für die gewaltsame Inkorporation anderer Staaten so gut wie keine Legitimitätsgrundlagen mehr bietet, ist deshalb neben der Entstehung überstaatlicher regiona-

---

59 Vgl. zum Spannungsverhältnis von *ethnischer Selbstbestimmung* und der Garantie einer etablierten *territorialen Souveränität* Nagel 1993. Nagel (108) zit. eine Stellungnahme einer Delegation Kenias bei einer afrikanischen Gipfelkonferenz (Addis Abeba 1960): »The principle of self-determination has relevance where *Foreign Domination* is the issue. It has no relevance where the issue is territorial disintegration by dissident citizens.«

60 Siehe interessant Thränhardt 1992, insb. S. 231. Ghils 1992, S. 419, nennt eine Gesamtzahl von 23000 internationalen nichtstaatlichen Organisationen.

61 Vgl. dieselbe Prognose mit einer anderen Begründung Bell 1987, S. 13-4: »the nation state is becoming too small for the big problems of life, and too big for the small problems of life.«

62 Vgl. Meyer 1987, S. 53-4.

ler Verbünde (EU, NAFTA) eine weitere Zunahme der Zahl der Staaten zu erwarten.

Literatur

Abbott, Andrew / DeViney, Stanley, »The Welfare State as Transnational Event: Evidence from Sequences of Policy Adoption«, in: *Social Science History* 16, 1992, S. 245-274.

Beaud, Olivier, *La puissance de l'Etat*, Paris 1994.

Bell, Daniel, »The World and the United States in 2013«, in: *Daedalus* 116 (1987), S. 1-31.

Boli, John, »World Polity Sources of Expanding State Authority and Organization«, in: George M. Thomas et al., *Institutional Structure. Constituting State, Society, and the Individual*, Newbury Park 1987, S. 71-91.

Bull, Hedley, »The Emergence of a Universal International Society«, in: Hedley Bull / Adam Watson (Hg.), *The Expansion of International Society*, Oxford 1984, S. 117-126.

Bull, Hedley / Watson, Adam (Hg.), *The Expansion of International Society*, Oxford 1984.

Deutsch, Karl W., »Nation und Welt«, in: Heinrich August Winkler (Hg.), *Nationalismus*, Königstein, Ts. 1966, 2. Aufl., S. 49-66.

Dinges, Martin, »Die Ehre als Thema der Stadtgeschichte. Eine Semantik im Übergang vom Ancien Régime zur Moderne«, in: *Zeitschrift für historische Forschung* 16 (1989), S. 409-440.

Dumont, Louis, *L'idéologie allemande. France – Allemagne et retour* (= Homo Aequalis, II), Paris 1991.

Gerber, Hans, »Vom Begriff und Wesen des Beamtentums«, in: *Archiv des öffentlichen Rechts* 57 (1930), S. 1-85.

Geser, Hans, »Kleinstaaten im internationalen System«, in *Kölner Zeitschrift für Soziologie und Sozialpsychologie* 44 (1992), S. 627-654.

Ghils, Paul, »International civil society: International non-governmental organizations in the international system«, in: *International Social Science Journal* 44 (1992), S. 417-431.

Giesey, Ralph E., »From Monarchomachs to Dynastic Officialdom«, in: Jaroslaw Pelenski (Hg.), *State and Society in Europe from the Fifteenth to the Eighteenth Century*, Warschau 1981, S. 163-176.

Haber, Günter, »Probleme der Strafprozeßgeschichte im Vormärz. Ein Beitrag zum Rechtsdenken des aufsteigenden Bürgertums«, in:

Zeitschrift für die gesamte Strafrechtswissenschaft 91 (1979), S. 590-636.

Hahn, Alois, »Identität und Nation in Europa«, in *Berliner Journal für Soziologie* 3, (1993), S. 193-203.

Heintz, Peter, *Die Weltgesellschaft im Spiegel von Ereignissen*, Diessenhofen 1982.

Hernes, Gudmund / Knudsen, Knud, »Norwegians' Attitudes Toward New Immigrants«, in: *Acta Sociologica* 35 (1992), S. 123-139.

Hollinger, David A., »How Wide the Circle of the ›We‹? American Intellectuals and the Problem of the Ethnos since World War II«, in: *American Historical Review* 98 (1993), S. 317-337.

Inkeles, Alex / Sirowy, Larry, »Convergent and Divergent Trends in National Educational Systems«, in: *Social Forces* 62 (1983), S. 303-333.

Koenigsberger, Helmut G., »Spain«, in: Orest Ranum (Hg.), *National Consciousness, History, and Political Culture in Early-Modern Europe*, Baltimore 1975, S. 144-172.

Krejcí, Jaroslav / Velímsky, Vítezslav, *Ethnic and Political Nations in Europe*, London 1981.

Lüsebrink, Hans-Jürgen, »Formen und Prozesse kultureller Vermittlung im Frankreich der Aufklärung«, in: Gumbrecht, Hans Ulrich et al. (Hg.), *Sozialgeschichte der Aufklärung in Frankreich. Teil 1*, München und Wien 1981, S. 55-75.

Luhmann, Niklas, »Die Weltgesellschaft«, in: ders., *Soziologische Aufklärung 2. Aufsätze zur Theorie der Gesellschaft*, Opladen 1975, S. 51-71 (=1971).

Luhmann, Niklas, *Politische Theorie im Wohlfahrtsstaat*, München und Wien 1981.

Luhmann, Niklas, »The World Society as a Social System«, in: ders., *Essays on Self-Reference*, New York 1990, S. 175-190 (=1982).

Luhmann, Niklas, »Staat und Staatsräson im Übergang von traditionaler Herrschaft zu moderner Politik«, in: ders., *Gesellschaftsstruktur und Semantik. Studien zur Wissenssoziologie der modernen Gesellschaft. Bd. 3*, Frankfurt/M. 1989, S. 65-148.

Luhmann, Niklas, »Verfassung als evolutionäre Errungenschaft«, in: *Rechtshistorisches Journal* 9 (1989), S. 176-220 (=1989a).

Luhmann, Niklas, »Weltkunst« in: Niklas Luhmann / Frederick D. Bunsen / Dirk Baecker, *Unbeobachtbare Welt. Über Kunst und Architektur*, Bielefeld 1990, S. 7-45.

Meyer, John M., »The World Polity and the Authority of the Nation State«, in: George M. Thomas et al., *Institutional Structure. Constituting State, Society, and the Individual*, Newbury Park 1987, S. 41-70.

Meyer, John W., »Conceptions of Christendom: Notes on the Distinctiveness of the West«, in: Melvin L. Kohn (Hg.), *Cross-National Research in Sociology*, Newbury Park 1989, S. 395-413.

Michels, Robert, »Zur historischen Analyse des Patriotismus«, in: *Archiv für Sozialwissenschaft und Sozialpolitik* 36 (1913), S. 14-43, 394-449.

Michels, Robert, *Der Patriotismus. Prolegomena zu seiner soziologischen Analyse*, München und Leipzig 1929.

Modelski, George, »Long Cycles of World Leadership«, in: William R. Thompson (Hg.), *Contending Approaches to World System Analysis*, Beverly Hills 1983, S. 115-139.

Moore, Wilbert E., »Global Sociology: The World as a Singular System«, in: *American Journal of Sociology* 71 (1966), S. 475-482.

Müller, Max, *Die Lehr- und Lernfreiheit. Versuch einer systematisch-historischen Darstellung mit besonderer Berücksichtigung der französischen, deutschen und schweizerischen Verhältnisse*, Aarau 1911.

Nagel, Joanne, »Ethnic Nationalism: Politics, Ideology, and the World Order«, in: *International Journal of Comparative Sociology* 34 (1993), S. 103-112.

Nipperdey, Thomas, *Gesellschaft, Kultur, Theorie. Gesammelte Aufsätze zur neueren Geschichte*, Göttingen 1976.

Parsons, Talcott, »Order and Community in the International Social System«, in: James N. Rosenau (Hg.), *International Politics and Foreign Policy*, Glencoe, Ill. 1961, S. 120-129.

Parsons, Talcott, *Social Structure and Personality*, New York 1964.

Parsons, Talcott, »Problem of Balancing Rational Efficiency with Communal Solidarity«, in: *Modern Society*, International Symposium ›New Problems of Advanced Societies‹, Japan Economic Research Institute, Tokio 1973, S. 9-14.

Robertson, Roland, *Globalization. Social Theory and Global Culture*, London 1992.

Rueschemeyer, Dietrich, »Partial Modernization«, in: Jan J. Loubser et al. (Hg.), *Explorations in General Theory in Social Science. Essays in Honor of Talcott Parsons*, Bd. II, New York und London 1976, S. 756-772.

Savigny, Friedrich Carl von, *System des heutigen Römischen Rechts*, Bd. 1, Berlin 1840.

Segal, Daniel A., »Nationalism, Comparatively Speaking«, in: *Journal of Historical Sociology* 1 (1988), S. 300-321.

Stichweh, Rudolf, »Inklusion in Funktionssysteme der modernen Gesellschaft«, in: Renate Mayntz et al., *Differenzierung und Verselbständigung. Zur Entwicklung gesellschaftlicher Teilsysteme*, Frankfurt/M. 1988, S. 261-293.

Stichweh, Rudolf, *Der frühmoderne Staat und die europäische Uni-*

versität. *Zur Interaktion von Politik und Erziehungssystem im Prozeß ihrer Ausdifferenzierung (16.-18. Jahrhundert)*, Frankfurt/M. 1991.

Stichweh, Rudolf, »Fremde, Barbaren und Menschen. Vorüberlegungen zu einer Soziologie der ›Menschheit‹«, in: Peter Fuchs / Andreas Göbel (Hg.), *Der Mensch – das Medium der Gesellschaft*, Frankfurt/M. 1994, S. 72-91.

Stichweh, Rudolf, »Zur Theorie der Weltgesellschaft«, in: *Soziale Systeme* 1 (1995), S. 29-45 (in diesem Band: Kap. 1).

Stölting, Erhard, »Spuren, Schichten, Heterogenität. Die Erosion des sowjetischen Imperiums und die Renaissance der Nationalismen«, in: Günter Lottes (Hg.), *Region, Nation, Europa. Historische Determinanten der Neugliederung eines Kontinents*, Heidelberg 1992, S. 255-269.

Stölting, Erhard, »Angst, Aggression und die nationale Denkform. Osteuropäische Konflikte«, in *PROKLA* 22 (1992), S. 225-241 (=1992a).

Stryker, Sheldon, »Social Structure and Prejudice«, in: *Social Problems* 6 (1959), S. 340-354.

Thränhardt, Dietrich, »Globale Probleme, globale Normen, neue globale Akteure 2«, in: *Politische Vierteljahresschrift* 33 (1992), S. 219-234.

Wallerstein, Immanuel, *Geopolitics and Geoculture. Essays on the Changing World-System*, Cambridge und Paris 1991.

Weber, Max, *Wirtschaft und Gesellschaft*, Tübingen 1972, 5. Aufl.

Zeller, Eduard (1845/6) »Gedanken über deutsche Universitäten«, in: ders., *Kleine Schriften*, hg. v. O. Leuze, Bd. 2, Berlin 1910, S. 191-291.

Zolberg, Aristide R., »›World‹ and ›System‹. A Misalliance«, in: William R. Thompson (Hg.), *Contending Approaches to World System Analysis*, Beverly Hills 1983, S. 269-290.

Migration, nationale Wohlfahrtsstaaten und die Entstehung der Weltgesellschaft

I

Nation und *Wohlfahrtsstaat* sind zwei Begriffe, die nicht selbstverständlich nebeneinander stehen, da sie zwei verschiedene Bezugskontexte der Identität und der Tätigkeit des modernen Staates zu meinen scheinen. Deshalb ist es vorab wichtig, die Verwendung dieser beiden Begriffe zu klären. Nation war in der alteuropäischen Tradition ein ständischer Begriff, so beispielsweise in *Heiliges Römisches Reich Deutscher Nation*, wo mit Nation nur die Reichsstände gemeint waren. Seit der zweiten Hälfte des 18. Jahrhunderts erweist sich diese Einschränkung nicht mehr als haltbar.[1] Jeder ist jetzt Mitglied der Nation. Und Nation wird zu dem Begriff, der *Einheit/Differenz* als Leitunterscheidung für jeden modernen Staat formuliert, weil jede Nation die Bevölkerung eines Staats (oder auch: eine Bevölkerung, die einen Staat erst beanspruchen will) zu einer Einheit zusammenfaßt und eine solche Einheit immer nur als Einheit über faktisch vorliegenden Differenzen errichtet werden kann.

Die Leitunterscheidung *Einheit/Differenz* wird historisch in verschiedenen Varianten ausformuliert. *Nation vs. Nationalitäten* ist eine der klassischen Varianten, die vor allem in den Staaten Mittel- und Osteuropas verwendet wurde und die die Unterscheidung einer Kernnation von den mit ihr in einem Staate zusammenlebenden Nationalitäten (z. B.: die russische Nation vs. die Vielzahl der Nationalitäten) meinte.[2] Die Asymmetrie dieser Variante liegt auf der Hand. Sie formuliert eine hierarchische Opposition in dem von Louis Dumont erarbeiteten Sinn, daß in einer Unterscheidung einer der beiden Begriffe den ihm entgegengesetzten Begriff zugleich umfaßt und insofern auch für das Ganze oder die Einheit steht.[3] *Multikulturalismus* ist demgegenüber eine symmetrisch formulierte

---

1 Vgl. Stichweh 1994a.
2 Siehe dazu Krejčí/Velímsky 1981.
3 Siehe Dumont 1980.

Selbstbeschreibung einer Nation, die die Einheit einer Nation nur als Einheit über Differenzen errichtet wissen will, die als differente sozial-kulturelle Ordnungen prinzipiell gleichwertig und in gleichem Grade erhaltenswert sind.

Wohlfahrtsstaatlichkeit hat einen anderen Aspekt des modernen Staates im Blick. Es geht hier nicht um die Einheit oder interne Differenziertheit des Staates als eines Mitglieder- oder Untertanenverbandes; vielmehr geht es um die Leistungsverpflichtung des Staates gegenüber seinen Mitgliedern oder Untertanen. Auch in diesem Fall ist eine längere historische Perspektive sinnvoll, und es ist davon auszugehen, daß Gemeinwohlformeln als Selbstbeschreibungen von Staatlichkeit gleichzeitig mit Leitbegriffen wie Souveränität und Staatsräson im 16. und 17. Jahrhundert entstehen. Das heißt, der Übergang zum Wohlfahrtsstaat ist bereits in dem Augenblick vollzogen, in dem der Staat seine Untertanen nicht mehr als eine unruhige Masse versteht, die zu kontrollieren seine eigentliche Leistung ist. Statt dessen geht es jetzt um das »gemeine Wohl«, an dessen Beförderung sich auch der absolutistische Staat auszuweisen hat. Der moderne Wohlfahrtsstaat – als Versicherungsstaat und sorgender Staat im Sinne des 19. und 20. Jahrhunderts – ist nur eine historische Ausformulierung dieses allgemeineren Prinzips der Wohlfahrtsstaatlichkeit.

Worin aber besteht der Zusammenhang dieser beiden Leitformeln? Warum ist es möglich, von nationalen Wohlfahrtsstaaten zu sprechen? Die diesen Formeln zugrundeliegenden historischen Umbrüche ruhen beide auf dem Prinzip der Inklusion von jedermann in Teilnahmerollen im politischen System des Staates.[4] *Nation* meint eben seit dem 18. Jahrhundert die Zugehörigkeit eines jeden zu dem Kollektiv, das diesen Namen trägt. Und die wohlfahrtsstaatliche Gemeinwohlverpflichtung des Staates wird seit dem 19. Jahrhundert im Sinne von Inklusion individuell dekomponiert: als Anspruch eines jeden Mitglieds des dem Staat gegenüberstehenden Kollektivs auf Sicherung seiner elementaren Lebensgrundlagen durch die Leistungen des Staats. Weil und insofern sie auf Inklusion aufruhen, sind alle Staaten im System der Weltgesellschaft *nationale Wohlfahrtsstaaten*. Das folgende Argument darf also

4 Vgl. allgemein zu Inklusion Stichweh 1988.

nicht so verstanden werden, als spräche ich von einem relativ spezifischen Staatstypus im Rahmen der westlichen Moderne. Die These ist vielmehr, daß die Muster, die ich in einem relativ abstrakten Sinn als *national* und als *wohlfahrtsstaatlich* identifiziere, Bestandteile jenes Modells von Staatlichkeit sind, das im Prozeß der Entstehung der Weltgesellschaft weltweit diffundiert. Diese These ist nicht damit inkompatibel, daß es in vielen nationalstaatlichen Systemen heute faktische Exklusionen erheblicher Bevölkerungsanteile gibt. Diese Exklusionen sind immer nur faktische Resultate und normalerweise ohne etablierte Legitimität. Staaten, die *ihrer offiziellen Ideologie und ihrem deklarierten Selbstverständnis nach* große Bevölkerungsanteile oder gar die Mehrheit ihrer Bevölkerung aus dem Einheitsbegriff und aus den Leistungsverpflichtungen, die sie für sich selbst definieren, ausschließen (Südafrika, Ruanda), sind in der modernen Welt extreme Sonderfälle.

II

Der nationale Wohlfahrtsstaat ist die Form, in der im System der Weltgesellschaft Gleichheit und Ungleichheit institutionalisiert wird.[5] Das heißt zunächst, daß der Wohlfahrtsstaat seinen Mitgliedern eine formale Gleichheit, im Sinne der Unzulässigkeit eines abgestuften Bürgerstatus, garantiert. Es gibt nicht verschiedene Berechtigungen, die sich für verschiedene Klassen von Bürgern unterscheiden. Vielmehr gilt für jeden, der im vollgültigen Sinne Mitglied des Staates ist, der gleiche *set* von Berechtigungen und Pflichten. Ähnlich, wie dies im Fall der in den professionellen Berufen institutionalisierten Gleichheit aller in einem Beruf tätigen Praktiker beobachtbar ist,[6] sind Abstufungen im Mitgliedschaftsstatus nur insoweit zulässig, als es sich um Personen handelt, die einen als Prozeß gedachten Erwerb der Mitgliedschaft (also beispielsweise einen Prozeß der Naturalisation) *noch nicht* vollständig durchlaufen haben.[7] Neben diese formale Gleichheit aller Mitglieder tritt eine basale materielle Gleichheit, die die Form hat, daß

5 Vgl. dazu Deutsch 1966, insb. S. 58.
6 Siehe Stichweh 1994, Kap. 12-15.
7 Vgl. Brubaker 1990, S. 380: »Membership of the nation state ... should be

Mindestansprüche oder ein basaler Lebensstandard oder eine minimale Partizipation an den für eine bestimmte Lebensform charakteristischen Aktivitäten allen Bürgern garantiert und durch finanzielle und sonstige Leistungen des Wohlfahrtsstaates gesichert werden. Einkommensunterschiede zwischen Staaten können deshalb weit größer sein als die Einkommensunterschiede, die sich innerhalb von Staaten beobachten lassen.

Ungleichheit wird auf diese Weise in die soziale Umwelt des einzelnen Staates verwiesen, und sie ist als Ungleichheit zwischen verschiedenen staatlich bestimmten Lebensräumen in der modernen Welt in beliebig krasser Form vorstellbar und dann auch faktisch stabil. Sie wird als Ungleichheit damit gleichzeitig auch invisibilisiert, weil man den größten Teil seines Lebens unter Menschen verbringt, im Verhältnis zu denen die vom Wohlfahrtsstaat gesicherte Minimalgleichheit als Mechanismus wirksam ist und sich als entproblematisierend erweist. Die vielleicht bedeutsamste Form räumlicher Mobilität in der Gegenwartsgesellschaft, der Tourismus, ist denn auch sorgfältig so eingerichtet, daß man gegen die Wahrnehmung von Ungleichheit entweder immunisiert ist oder alternativ die sichtbar werdende Ungleichheit als pittoresk erscheint. Berufliches Reisen wiederum ist in weltgesellschaftliche Kontextnormalisierungen (z. B. die problemlose und weltweite *Lesbarkeit* von Flughäfen und Hotels) und in globalisierte Funktionssysteme (Wirtschaft, Wissenschaft) eingebettet und sichert sich so die Selektivität seiner Wahrnehmungen.

Wie paßt Migration in dieses ansatzweise umrissene Bild einer mittels nationaler Wohlfahrtsstaaten institutionalisierten Gleichheit und Ungleichheit im System der Weltgesellschaft? In einer ersten Annäherung ist zu sagen, daß der Migrant in der Regel eine institutionalisierte Gleichheits/Ungleichheitsschwelle überschreiten muß und daß dies Migration als einen unwahrscheinlichen Vorgang erscheinen läßt.[8] Ist also Migra-

---

egalitarian. There should be a status of full membership, and no other (except in the transitional cases of children and persons awaiting naturalisation). Basic and enduring gradations of membership status are inadmissible.«

8 Zwei Anmerkungen sind an dieser Stelle zur Vermeidung von Mißverständnissen erforderlich. Erstens spreche ich von *Unwahrscheinlichkeit* un-

tion, wenn sie dauerhafte Migration von Personen in einen anderen staatlichen Kontext sein soll, nur als Katastrophe, nur als Störung einer Ordnung vorstellbar, und ist dies nicht eigentlich paradox in einem Gesellschaftssystem, das nur noch als Weltgesellschaft angemessen beschrieben werden kann?[9]

III

Der nationale Wohlfahrtsstaat fungiert in einer zweiten – einleitend bereits angedeuteten – Beschreibung als die universelle – und d. h. überall in ähnlicher Form wiederholte – Form von Staatlichkeit im System der Weltgesellschaft. Eines der vielen politischen Handlungsmuster, das dabei einem Prozeß der Übernahme und der Angleichung in einem weltweiten Beobachtungszusammenhang unterliegt, ist natürlich die *Migrationspolitik*.[10] Jeder Staat muß Vorstellungen darüber haben, unter welchen Umständen eine Auswanderung von Bürgern und eine Einwanderung von Fremden möglich sein soll. Dabei gilt für die moderne Gesellschaft eine charakteristische Asymmetrie von Austritt aus einem Staat und Eintritt in ein fremdstaatliches System, die sich signifikant von der Ordnung des frühneuzeitlichen Europa unterscheidet. Exit ist heute in der Regel möglich, aber ein Wiedereinschluß in ein anderes staatliches System ist erschwert bis unwahrscheinlich. Aristide Zolberg hat wie auch andere Autoren diese Asymmetrie wiederholt herausgearbeitet.[11] Mehrere ihrer Voraussetzungen sind zu erwähnen.

Einmal gilt heute fast nirgendwo mehr das simple Faktum der Quantität der Bevölkerung als die entscheidende Res-

geachtet der faktischen Häufigkeit zwischenstaatlicher Migrationen. Gerade auch alltägliche und extrem häufige Vorkommnisse mögen im Licht einer Theorie als unwahrscheinlich erscheinen, und es wird mit dieser theoretischen Formulierung ein Erklärungsbedarf angemeldet. Zweitens geht es in diesem Aufsatz nur um Migrationen, die staatliche Grenzen überschreiten. Das gleichermaßen bedeutsame Phänomen innerstaatlicher Migration wird nicht behandelt.

9 Zur Theorie der Weltgesellschaft Luhmann 1971; Robertson 1992; Stichweh 1995.

10 Vgl. etwa Wallerstein 1991, S. 191.

11 Vgl. Zolberg 1983; ders. 1991; Ragin 1991.

source eines Staates.[12] Dahinter steht neben anderen Gründen der Bedeutungsverlust des Militärischen für die Selbstbeschreibung eines politischen Systems und weiterhin auch die abnehmende Bedeutung der Bevölkerungszahl für die jetzt noch vorkommenden militärischen Optionen. Ein Staat kann also durchaus zulassen, daß Bürger emigrieren, während die Zuwanderung neuer Mitglieder nicht mehr fraglos als eine Stärkung des sie aufnehmenden Staats verbucht wird. Selbst wenn die aus einem Staat auswandernden Bürger wertvolle in sie inkorporierte Ressourcen (Bildung etc.) mit sich nehmen, beklagt man dies zwar als Problem eines »Brain Drain«. Aber es haben sich Vorstellungen über personale Freiheit durchgesetzt, die ein Recht auf Auswanderung normieren, ohne daß damit ein korrespondierendes Recht auf Einwanderung anderswo entstünde. Ein Zweites ist, daß mit der immer lückenloseren Überdeckung des Erdballs durch territorial definierte staatliche Systeme die Wahrnehmung an Dringlichkeit gewinnt, daß die Erde begrenzt ist. Der Durchsetzung der Weltgesellschaft korrespondiert die Erfahrung, daß es sich bei dieser um ein relativ kleines System handelt. Also wird sich die Immigrationssituation des 19. Jahrhunderts nie wiederholen, in der es Staaten geben konnte, die ein unbeschränktes Einwanderungsrecht kannten und die deshalb, wie beispielsweise England und die Vereinigten Staaten, auch gar keinen Grund haben konnten, vor die Gewährung beispielsweise von politischem Asyl die Überprüfung der Berechtigung des erhobenen Anspruchs zu setzen. Die Gewährung von politischem Asyl ergab sich unproblematisch aus einem nicht limitierten Einwanderungsrecht.[13]

An die Stelle der noch für die frühe Neuzeit charakteristischen Situation, die Auswanderungsverbote mit einem Interesse des Staates an einer *Peuplierung* seines Territoriums verknüpfte, ist also die inverse Konstellation eines unproblematischen Exits und eines unwahrscheinlichen Wiedereintritts in einen anderen Staat getreten. Damit wird Migration durch die

12 Vgl. zur Umstellung von Quantität der Bevölkerung auf die Semantik der Kräfte, Talente und Begabungen Stichweh 1991, Kap. IV-V, insb. V, S. 5.
13 Vgl. zu dieser Situation des 19. Jahrhunderts – Einwanderungsrecht als die Form, in der das politische Asyl mitbehandelt wird – Reiter 1992, S. 56-9, 127, 287.

Ordnung der modernen Gesellschaft disprivilegiert, obwohl sie faktisch natürlich vorkommt.[14] Man kann dies auch so beschreiben, daß man sagt, ein Großteil der Weltbevölkerung sei lebenslang in die Staaten eingeschlossen, in denen die jeweiligen Personen geboren sind.[15] Soweit aber bei den jeweiligen Personen Migrationsbereitschaften vorliegen, wird diese Situation von ihnen als Konflikt und als Ausschluß von an sich wünschbaren Möglichkeiten erlebt werden. Ein solches Vorliegen von Migrationsbereitschaften wird einerseits durch die Institutionalisierung von Ungleichheit im System der Weltgesellschaft und andererseits durch die gleichzeitig im System ermöglichte weltweite Wahrnehmung von Chancen wahrscheinlich. Das Abschneiden von Migrationschancen andererseits wird durch dieselbe Form der Institutionalisierung des nationalen Wohlfahrtsstaates bedingt, die die institutionalisierten Ungleichheiten perpetuiert. Diese Form der Institutionalisierung des nationalen Wohlfahrtsstaats müssen wir uns deshalb etwas genauer ansehen.

IV

Wenn ich auf das eingangs diskutierte Moment der Institutionalisierung von Gleichheit und Ungleichheit mittels nationaler Wohlfahrtsstaaten zurückkomme, so ist offensichtlich, daß der Staat eine wesentliche Dimension sozialer Differenzierung verkörpert. In mancher Hinsicht ist es aussagekräftiger zu wissen, ob jemand Schweizer oder Marokkaner ist, ob er ein Bewohner Singapurs oder Brasiliens ist, als seine Schichtzugehörigkeit zu kennen.[16] Diese Zugehörigkeiten zu nationalen Wohlfahrtsstaaten sind aber askriptive Momente, und sie sind vielleicht das dominante askriptive Moment in der modernen

---

14 Vgl. die Bemerkung bei Brubaker 1990, S. 400, Fn. 10.
15 Ich paraphrasiere eine Überlegung bei Zolberg 1983, S. 288.
16 Die Voraussetzung dieser These ist, daß die zwischenstaatlichen Ungleichheiten größer sind als innerstaatliche soziale Ungleichheit. Unter dieser Voraussetzung habe ich absichtlich ein Beispiel genannt, das gar nicht zutrifft. Das betrifft Brasilien, das vielleicht der einzige Staat der Welt ist, für den gilt, daß die innerstaatlichen Ungleichheiten so extrem sind, wie sie sonst nur zwischen Staaten beobachtbar sind. Siehe zu jüngsten Zahlen der UN Lazare/Marti 1996.

Gesellschaft. In der Regel wird mit der Geburt entschieden, welchem Staat man zugehört. Man kann diese Zugehörigkeit nicht ohne weiteres durch Willensentscheid, Ausbildung oder sonstige Anstrengungen und Leistungen wechseln. Die meisten Staaten legen im übrigen Wert darauf, daß jede einzelne Person nur eine einzige Zugehörigkeit dieses Typs besitzt, also eine Mehrfachzugehörigkeit zu Staaten vermieden wird.[17] Die Gegenleistung für diesen Katalog von Bindungen ist, daß sich mit der Zugehörigkeit zu einem Staat ein Bündel von Rechten, Pflichten und selbstverständlichen Ausstattungen des Lebenswegs verknüpfen und genau dieses Bündel die ein Individuum motivierende oder demotivierende Attraktivität bzw. Unattraktivität der Mitgliedschaft in einem Staat ausmacht.

Dieses Abschneiden von Migrationsmöglichkeiten durch die Institutionalisierung des Wohlfahrtsstaats – und dies ungeachtet der Globalisierung der Funktionssysteme und der sich daran knüpfenden Migrationshoffnungen – verfestigt sich in der sich in diesem Jahrhundert vollziehenden Entwicklung nationaler Wohlfahrtsstaaten. Eines der zu erwähnenden Momente ist die Institutionalisierung des Lebenslaufs in modernen Gesellschaften. Wenn sich der Wohlfahrtsstaat mit der Institutionalisierung des Lebenslaufs verknüpft, dann heißt dies, daß der Wohlfahrtsstaat nicht länger nur für einen auf den gegenwärtigen Moment bezogenen Ausgleich von Disparitäten zuständig ist. Vielmehr verbindet sich die Idee des Wohlfahrtsstaats mit der Vorstellung langfristiger zeitlicher Reziprozität im Lebenslauf. Die Altersrente wird dann als Ausgleich für in früheren Jahrzehnten für die Gesellschaft erbrachte Leistungen gedacht, und das schließt die individuelle Identität mittels ihrer Einbettung in ein Lebenslaufregime auf das engste mit den kollektiven Ausgleichsmechanismen des nationalen Wohlfahrtsstaats zusammen. Man kann mit Bezug auf diese Entwicklung, Martin Kohli hat dies getan, von einer Moralökonomie des nationalen Wohlfahrtsstaats sprechen, die Bindungen ablöst, die im alten Europa eher gegenüber der Familie und der Verwandtschaft bestanden hatten.[18] Unter diesen Bedingungen ist zu ermessen, was auf dem Spiel steht, wenn man einen staat-

---

17 Vgl. zu »state-membership« als »unique, i. e. exhaustive and mutually exclusive« Brubaker 1990, S. 381.
18 Siehe Kohli 1989, insb. S. 538-9; ders. 1992, insb. S. 293.

lichen Kontext durch Migration verläßt oder in einen anderen staatlichen Kontext einzutreten versucht. Der Migrant wandert immer in eine strukturell verletzliche Position ein, weil er eine Vielzahl struktureller Einbindungen aufgibt, die ihn an seinem Herkunftsort gegen Risiken abgesichert hatten.[19] An die Stelle pluraler Einbettungen und Auffangmechanismen tritt im Akt der Migration das Setzen auf ein einziges Motiv; jenes individuell verschiedene Motiv, das die Migrationsentscheidung letztlich auslöst und trägt. Es ist dieser Zusammenhang von Migration und struktureller Verletzlichkeit, der schon das spätmittelalterliche Europa veranlaßt hatte, seinen Begriff der Armut oder der *paupertas* daran anzuschließen. Arm war nicht wie im modernen Verständnis derjenige, der in einem absoluten Sinn über keine relevanten ökonomischen Ressourcen verfügte. Armut meinte vielmehr eine strukturell schwache Position, die sich vor allem dann ergab, wenn man sich weit vom Kontext der lokalen Einbettung entfernte.[20] So erklärt es sich auch, daß man in spätmittelalterlichen Universitätsmatrikeln ausländische Studenten als *pauperes* eingetragen findet, von denen man auf prosopographischer Basis verläßlich weiß, daß sie in ihrem Herkunftskontext alles andere als arm waren.[21]

Das Argument hinsichtlich der Schließung staatlicher Systeme wird noch einmal radikalisiert, wenn man der Tatsache Rechnung trägt, daß der Nationalstaat auch einen kulturellen Kontext der Lebensführung definiert. Der nationale Wohlfahrtsstaat kann dann außer einer moralökonomischen oder ökonomischen Unentrinnbarkeit auch noch eine kulturelle Unentrinnbarkeit hinzugewinnen. Schon Robert Michels hat diesen Sachverhalt diskutiert und ihn mit der These erläutert, daß man eher noch in ein Land wie beispielsweise Argentinien

19 Vgl. dazu am Beispiel der europäischen Arbeitsmigration der frühen Neuzeit Moch 1992, insb. S. 82-83. Wang Gungwu 1993 argumentiert aus diesem Grund der strukturellen Verletzlichkeit des Migranten, daß in der Weltgesellschaft der Gegenwart *Sojourning* tendenziell an die Stelle der *Migration* trete. Der *Sojourner* unterscheide sich dadurch vom Migranten, daß auch bei einem generationenlangen Aufenthalt in einem fremden Land seine *ties* zum Herkunftsland intakt blieben oder laufend wiedererrichtet würden und dadurch auch der Zwang zur Assimilation entfalle.
20 Siehe etwa Rubin 1987, S. 6-7; Piergiovanni 1993, S. 85-86.
21 Siehe Oexle 1985; Stichweh 1991a.

einwandern könne, weil eine neue Nation, um die es sich bei Argentinien ja handle, noch wenig kulturelle Festlegungen aufweise, die für jemanden, der beispielsweise aus England, Frankreich oder Italien komme, als Verletzungen seiner kulturellen Identität erfahren werden könnten.[22] An einer anderen Stelle dehnt Michels dieses Argument auf die Entstehung der Demokratie aus, und er sagt, erst die Demokratie habe nationale Massenempfindungen geschaffen. Diese nationalen Massenempfindungen, wenn sie dann aber einmal entstanden seien, würden einen freiwilligen »Wechsel der Nationalität, das Einleben von einer Nation in eine andere« zu einem immer selteneren Ereignis machen.[23]

Nun gibt es in der Weltgesellschaft der Gegenwart eigentlich keine neuen Staaten mehr, wenn man dieses Attribut so versteht, wie Argentinien am Jahrhundertanfang als ein neuer Staat gedacht werden konnte, nämlich als ein System mit noch nicht ausformulierter nationalkultureller Identität. Neue Staaten auf einem mittlerweile vollständig durch Staaten überdeckten Erdball[24] kommen immer noch vor, aber sie sind heute in der Regel das Resultat eines Sezessionskonflikts, der durch ethnisch-religiöse Nationalismen motiviert wird.[25] Das aber heißt, neue Staaten treten bereits mit einer distinkten, oft aggressiv formulierten Identität in die Welt und eignen sich nicht für eine kulturelle Neubestimmung durch später hinzukommende Migranten. Nur das System der Weltgesellschaft selbst wird in der Gegenwart häufig so beschrieben, daß man sagt, weltweite Wirksamkeit sei typischerweise für die kulturellen Komponenten erreichbar, die relativ unaufdringlich, flexibel und inklusiv formuliert sind.[26] Diese Beschreibung ist zweifellos richtig als die Angabe einer Begrenzung für die potentielle Wirkungsfähigkeit von Fundamentalismen; aber es gilt gleichzeitig auch, daß mittels dieser inklusiven Minimalkultur der Weltgesellschaft kein möglicher Kontext für eine Migration definiert wird, der ja immer ein Kontext der Mitgliedschaft in einem staatlichen System sein muß.

22 Michels 1929, S. 139-40.
23 Michels 1929, S. 119-20, das Zitat auf S. 119.
24 Vgl. zu dieser Situation Segal 1988, S. 302 ff.
25 Vgl. dazu Gurr 1994; Juergensmeyer 1995.
26 Siehe Modelski 1983, insb. S. 118, 128.

Dasselbe hier vorgetragene Argument, das eine defiziente oder sehr begrenzte Aufnahmefähigkeit von nationalen Wohlfahrtsstaaten für Migranten zu postulieren scheint, kann man auch umkehren und eine mangelnde Bindungsfähigkeit der Migranten in den Staaten, in die sie eingewandert sind, annehmen. Wenn es sich so verhält, daß Staaten als Wohlfahrtsstaaten und als nationalkulturelle Kontexte eine erhebliche Bindungskraft gegenüber den ihnen angehörigen Mitgliedern entfalten, dann scheint es möglich, daß bei Personen, die ungeachtet aller Hindernisse ihr Herkunftsland für lange Zeiträume oder vielleicht für immer verlassen haben, ein Distanz-Nationalismus im Verhältnis zum Herkunftsland entstehen kann, der die Bindungsfähigkeit im neuen Kontext beschränkt.[27] Wir haben es dann beispielsweise mit einem kurdischen und türkischen Nationalismus in Deutschland zu tun, der durch zusätzliche Momente verstärkt wird: das bekannte Phänomen der Gruppen- oder Kettenmigration als dominanter Migrationsform; die Lösung des Problems der strukturellen Verletzlichkeit des Migranten dadurch, daß gleichsam intakte sozialstrukturelle Vernetzungen in das Migrationsland transportiert und dort als ein relativ autonomes Sozialsystem neu formiert werden und auf diese Weise der Kontakt zum Migrationsland auf tangentiale Berührungen beschränkt wird.[28]

Eine Theorie, die auf diese Phänomene reagiert, ist die Theorie transnationaler Migration, die postuliert, daß, wenn es in der Gegenwartsgesellschaft zu Migrationsvorgängen kommt, häufig keine stabile Wiedereinschließung des Migranten in einen neuen nationalstaatlichen Kontext erfolgt, vielmehr davon auszugehen ist, daß jetzt transnationale Identitäten (für Personen) und damit gekoppelt transnationale Netzwerke unter Migranten entstehen, die eine der Formen definieren, in denen der nationale Wohlfahrtsstaat der Gegenwart dann doch unterminiert wird, weil globale Identitäts- und Strukturbildungen beobachtbar sind, die ohne ihn auskommen.[29]

27 Vgl. Nederveen-Pieterse 1994, S. 165.
28 Vgl. zur türkischen Migration in die BRD Waldhoff 1995, der aber dieses Phänomen der Entstehung eines autonomen Sozialsystems vernachlässigt; vgl. auch Doomernik 1995.
29 Siehe interessant Schiller/Basch/Blanc-Szanton 1992; vgl. dazu auch die oben schon zitierte These von Gungwu (1993) zu *Sojourning*.

V

Alle bisherigen Überlegungen scheinen immer wieder auf dieselbe These zu konvergieren: die der Unwahrscheinlichkeit
und des Ausnahmecharakters der zwischenstaatlichen Migration in einem Weltsystem, das durch nationale Wohlfahrtsstaaten bestimmt wird.[30] Gleichzeitig ist offensichtlich, daß die
Institutionalisierung von Ungleichheit im System der Weltgesellschaft und die auf der Basis weltweiter kommunikativer
Vernetzungen gegebene Wahrnehmbarkeit von Unterschieden
Migrationsmotive induziert, die aber frustriert werden müssen. In theoretischer Hinsicht drängt sich eine Analogie zu
Mertons Anomietheorie auf:[31] es werden auf der Basis der in einem System vorhandenen Perzeptionsmöglichkeiten Erwartungen nahegelegt, die aber aus strukturell zwingenden Gründen keine hinreichenden Realisierungsmöglichkeiten finden.
Dies wird noch einmal verstärkt dadurch, daß, sobald Migrationsmöglichkeiten für eine gewisse Zahl von Personen gegeben sind, in der Folge in dem Auswanderungsland die Migrati-
onserwartungen steigen und damit einhergehend auch deren
Frustration wächst.[32]

Um diese Analyse zu vertiefen, will ich zwei weitere theoretische Kontexte der Beschreibung von Migrationsvorgängen
im System der Weltgesellschaft prüfen: erstens die Frage der
Ermöglichung von Migration auf der Grundlage eines in formalen Organisationen stattfindenden Transfers von Personen
über die Grenzen staatlicher Systeme, und zweitens die durch
die seit einiger Zeit vielfach verwendete Leitunterscheidung
Inklusion/Exklusion angedeutete Entwicklungsdynamik nationaler Wohlfahrtsstaaten.

Die bisher hier skizzierte Beschreibung der Migrations-
situation muß offensichtlich erheblich modifiziert werden,
wenn wir es nicht mit Flüchtlingen, politischen Asylanten und

30 Etwas anderes ist es, wenn man, wie beispielsweise fünfundzwanzig Millionen Russen, die nach dem Zerfall des sowjetischen Staates auf einmal im
   Ausland leben, die Zugehörigkeit zu einer Staatsnation reklamieren kann
   und auf diesen Anspruch eine Einwanderung stützen kann. Siehe zu den
   Migrationswahrscheinlichkeiten interessant Brubaker 1995.
31 Vgl. Kap. VI und VII in Merton 1968.
32 Siehe Mackie 1995.

niedrig bezahlten, zudem teilweise illegalen Arbeitskräften zu tun haben, sich die Migration vielmehr als innerorganisatorische Versetzung in einem multinationalen Unternehmen vollzieht.[33] Die zu prüfende Hypothese ist die, daß die Schließungstendenz des nationalen Wohlfahrtsstaats durch die Schließung der formalen Organisation ausgeglichen oder aufgehoben wird, weil es der formalen Organisation gelingt, dem Migranten einen strukturellen Kontext mitzuliefern, der den Transfer in einen anderen nationalen Wohlfahrtsstaat ermöglicht. Ich möchte dazu im Moment nur eine Anmerkung machen, die die Frage der Globalisierung des multinationalen Unternehmens betrifft. Vieles spricht dafür, daß, solange ausländische Dependancen multinationaler Unternehmen in größerem Umfang mit transferiertem Personal arbeiten, sie eben genau dies bleiben, was ihr Name sagt: Dependancen – abhängige Einrichtungen eines in einem anderen Nationalstaat lozierten Unternehmens. In Termini von Migration heißt dies, daß das Unternehmen so etwas errichtet wie ethnische Enklaven und dadurch seine eigene Globalität beschränkt. Von Globalisierung in einem multinationalen Unternehmen kann erst dann die Rede sein – Thomas Malnight hat dies kürzlich in einer schönen Fallstudie über einen amerikanischen Pharmakonzern (Eli Lilly) gezeigt[34] –, wenn auf der Basis der Etablierung einer Mehrzahl ausländischer Filialen strukturelle Effekte im Unternehmen auftreten, die die Identität des Unternehmens irreversibel umstrukturieren, ohne daß die Konzernzentrale daran ernsthaft etwas ändern könnte.[35] Das aber – so meine Vermutung – ist nur möglich, wenn man sich dem Kontrollverlust aussetzt, der darin liegt, daß man auf den in größerem Umfang stattfindenden und langfristigen Transfer von Personal aus dem Stammland verzichtet. Der für den Zweck unserer Diskussion festzuhaltende Befund ist, daß ent-

33 Siehe Gould/Findlay 1994 und weitere Aufsätze in dem von Gould und Findlay edierten Sammelband.
34 Malnight 1995.
35 Eine faszinierende Fallstudie bot die im Frühjahr 2000 gescheiterte Fusion von Deutscher Bank und Dresdner Bank. Die Frankfurter Zentrale der Deutschen Bank sah sich dem für sie überraschenden Sachverhalt konfrontiert, daß sich das Machtzentrum der Bank nach London verlagert hat, von wo aus Investmentbanker amerikanischer Nationalität die Fusion zum Scheitern brachten.

weder eine formale Organisation in erheblichem Maße Migrationsimpulse erzeugt, aber dann auf Globalität auch verzichtet. Oder sie handelt sich die Risiken und Chancen des Identitätswandels durch Globalisierung ein, erreicht dies aber nur durch den Verzicht auf die Migration von Personal. Die Realisierung der Weltgesellschaft scheint sich auch hier zu vollziehen – und das ist der zu den früheren Überlegungen kongruente Befund –, ohne daß Migration zu den entscheidenden und treibenden Kräften gehörte.

VI

Eine letzte Frage, die ich in sehr tentativer Form diskutieren möchte, betrifft die Leitunterscheidung Inklusion/Exklusion. Diese ist vor allem von Niklas Luhmann in letzter Zeit favorisiert worden, mit der These, daß die Spaltung der Gesellschaft in einen Inklusions- und in einen Exklusionsbereich sich als Primärdifferenzierung der Gesellschaft gewissermaßen vor die Differenzierung in Funktionssysteme lagert.[36] Dagegen lassen sich viele Einwände erheben, u. a. mit der Frage, ob diese Überlegung eigentlich mit der These, daß es in der modernen Gesellschaft nur noch ein Gesellschaftssystem gibt, kompatibel ist. Es ist schwer zu sagen, was globale Exklusion sein sollte. Zwar ist ohne weiteres eine Theorie des globalisierten Wirtschaftssystems, Wissenschaftssystems, Rechtssystems etc. zu schreiben, und unbestreitbar ist selbst in den schwierigen Fällen – also etwa am Beispiel des Rechtssystems – zu zeigen, daß es in all diesen Fällen nur noch ein einziges weltweit wirksames System gibt. Exklusion hingegen scheint immer ein lokales Phänomen zu sein. Sie trägt anders als andere Differenzierungsformen vielfach einen räumlichen Index und vollzieht sich dann als die räumliche Ausgrenzung exkludierter Populationen in Form von *banlieues*, *favelas*, *slums* oder beispielsweise in den U-Bahn-Schächten der großen Metropolen oder auch als Obdachlosigkeit und in diesem letzteren Fall außerhalb der Häuser und deshalb vor den Augen aller Gesellschaftsmitglieder.

Ich will dieses Thema hier aber nur soweit verfolgen, als

36 Luhmann 1995; ders. 1995a.

sich die Frage stellt, was hat Inklusion und Exklusion mit Migration und mit nationalen Wohlfahrtsstaaten zu tun? Zunächst einmal ist anzumerken, daß der Inklusionsbegriff, so wie ihn Niklas Luhmann eingeführt hat, immer einen wohlfahrtsstaatlichen Index trägt.[37] Inklusion meint das Entstehen von Teilnahmechancen für alle Gesellschaftsmitglieder in allen Funktionssystemen und verweist damit implizit auf wohlfahrtsstaatliche Mechanismen, die Inklusionsdefizite kompensieren oder gar nicht erst entstehen lassen: Versicherungssysteme, kostenloser Schulbesuch, staatliche Studienförderung durch Stipendien, die ältere, aber auch heute noch vorkommende Praxis der kostenlosen Leistungserbringung von Professionellen für ärmere Bevölkerungsschichten[38] – und viele andere Mechanismen mehr. Wenn es also vermehrt Exklusion geben sollte – und Exklusion würde dann heißen, der Ausschluß von Gesellschaftsmitgliedern aus den Teilnahmechancen an fast allen Funktionssystemen –, dann liegt es in einer ersten Annäherung nahe, ein Versagen der Ausgleichs- und Auffangmechanismen des Wohlfahrtsstaats als die Ursache dieser Tendenz zu denken. Für dieses Versagen des Wohlfahrtsstaats ist wiederum die Globalisierung der Funktionssysteme, insbesondere die Globalisierung des Wirtschaftssystems, verantwortlich zu machen, die in einem Umfang Personen aus der Teilnahme an wirtschaftlich produktiven Tätigkeiten freisetzt, daß dies die Leistungsfähigkeit wohlfahrtsstaatlicher Mechanismen überfordert.

Wie aber hängt dies mit Migration zusammen? Wenn die Schließung nationaler Wohlfahrtsstaaten *ein* oder *der* entscheidende Grund für die Nichtwahrnehmbarkeit von Migrationschancen ist, dann ist es umgekehrt plausibel anzunehmen, daß eine Krise oder eine Leistungsschwäche des Wohlfahrtsstaates Migrationswahrscheinlichkeiten erhöht. Der Wohlfahrtsstaat funktioniert dann letztlich nicht mehr als Mechanismus der stabilen Instituierung einer Differenz von Gleichheit und Ungleichheit. Die Folge ist zwangsläufig, daß die innerstaatliche Ungleichheit zunimmt. Die wahrnehmbaren Exklusionstendenzen sind nur ein Ausdruck dieser Tendenz zur Zunahme innerstaatlicher Ungleichheiten. Gleichzeitig wird aber vermehrte Migration wahrscheinlich, zusammen mit

37 Vgl. hierzu und zum folgenden Stichweh 1988.
38 Siehe dazu Lochner 1975.

dieser eine Erleichterung der weltweiten Wahrnehmung von Chancen und also eine erhöhte Mobilität nicht nur von Personen, sondern auch von anderen Ressourcen. Das aber läßt es plausibel erscheinen, daß der Zunahme innerstaatlicher Ungleichheiten eine Tendenz zur Verringerung zwischenstaatlicher Ungleichheiten entspricht. Wer aber sind die Personen, die diese Migrationschancen wahrnehmen? Diese letzte Frage führt uns zum Thema der Exklusion zurück.

Wenig spricht meinem Eindruck nach dafür, daß es einen direkten Zusammenhang von Exklusion und Migration gibt. Die von Exklusion betroffenen Bevölkerungsteile sind vermutlich nicht gerade darin privilegiert, Migrationschancen wahrnehmen zu können.[39] Aus Frankreich gibt es im Blick auf Problemzonen in *banlieues* bemerkenswerte Beobachtungen, die belegen, wie sehr sich der Perzeptionshorizont beispielsweise bei arbeitslosen Jugendlichen in Exklusionsbereichen verengt. Der Bereich, in dem sich Personen mit einiger Sicherheit bewegen, schrumpft auf das lokale Nahumfeld zusammen. Alles außerhalb davon sind Fremde, denen man mit Mißtrauen, Angst und Aggression begegnet und für die auch gilt, daß eigentlich keine sprachlichen Mittel für den Umgang mit ihnen zur Verfügung stehen.[40] Gerade am französischen Fall ist bemerkenswert, wie sehr Exklusion mit der Ausbildung von Sondersprachen einhergeht und auch insofern Kommunikationsunterbrechungen instituiert werden. Migration aber verlangt Zielbewußtheit, Rationalität, Antizipationsfähigkeit und Robustheit im Umgang mit Schwierigkeiten; Fähigkeiten also, die man nicht unbedingt dem Leben in Exklusionsbereichen verdankt. Insofern ist in der Weltgesellschaft zunehmende Migration zu erwarten, die sich mit Globalisierungseffekten und einem internationalen Ausgleich von Ungleichheiten verbinden kann. Die gleichen Prozesse aber werden nicht uno actu Exklusionsprobleme lösen; vermutlich werden sie sie eher verschärfen.

39 Selbst illegale Migranten kommen nicht gerade aus den ärmsten Bevölkerungsschichten der Auswanderungsländer. Dem steht u. a. entgegen, daß sie an die Schleuserorganisationen erhebliche Geldsummen zahlen müssen. Siehe am Beispiel chinesischer Migranten aus der Provinz Fujian Kynge 2000; Champion/Kaminski 2000.

40 Siehe Bernard 1995 als Hinweis auf eine bisher unpublizierte Studie des Instituts *Banlieuescopies*.

Literatur

Bernard, Philippe, »Les fractures sociales se multiplient dans les quartiers en difficulté«, in: *Le Monde*, 2. März 1995, S. 9.

Brubaker, William Rogers, »Immigration, Citizenship, and the Nationstate in France and Germany: A Comparative Historical Analysis«, in: *International Sociology* 5 (1990), S. 379-407.

Brubaker, William Rogers, »Aftermaths of Empire and the Unmixing of Peoples: Historical and Comparative Perspectives«, in: *Ethnic and Racial Studies* 18 (1995), S. 189-218.

Champion, Mark / Kaminski, Matthew, »EU Leaders offer few easy Answers for Illegal Migrants«, in: *The Wall Street Journal Europe*, 21. Juni 2000, S. 2.

Deutsch, Karl W., »Nation und Welt«, in: Heinrich August Winkler (Hg.), *Nationalismus,* Königstein, Ts. 1966, 2. Aufl., S. 49-66.

Doomernik, Jeroen, »The institutionalization of Turkish Islam in Germany and the Netherlands: a comparison«, in: *Ethnic and Racial Studies* 18 (1995), S. 46-63.

Dumont, Louis, *Homo Hierarchicus. The Caste System and Its Implications*, Chicago 1980.

Gould, W. T. S. / Findlay, A. M., »Refugees and Skilled Transients: Migration between Developed Societies in a Changing World Order«, in: dies. (Hg.), *Population Migration and the Changing World Order*, Chichester 1994, S. 17-25.

Gurr, Ted Robert, »Peoples Against States: Ethnopolitical Conflict and the Changing World System«, in: *International Studies Quarterly* 38 (1994), S. 347-377.

Juergensmeyer, Mark, »The New Religious State«, in: *Comparative Politics* 27 (1995), S. 379-391.

Kohli, Martin, »Moralökonomie und Generationenvertrag«, in: Max Haller / Hans-Joachim Hoffmann-Nowotny / Wolfgang Zapf (Hg.), *Kultur und Gesellschaft*, Frankfurt/M. 1989, S. 532-555.

Kohli, Martin, »Lebenslauf und Lebensalter als gesellschaftliche Konstruktionen: Elemente zu einem Vergleich«, in: Joachim Matthes (Hg.), *Zwischen den Kulturen? Die Sozialwissenschaften vor dem Problem des Kulturvergleichs* (= Sonderband 8 der »Sozialen Welt«), Göttingen 1992, S. 283-303.

Krejcí, Jaroslav / Velímsky, Vítezslav, *Ethnic and Political Nations in Europe*, London 1981.

Kynge, James, »Profitable Traffic Can End with Human Cargo Washed Up on Far-off-shore«, in: *Financial Times*, 21. Juni 2000, S. 10.

Lazare, Françoise / Marti, Serge, »Les Nations Unies dénoncent la ›fracture sociale‹ mondiale«, in: *Le Monde*, 18. Juli 1996, S. 2.

Lochner, P. R., »The No Fee and Low Fee Legal Practice of Private Attorneys«, in: *Law and Society Review* 9 (1975), S. 431-473.

Luhmann, Niklas, »Die Weltgesellschaft«, in: ders., *Soziologische Aufklärung 2. Aufsätze zur Theorie der Gesellschaft*, Opladen 1975, S. 51-71 (=1971).

Luhmann, Niklas, »Inklusion und Exklusion«, in: ders., *Soziologische Aufklärung 6* (1995), S. 237-264.

Luhmann, Niklas, »Jenseits von Barbarei«, in: ders., *Gesellschaftsstruktur und Semantik, Bd. 4*, Frankfurt/M. 1995, S. 138-150 (=1995a).

Mackie, Gerry, »Frustration and preference change in international migration«, in: *Archives européennes de sociologie* 36 (1995), S. 185-208.

Malnight, Thomas W., »Globalization of an Ethnocentric Firm: An Evolutionary Perspective«, in: *Strategic Management Journal* 16 (1995), S. 119-141.

Merton, Robert King, *Social Theory and Social Structure*, N. Y. 1968.

Michels, Robert, *Der Patriotismus. Prolegomena zu seiner soziologischen Analyse*, München und Leipzig 1929.

Moch, Leslie Page, *Moving Europeans. Migration in Western Europe since 1650*, Bloomington und Indianapolis 1992.

Modelski, George, »Long Cycles of World Leadership«, in: William R. Thompson (Hg.), *Contending Approaches to World System Analysis*, Beverly Hills 1983, S. 115-139.

Nederveen Pieterse, Jan, »Globalisation as Hybridisation«, in: *International Sociology* 9 (1994), S. 161-184.

Oexle, Otto Gerhard, »Alteuropäische Voraussetzungen des Bildungsbürgertums – Universitäten, Gelehrte und Studierte«, in: Werner Conze / Jürgen Kocka, *Bildungsbürgertum im 19. Jahrhundert*, Stuttgart 1985, S. 29-78.

Piergiovanni, Vito, »The Itinerant Merchant and the Fugitive Merchant in the Middle Ages«, in: Laurent Mayali / Maria M. Mart (Hg.), *Of Strangers and Foreigners (Late Antiquity – Middle Ages)*, Berkeley 1993, S. 81-96.

Ragin, Charles C., »Comments«, in: Pierre Bourdieu / James S. Coleman (Hg.), *Social Theory for a Changing Society*, Boulder und New York 1991, S. 325-329.

Reiter, Herbert, *Politisches Asyl im 19. Jahrhundert. Die deutschen politischen Flüchtlinge des Vormärz und der Revolution von 1848/49 in Europa und den USA*, Berlin 1992.

Robertson, Roland, *Globalization. Social Theory and Global Culture*, London 1992.

Rubin, Miri, *Charity and Community in Medieval Cambridge*, Cambridge 1987.

Schiller, Nina Glick / Basch, Linda / Blanc-Szanton, Cristina (Hg.), *Towards a Transnational Perspective on Migration. Race, Class, Ethnicity, and Nationalism Reconsidered* (Annals of the New York Academy of Sciences, Vol. 645), New York 1992.

Segal, Daniel A., »Nationalism, Comparatively Speaking«, in: *Journal of Historical Sociology* 1 (1988), S. 300-321.

Stichweh, Rudolf, »Inklusion in Funktionssysteme der modernen Gesellschaft«, in: Renate Mayntz et al., *Differenzierung und Verselbständigung. Zur Entwicklung gesellschaftlicher Teilsysteme*, Frankfurt/M. 1988, S. 261-293.

Stichweh, Rudolf, *Der frühmoderne Staat und die europäische Universität. Zur Interaktion von Politik und Erziehungssystem im Prozeß ihrer Ausdifferenzierung (16.-18. Jahrhundert)*, Frankfurt/M. 1991.

Stichweh, Rudolf, »Universitätsmitglieder als Fremde in spätmittelalterlichen und frühmodernen europäischen Gesellschaften«, in: Marie Theres Fögen (Hg.), *Fremde der Gesellschaft. Historische und sozialwissenschaftliche Untersuchungen zur Differenzierung von Normalität und Fremdheit*, Frankfurt/M. 1991, S. 169-191 (=1991a).

Stichweh, Rudolf, *Wissenschaft, Universität, Professionen: Soziologische Analysen*, Frankfurt/M, 1994.

Stichweh, Rudolf, »Nation und Weltgesellschaft«, in: Bernd Estel / Tilman Mayer (Hg.), *Das Prinzip Nation in modernen Gesellschaften. Länderdiagnosen und theoretische Perspektiven*, Opladen 1994, S. 83-96 (=1994a); (in diesem Band: Kap. 3).

Stichweh, Rudolf, »Zur Theorie der Weltgesellschaft«, in: *Soziale Systeme* 1 (1995), S. 29-45 (in diesem Band: Kap. 1).

Waldhoff, Hans-Peter, *Fremde und Zivilisierung. Wissenssoziologische Studien über das Verarbeiten von Gefühlen der Fremdheit*, Frankfurt/M. 1995.

Wallerstein, Immanuel, *Geopolitics and Geoculture. Essays on the Changing World-System*, Cambridge und Paris 1991.

Wang Gungwu, »Migration and Its Enemies«, in: Bruce Mazlish / Ralph Buultjens (Hg.), *Conceptualizing Global History*, Boulder 1993, S. 131-151.

Zolberg, Aristide R., »›World‹ and ›System‹. A Misalliance«, in: William R. Thompson (Hg.), *Contending Approaches to World System Analysis*, Beverly Hills 1983, S. 269-290.

Zolberg, Aristide R., »Bounded States in a Global Market: The Uses of International Migration«, in: Pierre Bourdieu / James S. Coleman (Hg.), *Social Theory for a Changing Society*, Boulder, Col. und New York 1991, S. 301-325.

Systemtheorie der Exklusion.
Zum Konflikt von Wohlfahrtsstaatlichkeit und Globalisierung der Funktionssysteme

I Exklusion und Inklusion

In der Systemtheorie wird die Frage gesellschaftlicher Teilhabe von Individuen, aber auch von Bevölkerungsgruppen mit Hilfe der Leitunterscheidung Inklusion/Exklusion behandelt. Das schließt einerseits an den Katalog von sozialen Berechtigungen an, den T. H. Marshall in seiner Theorie des Wohlfahrtsstaats entwickelt hat und aus dem Parsons eine Theorie der Inklusion, im Sinne der Teilhabe von immer mehr Individuen an den großen Funktionskomplexen der modernen Gesellschaft (Erziehung, Wirtschaft, Politik) gemacht hat.[1] Einflußreich war andererseits die Rollentheorie von Siegfried Nadel.[2] Nadel weist erstmals darauf hin, daß mit der Differenzierung sozialer Rollen in einfachen Gesellschaften (Heiler, Priester etc.) auch eine Differenzierung der diesen Rollen jeweils gegenüberstehenden Publika einhergeht. Auch mit Bezug auf diese Publikumsrollen gibt es dann sowohl die Möglichkeit der Teilhabe wie die Möglichkeit des Ausschlusses von Teilhabe.

Aus diesen Vorentwicklungen heraus hat Niklas Luhmann eine Systemtheorie der Inklusion und der Exklusion formuliert,[3] die in relevanten Hinsichten die Nachfolge der soziologischen Theorie der Ungleichheit und der soziologischen Theorie der Armut anzutreten beansprucht. Die Theorie der Inklusion/Exklusion besetzt in der Systemtheorie die Funktionsstelle, die bei Pierre Bourdieu die Theorie der Kapitalformen einnimmt.[4] Inklusion meint den Sachverhalt, daß ein Individuum oder eine Population in den Kommunikationspro-

---

1 Marshall 1964; siehe dazu Parsons 1978.
2 Nadel 1957.
3 Luhmann 1977, S. 234-242; Luhmann/Schorr 1979, S. 29-34; Luhmann 1981, Kap. IV; Stichweh 1988; Stichweh 1997; Luhmann 1995.
4 Bourdieu 1983.

zessen eines sozialen Systems berücksichtigt, bezeichnet oder adressiert[5] wird. Exklusion bedeutet dann den umgekehrten Sachverhalt, daß eine solche Bezeichnung nicht erfolgt, wobei Exklusion sowohl die Form eines Nichtereignisses (es kommt keine inklusive Kommunikation vor) wie die Form des explizit vollzogenen Ausschlusses haben kann. Mit dem Wechsel der Differenzierungsformen in der gesellschaftlichen Evolution (von segmentär zu stratifiziert zu funktional differenziert) wechseln auch die Weisen gesellschaftlicher Exklusion, weil der Exklusionsbegriff sich in der Systemtheorie zunächst auf die Form der Systembildung bezieht, die den Primat in der gesellschaftlichen Differenzierung einnimmt, und das sind in der Moderne die funktional ausdifferenzierten Teilsysteme der Gesellschaft wie Wirtschaft, Politik, Religion etc. Exklusion meint also die kommunikative Nichtberücksichtigung in einem oder mehreren dieser Systeme und die kumulativen Folgen dieses Nichteinbezogenseins.

Am engsten verwandt ist das systemtheoretische Verständnis von Inklusion und Exklusion mit der Sozialtheorie von Michel Foucault, die gleichfalls eine durch historische Studien untermauerte Theorie des Einschlusses und des Ausschlusses von Personen entwirft. Ein Punkt, in dem sich die Systemtheorie mit Foucault trifft, ist die These, daß in der modernen Gesellschaft seit dem Epochenbruch des 18. Jahrhunderts Exklusion vielfach in die Form einer Inklusion *gekleidet* wird.[6] Dies ist der Grund, warum für Foucault der Theorie des Gefängnisses strategische Bedeutung zukommt.[7] Das Gefängnis ist ein Ort des Ausschlusses aus der Gesellschaft. Es schneidet einen großen Teil der normalen gesellschaftlichen Kontakte ab, und zugleich wird es als ein Instrument der Resozialisation verstanden, was sich in vielfältigen Rechten dokumentieren kann, die dem Strafgefangenen das Knüpfen und Erhalten von gesellschaftlichen Vernetzungen erlauben.[8] Foucault spricht mit Bezug auf die moderne Form der Exklusion von *exclusion sur place*,[9] womit zum einen gemeint ist, daß es keine physische

5 Fuchs 1997.
6 Luhmann 1995, S. 242.
7 Foucault 1975.
8 Siehe Ziemann 1998.
9 Foucault 1974, 590.

Grenze der Gesellschaft mehr gibt, die im Augenblick der Exklusion überschritten werden könnte, daß die Exklusion vielmehr im *Inneren* der Gesellschaft stattfinden muß.[10] Dies gilt um so mehr in einer Weltgesellschaft, in der es auf der Erde für die Gesellschaft kein räumliches *Außen* mehr gibt. *Exclusion sur place* kann aber auch heißen, und dies ist der primär bei Foucault gemeinte Sinn, daß die Exklusion sich demonstrativ, vor den Augen aller, um des Darstellungseffekts willen vollzieht. Demgegenüber scheint aber in der Moderne der Trend dominant, die Exkludierten möglichst unsichtbar werden zu lassen und deshalb für Exklusion die verbliebenen Optionen einer räumlichen (und manchmal auch zeitlichen) Differenzierung zu nutzen, auch wenn dies unhintergehbar innerhalb der Gesellschaft geschehen muß.[11]

Eine weitere Komponente eines systemtheoretischen Verständnisses von Exklusion ist in einer kommunikationsbasierten Gesellschaft die Zentralität von Kommunikation. Exklusion meint nicht primär das Ausgeschlossensein von materiellen Ressourcen, sondern das Herausfallen aus Prozessen gesellschaftlicher Kommunikation, über welche auch der Zugang zu materiellen Ressourcen läuft. Dieser Stilwechsel in der Exklusion[12] hat das subjektive Korrelat, daß man Gesellschaft als einen fortlaufenden Prozeß der Selbstreproduktion durch kommunikative Akte hindurch erfährt und sich selbst als jemanden beobachtet, der in relevanten Hinsichten (z. B. weil man keine Möglichkeiten der Wiedererlangung von Zahlungsfähigkeit sieht, oder die Suche nach Arbeit aufgegeben hat, oder sich nicht vorstellen kann, je wieder höchstpersönliche Beziehungen zu einem anderen Menschen aufzunehmen) daran nicht mehr teilnimmt.

10 Ein radikaler Wille zur Exklusion hat dann nur noch die Möglichkeit, das Gegenüber zu töten. Vielleicht ist diese Unmöglichkeit einer physischen Expulsion aus der Gesellschaft einer der Gründe, warum Genozid in der Moderne ein zunehmend wahrscheinliches Ereignis wird. Vgl. zu Genozid und Exklusion Gamson 1995.

11 Siehe interessant bei Murray 1999 das Konzept der *custodial democracy*.

12 Vgl. etwa Epstein 1998, S. 28: »In the past poverty meant leaky roofs, exposed sewage, poor nutrition, and risky workplaces, and the diseases of poverty included tuberculosis, cholera, and scarlet fever. Today poverty means not being able to entertain friends, buy children new clothes, eat out, or have holidays. ... being poor today means feeling powerless and excluded from society.«

II Funktionale Differenzierung

Funktionale Differenzierung im Sinne der Ausdifferenzierung von Großsystemen für Politik, Wirtschaft, Wissenschaft, Recht, Erziehung etc. ist die wichtigste strukturelle Charakterisierung der modernen Gesellschaft. Entscheidend für die Analyse von Exklusion ist es, ein theoretisch und empirisch präzisiertes Verständnis von Exklusion zu entwickeln, das dieser Tatsache funktionaler Differenzierung Rechnung trägt. Die unmittelbare Folge der Durchsetzung funktionaler Differenzierung ist, daß Exklusion nicht mehr als Kompaktausschluß aus der Gesellschaft vorgestellt werden kann. Das läßt sich verständlich machen, wenn wir zunächst den Komplementärbegriff der Inklusion entwickeln.

Individuen werden in der modernen Gesellschaft nicht mehr mit der Gesamtheit ihrer Lebensführung in ein soziales System eingeschlossen, wie dies noch für die Stände und Schichten des alten Europa gelten konnte. Funktionssysteme inkludieren Individuen nur in einzelnen Kommunikationen. Diese Individuen werden dann in einzelnen funktionssystemspezifischen Kommunikationen bezeichnet oder adressiert, so daß der jeweils nächste kommunikative Akt die Freiheit hat, ein anderes Individuum einzubeziehen, während umgekehrt dem Individuum die Freiheit zufällt, sich im nächsten Akt einem anderen Funktionssystem zuzuwenden. Über den einzelnen kommunikativen Akt hinaus werden Inklusionen strukturell in der Form von Erwartungskomplexen gesichert, die man sinnvoll Rollen nennen kann. Luhmann unterscheidet hier in Anlehnung an die Argumentation von Siegfried Nadel *Leistungs- und Publikumsrollen*.[13]

Leistungsrollen sind die strategischen Rollen, die das erarbeiten, was auch im Außenkontakt des Systems als die systemdefinierenden Leistungen wahrgenommen werden: Politiker, die Entscheidungen vorbereiten und treffen; Wissenschaftler, die präsumtive Wahrheiten herausfinden; Geistliche, die die Immanenz einer jeden Lebensführung unter Gesichtspunkten ihrer transzendenten Relevanz zu interpre-

13 Siehe Luhmann 1981; Stichweh 1988.

tieren verstehen etc. Wäre Inklusion nur auf der Ebene von Leistungsrollen möglich, wären für jedes Individuum nur sehr wenige Inklusionen zugänglich: das Individuum wäre dann doch mit monoinklusiven Identitäten ausgestattet, wie wir sie am Beispiel berufsgeprägter Persönlichkeiten (der Handlungsreisende) kennen. Insofern ist die Idee der Publikumsrolle wichtig. Publikumsrollen sichern Möglichkeiten der Inklusion oder Partizipation in jenen Funktionssystemen, in denen man nicht in einer Leistungsrolle engagiert ist. Wenn man sich nicht für den Beruf des Geistlichen hat entscheiden können, so bleibt doch die Möglichkeit, als gläubiger Christ (Moslem etc.) und als Gemeindemitglied an Religion zu partizipieren. Wenn man nicht die Zeit hat, Parteipolitik aktiv mitzugestalten, so ist man doch als Wähler, als ein der unablässigen Beobachtung ausgesetzter Meinungsträger und als Empfänger wohlfahrtsstaatlicher Leistungen in mehrfacher Hinsicht in das politische System inkludiert. Im übrigen gibt es historisch in allen Funktionssystemen Utopien, die die Differenzen von Leistungs- und Publikumsrollen zu negieren versuchen und dann beispielsweise von einem allgemeinen Priestertum oder von direkter Demokratie sprechen. Wichtig aber ist, daß erst die Differenz von Leistungs- und Publikumsrollen die Vollinklusion aller Gesellschaftsmitglieder in alle Funktionssysteme möglich macht, wenn sie damit auch noch nicht wahrscheinlich wird.[14] Wenn aber die Inklusion in viele Funktionssysteme für fast jedes Individuum eine empirische Realität wird, dann wird Individualität nicht mehr durch konkrete Bezüge zu einzelnen Funktionssystemen festgelegt. Individualität wird damit zu einem gesellschaftsexternen Phänomen, oder, wie Luhmann es nennt, zur Exklusionsindividualität,[15] was nicht ausschließt, daß sich innergesellschaftlich Spezialformen der Kommunikation entwickeln, die diese ungewöhnliche Form von Individualität kommunikativ zu thematisieren imstande sind (z. B. Intimbeziehungen), und daß man von diesen Formen der Kommunikation abhängig wird.

Ein weiterer wichtiger Punkt ist, daß Inklusionen in verschiedene Funktionssysteme nicht miteinander gekoppelt

14 Vgl. zu Vollinklusion Stichweh 1998.
15 Luhmann 1989.

sind. Die Tatsache, daß man mit einer außergewöhnlichen wirtschaftlichen Zahlungsfähigkeit ausgestattet ist und deshalb ein beträchtlicher Steuerzahler ist, verleiht einem in einer modernen Demokratie nicht zusätzliche Stimmrechte, sie sichert nicht mehr den Schutz durch eine Standesgerichtsbarkeit für wohlhabende (oder sonst gesellschaftlich herausgehobene) Personen, und sie nimmt einem auch nicht ab, in Schule und Hochschule selbst lernen zu müssen, während man noch in der frühen Neuzeit Doktortitel kaufen konnte. In die binären Codes aller Funktionssysteme sind Sperrmechanismen eingebaut, die sichern sollen, daß Unterschiede nur nach funktionssystemeigenen Gesichtspunkten erzeugt werden. In modernen individualisierten Intimbeziehungen, die auf Liebe gebaut sind, steigert ein Mehr an Geld eher die Furcht, daß die Liebe des anderen nicht konstant oder nicht genuin sein könnte. Gerade die Unabhängigkeit der Inklusionen voneinander macht es Personen in bestimmten Hinsichten auch leichter, auf Inklusionen zu verzichten. Migranten, wenn sie in anderen Hinsichten gut eingebettet sind, können auf politische Teilnahmerechte oft auch gerne verzichten. Und gerade eine ins Hochanspruchsvolle getriebene Individualität legt einem manchmal den Verzicht auf Familie und Intimität nahe, weil man an eine adäquate kommunikative Berücksichtigungsfähigkeit dieser institutionellen Arrangements nicht mehr glaubt. An dieser Stelle kommt auf interessante Weise Exklusion ins Spiel: das *loose coupling* der Inklusionen, die Verzichtbarkeit vieler unter ihnen, die durch eine Ökonomie individueller Lebensführung nahegelegt wird, läßt Exklusionen zunächst einmal als relativ unproblematisch erscheinen. Gerade wenn das Prinzip des *loose coupling* auch für Exklusionen gilt, heißt dies, daß viele Exklusionen relativ wenig riskant sind. Damit läßt sich die Aufgabe einer Soziologie der Exklusion einigermaßen präzise benennen: Es geht um die Identifikation der Startpunkte, Verläufe und Übergangspunkte, an denen Exklusion dann auf einmal doch problematisch wird und eine relativ enge Kopplung mehrerer Exklusionen sequentiell und kausal vernetzt.

III Wohlfahrtsstaat, Nationalstaat, Globalisierte Funktionssysteme

Wohlfahrtsstaatlichkeit, Nationalstaatlichkeit und die Globalisierung der Funktionssysteme sind vermutlich die drei entscheidenden Parameter und Entwicklungsdimensionen der modernen Gesellschaft, die festlegen, was an Exklusion wahrscheinlich ist und welche Auffangmöglichkeiten für Exklusionen verfügbar sind. Diese These gilt es zu erläutern.

Wohlfahrtsstaatlichkeit, wenn wir diesen Begriff in einem systematischen Sinne verwenden, ist ein Attribut bereits des europäischen Staates der frühen Neuzeit. Die Gemeinwohlformeln, die die politische Theorie schon des 16. und 17. Jahrhunderts bestimmen, und das Polizeirecht, das, seit den ersten städtischen Polizeiordnungen des späten 15. Jahrhunderts, die europäischen Territorien mit einer immer größeren Regelungsdichte überzieht,[16] machen deutlich, daß der frühneuzeitliche Staat sowohl Interventionsstaat ist, der sich für zunehmend mehr Lebensbereiche – z. B. Regelungen der Kleider und der Abwässer – zuständig fühlt, wie er auch Leistungsstaat ist, der seine Untertanen nicht nur als Objekt von Herrschaft auffaßt, sondern sie in wachsendem Maße als diejenigen sieht, die berechtigt sind, vom Staat Leistungen zu erwarten. Der Wohlfahrts- und Versicherungsstaat des 19. und 20. Jahrhunderts ist eigentlich nur eine Verlängerung und ein Ausbau dieser Muster. Immer aber geht es um die Leistungsseite der Politik und darum, daß langfristig jeder – jede Familie und jedes Individuum – berechtigt sind, diese Leistungen zu erwarten.

Diese Prämissen werden radikalisiert und stabilisiert durch den Nationalstaat, der sich seit dem späten 18. Jahrhundert, erneut von Europa ausgehend, als die Normalform von Politik ausbildet. Nation ist zunächst einmal ein Inklusionsbegriff.[17] Er identifiziert eine Gemeinschaft von Gleichen, die zuerst und vielleicht auch nur darin gleich sind, daß sie Mitglieder der Nation sind und als solche berechtigt sind, Ansprüche an Leistungen des Wohlfahrtsstaats anzumelden, wie ihnen natürlich

16 Siehe als Überblick Stolleis 1988; Stichweh 1991, Kap. VIII-X.
17 Stichweh 1994.

auch Pflichten auferlegt werden können. Nationale Mitgliedschaft kann im Sinne ethnisch-kultureller Gemeinsamkeiten näher fundiert werden, man kann sich aber auch auf die Abstraktion beschränken, die in der binären Alternative besteht, daß man entweder Mitglied der französischen (etc.) Nation ist oder diese Mitgliedschaft (bisher) nicht erlangt hat.

Parallel zu diesen Entwicklungen vollzieht sich der Umbruch zu funktionaler Differenzierung. Während der frühneuzeitliche Wohlfahrtsstaat Stände integrierte und diese differentiell mit Leistungen versorgte, reagiert der moderne Wohlfahrtsstaat auf den Sachverhalt funktionaler Differenzierung. Einerseits ist der nationale Wohlfahrtsstaat selbst ein Fall eines sich funktional ausdifferenzierenden Systems; andererseits definiert er sich in der Selbstbeschreibung als komplementär zu den Ausdifferenzierungsprozessen der anderen Funktionssysteme. Diese Komplementarität läßt sich gut mit dem Begriff eines *inklusionsvermittelnden Systems* beschreiben.[18] Immer dort, wo aus den Eigendynamiken der anderen Funktionssysteme nicht die Inklusion eines immer größeren Teils der Bevölkerung resultiert, sondern Exklusionen stabilisiert oder verstärkt zu werden drohen, liegt der Eingriff des Wohlfahrtsstaats nahe. Er finanziert beispielsweise seit dem 18. Jahrhundert den Aufbau eines öffentlichen Schulwesens (bezeichnenderweise unter dem europaweit erfolgreichen Leitbegriff der *Nationalerziehung*) für diejenigen, die sich die Privaterziehung in Privathäusern und Privatschulen nicht leisten können. Wenn im 20. Jahrhundert mit steigenden Ansprüchen an die schulische Grundbildung sozial disprivilegierte Kinder an den Leistungsansprüchen des Schulwesens zu scheitern drohen, finanziert der Wohlfahrtsstaat Maßnahmen kompensatorischer Erziehung. Ein anderes Beispiel für einen inklusionsvermittelnden Eingriff des Wohlfahrtsstaats war die Praxis des *busing*, die in den Vereinigten Staaten in den sechziger und siebziger Jahren praktiziert wurde und die einer ethnischen und schichtungsabhängigen Segregation des Schulwesens (mit Exklusionseffekten in den disprivilegierten Vierteln) wehren wollte. Alle diese Eingriffe in ein anderes Funktionssystem müssen im übrigen dessen Autonomie nicht verletzen, da sie z.

18 Bommes/Halfmann 1993.

B. im Fall des Erziehungssystems den pädagogischen Kern – die Didaktik des Unterrichts und die Bewertung von Leistungen – nicht tangieren.

Hinter den inklusionsvermittelnden Ansprüchen und Leistungen des nationalen Wohlfahrtsstaates steckt eine Prämisse, die heute fraglich geworden ist: Damit eine Intervention möglich ist, muß vorausgesetzt werden, daß der Wohlfahrtsstaat die Effekte des Operierens der Funktionssysteme zu beobachten imstande ist und daß er die Folgen des eigenen Eingriffs einigermaßen verläßlich abschätzen kann. Das wiederum scheint vorauszusetzen, daß die operativ wirksamen Grenzen in den verschiedenen Funktionssystemen und die durch Territorialität und Mitgliedschaft bestimmten Grenzen des Nationalstaats mit einiger Genauigkeit übereinstimmen. Es muß eine interne, segmentäre Differenzierung der Funktionssysteme unterstellt werden, die nationale Wirtschaftssysteme, nationale Wissenschaftssysteme, nationale Rechtssysteme etc. verwirklicht.[19] In idealtypischer Form liegt dieses Argument der Gesellschaftstheorie von Talcott Parsons zugrunde, die bekanntlich die beiden innenorientierten Subsysteme der Gesellschaft (= social system) als *Politik* und als *Societal Community* (d. h. als solidaritätsbasierte nationale Gemeinschaft) gedeutet hat.[20] Das zwingt im Fall der Parsonianischen Theorie dazu, für alle anderen Funktionssysteme, die in den übrigen Boxen und Subboxen untergebracht werden müssen, dieselbe Orientierungsreichweite oder dieselben Grenzen wie für die Politik und die nationale Community zu unterstellen. Der Durkheimsche Ursprung dieses Arguments ist unübersehbar, und es ist bemerkenswert zu beobachten, wie sehr die extrem umfangreiche und leidenschaftliche französische Debatte über Exklusion, die ja nicht durch die Soziologie angestoßen worden ist, auf einem fraglos gehandhabten Durkheimschen Paradigma ruht: Exklusion wird gedacht als Bruch der nationalen Solidarität, als Krise der französischen Gesellschaft, die auf dieser Ebene auch behoben werden könnte.[21] Das mag, was Interventionsmöglichkeiten betrifft, richtig sein, da, wie wir noch sehen werden, Exklusion immer lokal anfällt, aber es er-

19 Vgl. Hahn 1993.
20 Siehe zuletzt Parsons 1977; ders. 1978.
21 Siehe Silver 1995; Merrien 1996.

laubt vermutlich keine Erklärung von Exklusionen in der Weltgesellschaft der Gegenwart.

Um eine solche Erklärung zu ermöglichen, muß man das Argument der zunehmend auseinanderdriftenden Orientierungsreichweiten der verschiedenen Funktionssysteme im Vergleich zur territorialen und zur Mitgliedschaftsbindung des nationalen Wohlfahrtsstaats einführen.[22] Zur Erläuterung will ich das oben schon benutzte Beispiel der Interventionen in Schul- und Hochschulerziehung verwenden. Wenn Ungleichheit in der Hochschulerziehung die Form einer Internationalisierung der Studienwege annimmt, wenn beispielsweise die Kinder sozialer Eliten die deutschen Universitäten um vermuteter Vorteile im Ausland willen vermeiden, dann gibt es dagegen (soweit es sich dabei um reale Vorteile handelt) nur noch sehr begrenzte wohlfahrtsstaatliche Handlungsstrategien.

Man kann dasselbe Phänomen auch am Beispiel der *Sozialpflichtigkeit des Eigentums* studieren. Diese war ja als eine im Grundgesetz fixierte Auflage ein Versuch, die Grenzen des Sozialstaats und die Orientierungsreichweite von Unternehmen zu homogenisieren. Dafür entfallen aber alle Voraussetzungen, wenn sich in multinationalen Unternehmen (also den dominanten organisatorischen Formen der Weltwirtschaft) ein Selbstverständnis ausbildet, wie es der Vorstandsvorsitzende eines *deutschen* MNU vor einiger Zeit treffend formuliert hat: »Die Sozialpflichtigkeit des Kapitals existiert jedoch heute wegen der globalen Märkte auf Gesamtkonzernebene und nicht mehr auf binnenstaatlicher Basis.«[23] Der Wohlfahrtsstaat kann, wie dies Beispiel zeigt, nicht mehr auf die Koordiniertheit seiner Grenzen mit denen anderer Funktionssysteme setzen, und was ihm unter diesen Umständen auffallen wird, ist, daß seine eigenen Ressourcen, die nicht mehr durch die Ressourcen ihm koordinierter Instanzen ergänzt werden, weniger

22 Dieses Argument ist, wie unmittelbar auffallen wird, parallel zu dem Argument, das Wallerstein für die Entstehung der Weltgesellschaft geltend gemacht hat. Diese gehe zurück auf eine im 15./16. Jahrhundert entstehende und sich verfestigende Nichtidentität der Grenzen von Wirtschaft und Politik (Wallerstein 1974). Damit wird einmal mehr deutlich, daß die Integrationsleistungen des nationalen Wohlfahrtsstaats nur ein kurzes Intermezzo in der Geschichte der Weltgesellschaft waren.

23 Robert Koehler, SGL Carbon, zit. in FAZ, 14. März 1997, S. 21.

als je zuvor hinreichen, die Exklusionen zu kompensieren, die andere Funktionskontexte nicht kompensieren wollen oder können.

Unsere These ist also, daß der Zusammenhang von Globalisierung und Exklusion wesentlich als durch die Schwächung der inklusionsvermittelnden Funktion des Wohlfahrtsstaats verursacht zu verstehen ist. Die weltweit operierenden Funktionssysteme erzeugen zufällig (oder: weil sie in dieser Phase ihres Wachstumsprozesses noch nicht auf jede einzelne Person im System der Weltgesellschaft angewiesen sind) vielfältige Exklusionen. Für diese fehlt dem Staat mit seinen klassischen Interventionsansprüchen vielfach bereits die Beobachtungsfähigkeit, es fehlen die Möglichkeiten kausaler Kontrolle und erst recht fehlen die Ressourcen für Intervention, und unter diesen Umständen kommt es darum zu den bei Individuen und Gruppen anfallenden Effektkumulationen über mehrere Funktionssysteme, die wir Exklusion nennen.

Die Ursachen für Exklusion in dem hier beschriebenen Sinn sind offensichtlich globale Ursachen. Wir reden von der jeweils weltweit sich durchsetzenden Eigendynamik der Funktionssysteme und von der zunehmend insuffizienten Beobachtungsfähigkeit, Zugriffssicherheit und Ressourcenausstattung der lokalen inklusionsvermittelnden Instanz Wohlfahrtsstaat. Zu derselben Diagnose kommt man auch, wenn man andere inklusionsvermittelnde Instanzen in den Blick nimmt. In manchen systemtheoretischen Analysen wird die Sozialarbeit/Soziale Hilfe so behandelt, als sei sie gegenüber dem Wohlfahrtsstaat noch einmal ein Funktionssystem *sui generis* mit eigener Problemdiagnose und Interventionsmöglichkeit und gleichfalls inklusionsvermittelnder Funktion.[24] Diese Diagnose ist vermutlich nicht richtig, weil sie der Tatsache nicht Rechnung trägt, daß der Sozialarbeit die Autonomie einer Problem- und Themenevolution, wie sie die anderen großen Professionen Recht, Religion und Erziehung kennzeichnet, gerade nicht gelungen ist und insofern die Sozialarbeit nach wie vor subordiniert im Verhältnis zu anderen funktionalen Problemperspektiven arbeitet.[25] Aber, unabhängig davon, wie man diese Frage

24 Siehe Baecker 1994; Fuchs/Buhrow/Krüger 1994; Fuchs/Schneider 1995; vgl. Fuchs 1997a.
25 Vgl. Stichweh 2000.

entscheiden will, scheint plausibel, daß die Sozialarbeit die charakteristischen Sicht-, Ressourcen- und Handlungsbeschränkungen der inklusionsvermittelnden Instanz Wohlfahrtsstaat teilt.

Ungeachtet der nur noch global zu beschreibenden Ursachen ist Exklusion immer ein lokales oder regionales Phänomen, und dies in genau zwei Hinsichten. Erstens kann von einer globalen Vernetzung von Exklusionsbereichen keine Rede sein. In diesem Sinne trifft dann auch nicht zu, daß Inklusion/Exklusion die Leitdifferenzierung der Weltgesellschaft ist.[26] Exklusion ist ja gerade ein negativer Sachverhalt, ein Nichtvorkommen, ein Nichtereignis, ein Ausschluß. Insofern kann man Exklusionen nicht dieselbe systembildende Kraft zuschreiben wie den Problemsynthesen der Funktionssysteme. Zwar ist davon auszugehen, daß sich lokal immer eigentümliche Sozialstrukturen der Exklusion bilden, und dies wäre eine zentrale Aufgabe der empirischen Forschung über Exklusion, diese lokalen Sozialstrukturen der Exklusion näher kennnenzulernen. Aber es handelt sich dabei eben um lokale Strukturen, die sich anderswo nicht ohne weiteres wiederholen, so daß man an ihnen vermutlich eine gewisse Typizität, aber nicht die Kopiermuster, die sonst für Globalisierung charakteristisch sind, studieren kann.

Zweitens kommen die globalen Ursachen der Exklusion immer in einer lokalen oder regionalen Konstellation von Faktoren vor. Ein systemtheoretischer Schlüsselbegriff dafür heißt *strukturelle Kopplung*. Funktionssysteme sind autonom, sie sind global, aber man kann in ihrer Evolution nichtzufällige Kontiguitäten zu anderen Funktionssystemen beobachten und diese wiederum können lokal und regional variieren. Für diese nichtzufälligen Kontiguitäten wollen wir den Begriff der strukturellen Kopplung verwenden.[27] Es sind diese Sonderkonstellationen, aus denen man vermutlich eine deskriptive Landkarte der Exklusion in der gegenwärtigen Welt erstellen kann. Dazu muß man meines Erachtens ein zusätzliches Theorem einführen, das strukturell relevante Aspekte von Exklusionskarrieren unterscheidet, die zwischen Regionen der Weltgesellschaft zu differenzieren erlauben.

26 Siehe aber Luhmann 1995.
27 Vgl. Luhmann 1993, Kap. 10.

Drei dieser strukturellen Momente von Exklusionskarrieren scheinen mir vor allem wichtig: 1. *Startpunkte*, 2. *Beschleunigungsmechanismen* und 3. *Auffangmechanismen für Exklusion.* Als Startpunkte von Exklusionskarrieren kämen vorrangig bestimmte Funktionssysteme in Frage: z. B. Wirtschaft und Familie/Intimbeziehungen, aber auch Erziehung/Schulerziehung (und in allen Fällen ist dann historische und interregionale Variation zu unterscheiden). Andere Funktionssysteme würden sich eher dadurch auszeichnen, daß sie Auffang- oder Stopmechanismen für Exklusionskarrieren zur Verfügung stellen. Man könnte hier an Politik denken (als Wohlfahrtsstaat), an Recht und an Religion. Auch das Gesundheitssystem ist ein Kandidat (z. B. im Parsonianischen Sinne des Legitimierens des temporären Ausscheidens aus gesellschaftlichen Rollenverpflichtungen). Die dritte Kategorie wäre die der Beschleunigungsmechanismen, an denen auffällt, daß es sich um die Kategorien sozialer Differenzierung handelt, die quer zu funktionaler Differenzierung liegen: Raum; ethnische Differenzierung; Schichtung. Sie können so eingreifen, daß sie eine begonnene Exklusionskarriere wahrscheinlicher machen (wegen der infrastrukturellen Verarmung bestimmter städtischer und ländlicher Räume; wegen der Zusatzeffekte ethnischer Negativstereotypisierung etc.). In einzelnen Fällen können sie aber auch als Auffangchance und *Resozialisationsmöglichkeit* wirken. *Le Monde* berichtete 1999 über die in Frankreich beobachtbare und dort offensichtlich zunehmende Tendenz eines Teils der Exkludierten, sich in die entlegensten Bergregionen des Landes zu begeben.[28] Aus dem, was in diesem Artikel an Äußerungen zitiert wird, wird gut deutlich, daß es beides gibt: das Ausscheiden aus der *Zivilisation* als ein Phänomen mit geringer Rückkehrwahrscheinlichkeit, aber auch den Resozialisationsmechanismus, der darin besteht, daß man – unter den Bedingungen des weitgehend auf sich selbst gestellt Seins – wieder zu geregelter und selbstverantworteter Tätigkeit findet. Und natürlich steht im einzelnen Fall nicht von vornherein fest, welche dieser beiden Alternativen sich durchsetzt.

Wenn man davon ausgeht, daß diese drei strukturell rele-

28 Besset 1999.

vanten Aspekte von Exklusionskarrieren in verschiedenen Regionen der Welt verschieden besetzt sind und daß diese Besetzungen mit regional variierenden strukturellen Kopplungen zusammenhängen, wird ein Ansatz für das systematische Verständnis von Variationen in Exklusionsmustern sichtbar.

Ein Beispiel für eine folgenreiche strukturelle Kopplung zweier Funktionssysteme ist eine relativ enge Kopplung von Politik und Recht, von der dort die Rede sein kann, wo sich eine politisierte, nicht auf autonome Entscheidungsverfahren gestützte Justiz beobachten läßt. Dort, wo dies vorliegt, ist anzunehmen, daß politische Exklusionsmotive, die ideologischer oder ethnischer Natur sein mögen, relativ unmittelbar in folgenreiche Exklusionen umgesetzt werden können, ohne daß Möglichkeiten des Appells an eine einigermaßen effektiv und schnell operierende Justiz als Stopmechanismus für Exklusionen dazwischentreten könnten. Das Problem wird dort noch einmal verschärft, wo die Politik selbst nicht eigentlich eigene Exklusionsinteressen verwaltet, sondern als Durchlaufmechanismus für wirtschaftliche Interessenlagen fungiert und in ihrer strukturellen Kopplung mit Recht eben diese wirtschaftlichen Interessenlagen vor dem Zugriff des Rechts zu schützen imstande ist. Einiges spricht dafür, daß diese dreistellige Konstellation von Wirtschaft, Recht und Politik bestimmte lateinamerikanische Situationen, z. B. in Brasilien, gut beschreibt.[29] Andererseits fällt am lateinamerikanischen Fall, insbesondere wiederum Brasilien, die spezifische Bedeutung von Religion als Stopmechanismus für Exklusionen auf. In diesem Fall wird eine traditionelle Konstellation, Brasilien als ein klassisches katholisches Land, dadurch verändert, daß die Konkurrenz der aggressiv missionierenden evangelikalen Kirchen hinzutritt. In diesem konkreten Fall eines Stopmechanismus haben wir es also nicht mit der strukturellen Kopplung zweier Funktionssysteme, sondern mit einer sich verschärfenden Konkurrenz (= Werben um Inklusionsbereitschaften) in einem Funktionssystem zu tun, was die lokale gesellschaftliche Bedeutung der Religion steigert.[30]

Gleichzeitig ist aber auch davon auszugehen, daß es nach

29 Siehe am Beispiel der Kontinuität von *Sklaverei* in Brasilien Moffett 1999.
30 Ein anderer interessanter Studiengegenstand für die strukturelle Kopplung von Funktionssystemen beträfe die Frage der Selbstauffassung/Selbstbe-

wie vor Regionen der Welt gibt, in denen funktionale Differenzierung sich nur in bescheidenen Ansätzen durchgesetzt
hat. In diesen – und hier ist insbesondere an Afrika zu denken
– scheint es plausibel, daß die Kausalrichtung nicht von den
strukturellen Kopplungen zu lokalen Exklusionsmustern
führt, sondern daß umgekehrt die Sozialsysteme, die statt der
Funktionssysteme die Leitunterscheidung von Inklusion und
Exklusion verwalten, auch für die vorherrschenden Restriktionen auf die Autonomie der Funktionssysteme verantwortlich sind. In dem Maße, in dem in afrikanischen Regionen
soziale Gruppen, also beispielsweise Deszendenzzusammen-
hänge oder ethnische Assoziationen, eine eigene identitäts-
und machterhaltende Strategie verfolgen, die die *Politik* der
Inklusion/Exklusion potentieller neuer Gruppenmitglieder
festlegt, werden dadurch für die operative Autonomie von
Funktionssystemen enge Grenzen gesteckt.[31] Inklusionen und
Exklusionen ergeben sich nicht als Seiteneffekte aus dem Operieren der Funktionssysteme; sie fallen vielmehr als strategische Entscheidungen von relevanten gesellschaftlichen Gruppierungen, mit denen diese Gruppenbildungen zugleich ihre
Chancen der Partizipation an funktionssystemischen Kommunikationen festlegen, in Einzelfällen ausbauen, aber auch limitieren.

Das Letztere aber ist eine extreme Konstellation, die bei allem analytischen Interesse, das sie verdient, in der Weltgesellschaft schnell an Bedeutung verliert. Im Weltmaßstab muß
meines Erachtens vor allem der Kausalpfad die Untersuchung
leiten, der im Zentrum der Überlegungen dieses Textes steht:
Er führt von der strukturell angestrebten und teilweise realisierten Vollinklusion in den nationalen Wohlfahrtsstaaten des
19. und 20. Jahrhunderts zu der Schwächung dieser Form der
Strukturbildung und Inklusionsvermittlung als Folge der Pro-

schreibung von Familien/Intimbeziehungen. Dort, wo *leistungsorientierte
Individualität* auch als systemkonstitutive Erwartung an Partner in Fami-
lien und Intimbeziehungen adressiert wird, ist die strukturelle Kopplung
von Wirtschaft und Familie/Intimbeziehungen in einer Weise ausgelegt, daß
Exklusionseffekte zu erwarten sind. Dort, wo Familien ein ganz autonomes
Kontakt- und Wertmilieu konstituieren, fungieren sie als ein Schutz- oder
Stopmechanismus in potentiellen Exklusionskarrieren. Der Gedanke an
Südeuropa liegt hier nahe (siehe zu Italien Mingione/Morlicchio 1993).
31 Siehe interessant dazu Berry 1989.

liferation globalisierter Funktionssysteme. Exklusionen in den einzelnen Funktionssystemen werden dann zunächst wahrscheinlich, weil für globale Funktionssysteme ein weltweites Postulat der Vollinklusion vorläufig unrealistisch scheint. Exklusionen als Effektkumulationen über mehrere Funktionssysteme hinweg – und dies sind die eigentlich drastischen Formen des Ausschlusses, um die es der Literatur zur Exklusion vor allem geht –, wären als lokale/regionale Verdichtungen von Exklusion dort zu erwarten, wo lokale/regionale strukturelle Kopplungen von Funktionssystemen ihnen die Bahn bieten. Für eine befriedigende Beschreibung und Erklärung dieser lokalen/regionalen Verdichtungen von Exklusionen ist zusätzlich jenes Instrumentarium erforderlich, das nach charakteristischen Startpunkten, nach Beschleunigungsmechanismen und schließlich nach Kandidaten für Stopmechanismen für Exklusion sucht und diese in ihrer regionalen Variation in der Weltgesellschaft erfaßt.

Literatur

Baecker, Dirk, »Soziale Hilfe als Funktionssystem der Gesellschaft«, in: *Zeitschrift für Soziologie* 23 (1994), S. 93-110.

Berry, Sara, »Social Institutions and Access to Resources«, in: *Africa* 59 (1989), S. 41-55.

Besset, Jean Paul, »Les exclus convergent vers les zones rurales démunies«, in: *Le Monde*, 9. Januar 1999, S. 8.

Bommes, Michael / Halfmann, Jost, »Migration und Inklusion. Spannungen zwischen Nationalstaat und Wohlfahrtsstaat«, in: *Kölner Zeitschrift für Soziologie und Sozialpsychologie* 46 (1994), S. 406-424.

Bourdieu, Pierre, »Ökonomisches Kapital, kulturelles Kapital, soziales Kapital«, in: Reinhard Kreckel (Hg.), *Soziale Ungleichheiten* (= *Soziale Welt*, Sonderband 2), Göttingen 1983, S. 183-198.

Epstein, Helen, »Life & Death on the Social Ladder«, in: *New York Review of Books* 45, H. 12, 16. Juli 1998, S. 26-30.

Foucault, Michel, »La vérité et les formes juridiques«, in: ders., *Dits et Écrits, 1954-1988. Bd. 2, 1970-1975*, Paris 1994, S. 538-646.

Foucault, Michel, *Überwachen und Strafen. Die Geburt des Gefängnisses*, Frankfurt/M. 1976 (=1975).

Fuchs, Peter, »Adressabilität als Grundbegriff der soziologischen Systemtheorie«, in: *Soziale Systeme* 3 (1997), S. 57-79.

Fuchs, Peter, »Weder Herd noch Heimstatt – Weder Fall noch Nichtfall. Doppelte Differenzierung im Mittelalter und in der Moderne«, in: *Soziale Systeme* 3 (1997), S. 413-437 (=1997a).

Fuchs, Peter / Buhrow, Dietrich / Krüger, Michael, »Die Widerständigkeit von Behinderten. Zu Problemen der Inklusion/Exklusion von Behinderten in der ehemaligen DDR«, in: Peter Fuchs / Andreas Göbel (Hg.), *Der Mensch – das Medium der Gesellschaft*, Frankfurt/M. 1994, S. 239-263.

Fuchs, Peter / Schneider, Dietrich, »Das Hauptmann-von-Köpenick-Syndrom. Überlegungen zur Zukunft funktionaler Differenzierung«, in: *Soziale Systeme* 1 (1995), S. 203-224.

Gamson, William A., »Hiroshima, the Holocaust, and the Politics of Exclusion«, in: *American Sociological Review* 60 (1995), S. 1-20.

Hahn, Alois, »Identität und Nation in Europa«, in: *Berliner Journal für Soziologie* 3 (1993), S. 193-203.

Luhmann, Niklas, *Funktion der Religion*, Frankfurt/M. 1977.

Luhmann, Niklas, *Politische Theorie im Wohlfahrtsstaat*, München und Wien 1981.

Luhmann, Niklas, »Individuum, Individualität, Individualismus«, in: ders., *Gesellschaftsstruktur und Semantik. Studien zur Wissenssoziologie der modernen Gesellschaft, Bd. 3*, Frankfurt/M. 1989, S. 149-258.

Luhmann, Niklas, *Das Recht der Gesellschaft*, Frankfurt/M. 1993.

Luhmann, Niklas, »Inklusion und Exklusion«, in: ders., *Soziologische Aufklärung 6*, Opladen 1995, S. 237-264.

Luhmann, N. / Schorr, K. E., *Reflexionsprobleme im Erziehungssystem*, Stuttgart 1979.

Marshall, T. H., *Class, Citizenship, and Social Development*, Garden City 1964.

Merrien, François-Xavier, »État-providence et lutte contre l'exclusion«, in: Serge Paugam (Hg.), *L'exclusion: l'état des savoirs*, Paris 1996, S. 417-427.

Mingione, Enzo / Morlicchio, Enrica, »New Forms of Urban Poverty in Italy: Risk Path Models in the North and the South«, in: *International Journal of Urban and Regional Research* 17 (1993), S. 413-427.

Moffett, Matt, »Slavery Continues To Haunt Humanity At End of Millennium«, in: *The Wall Street Journal Europe*, 14. Januar 1999, S. 1-12.

Murray, Charles, »And Now for the Bad News«, in: *The Wall Street Journal Europe*, 3. Februar 1999, S. 6.

Nadel, Siegfried F., *The Theory of Social Structure*, London 1957.

Parsons, Talcott, *Social Systems and the Evolution of Action Theory*, New York 1977.

Parsons, Talcott, *Action Theory and the Human Condition*, New York 1978.

Silver, Hilary, »Reconceptualizing Social Disadvantage: Three Paradigms of Social Exclusion«, in: Gerry Rodgers et al. (Hg.), *Social Exclusion: Rhetoric, Reality, Responses*, Genf 1995, S. 57-80.

Stichweh, Rudolf, »Inklusion in Funktionssysteme der modernen Gesellschaft«, in: Renate Mayntz et al., *Differenzierung und Verselbständigung. Zur Entwicklung gesellschaftlicher Teilsysteme*, Frankfurt/M. 1988, S. 261-293.

Stichweh, Rudolf, *Der frühmoderne Staat und die europäische Universität. Zur Interaktion von Politik und Erziehungssystem im Prozeß ihrer Ausdifferenzierung (16.-18. Jahrhundert)*, Frankfurt/M. 1991.

Stichweh, Rudolf, »Nation und Weltgesellschaft«, in: Bernd Estel / Tilman Mayer (Hg.), *Das Prinzip Nation in modernen Gesellschaften. Länderdiagnosen und theoretische Perspektiven*, Opladen 1994; S. 83-96 (in diesem Band: Kap. 3).

Stichweh, Rudolf, »Inklusion/Exklusion, funktionale Differenzierung und die Theorie der Weltgesellschaft«, *Soziale Systeme* 3 (1997), S. 123-136.

Stichweh, Rudolf, »Zur Theorie der politischen Inklusion«, in: *Berliner Journal für Soziologie* 8 (1998), S. 539-547.

Stichweh, Rudolf, »Professionen im System der modernen Gesellschaft«, in: Merten, Roland (Hg.), *Systemtheorie Sozialer Arbeit. Neue Ansätze und veränderte Perspektiven*, Opladen 2000, S. 29-38.

Stolleis, Michael, *Geschichte des öffentlichen Rechts in Deutschland. Bd. 1. Reichspublizistik und Policywissenschaft 1600-1800*, München 1988.

Wallerstein, Immanuel, *The Modern World-System. Capitalist Agriculture and the Origins of the European World-Economy in the Sixteenth Century*, New York 1974.

Ziemann, Andreas, »Die eingeschlossenen Ausgeschlossenen. Zur Problematik funktionaler Totalinklusion im Rahmen des Strafvollzugsgesetzes«, in: *Soziale Systeme* 4 (1998), 31-57.

Globalisierung der Wissenschaft
und die Region Europa

I

Die moderne Gesellschaft kann nur noch als Weltgesellschaft angemessen beschrieben werden.[1] Entsprechend gilt für ihre Funktionssysteme, daß jedes einzelne dieser Systeme seinerseits einen weltweiten Zusammenhang konstituiert und daß dieser Sachverhalt die Theorien der Funktionssysteme darauf verpflichtet, zu verstehen und zu erklären, wie Globalisierung möglich ist und was sich in der Folge in den Funktionssystemen ändert. Mein Beitrag wird sich im folgenden auf die Theorie des Wissenschaftssystems konzentrieren, und er geht davon aus, daß sich im Fall der Wissenschaft die Frage der Globalisierung zweifach stellt: Einmal als die Frage nach der Globalisierung von Forschung und Entwicklung (R & D) in den *Organisationen des Wirtschaftssystems*, zum anderen natürlich als die Frage nach globalen kommunikativen Zusammenhängen und den Bedingungen ihrer Entstehung in den *Kernbereichen und Kerninstitutionen des Wissenschaftssystems*. Gerade die Verschiedenheit der Bedingungen und Entwicklungsverläufe in diesen beiden Fällen scheint mir für eine Theorie der Globalisierung instruktiv.

Im Blick auf die gerade benannten Bereiche (Organisationen im Wirtschaftssystem, Kernbereiche des Wissenschaftssystems) versuchen die folgenden Überlegungen zwei Fragen zu beantworten. Erstens, welches sind eigentlich die Mechanismen, die die Globalisierung der Wissenschaft vorantreiben? Zweitens werde ich versuchen, aus der Identifikation dieser Mechanismen der Globalisierung Schlußfolgerungen abzuleiten, die die Frage betreffen, welche Rolle in einem weltweit vernetzten Wissenschaftssystem regionale Differenzierungen spielen können. Wird es beispielsweise auf der Basis lokaler und regionaler Kontaktverdichtungen zu der Herausbildung einer wissenschaftlichen Region »Europa« kommen?

Die Wissenschaftssoziologie widmet der Frage der Globali-

1 Luhmann 1971; Robertson 1992; Stichweh 1995.

sierung bisher überraschend wenig Aufmerksamkeit. Es existiert zwar eine umfangreiche und sehr interessante Forschung, die sich mit der Internationalisierung von Forschung und Entwicklung in multinationalen Unternehmen befaßt. Aber in dieser Forschung richtet sich das Hauptinteresse auf Technik und Technologie und deren Bedeutung für die Internationalisierung von *Wirtschaftssystemen*. Im Kern der Wissenschaftssoziologie dagegen ist die Literatur zu Globalisierung bisher erstaunlich dünn gesät. Erwähnen will ich als Ausnahmen nur einen 1993 von Elisabeth Crawford und anderen edierten Sammelband über «Denationalizing Science«, auf den ich später noch einmal zurückkomme, und zweitens die Aufsätze, die Thomas Schott von der University of Pittsburgh in der ersten Hälfte der neunziger Jahre zum Thema der »World Science« publiziert hat.[2] Schott scheint in einem 1991 veröffentlichten Text über »The World Scientific Community« zunächst für eine an Robert King Merton angelehnte Perspektive zu optieren, wenn er die »World Scientific Community« als eine Gemeinschaft definiert, die »alle Wissenschaftler einschließt, die an den allgemeineren Normen wissenschaftlicher Arbeit partizipieren«.[3] Zwei Jahre später ist seine Position dann eher der verwandt, die John W. Meyer aus Stanford vertritt.[4] Schott bezieht den Begriff der Weltwissenschaft in einer Publikation von 1993 auf ein weltweites »wissenschaftspolitisches Regime«, bei dem es sich um eine Spezifikation von Meyers Begriff einer »World Polity« zu handeln scheint.[5] »World Polity« meint einen Zusammenhang intensiver wechselseitiger Beobachtung der Staaten. Die weltweite Homogenisierung institutioneller Strukturen der Wissenschaft wird als eine Folge dieses wissenschaftspolitischen Regimes erklärt. Zwei weitere analytische Bezugspunkte lassen sich in Schotts Studien identifizieren. Erstens versucht er, globale Strukturen von Wissenschaft und Technik in Termini von Zentren und Pe-

2 Crawford/Shinn/Sörlin 1993; Schott 1991, 1993, 1994, 1994a; siehe die Übersicht von Ancarani 1995, die zugleich belegt, wie eng und wie politikorientiert die Fragestellungen sind.

3 Schott 1991, S. 442.

4 Vgl. Meyer 1987; ders. et al. 1992. In Stanford werden umfangreiche Forschungen zur Globalisierung der Wissenschaft durchgeführt. Publikationsmäßig sind diese bisher nicht greifbar.

5 Schott 1993, S. 197-198.

ripherien zu erklären,[6] und lehnt sich damit an die Begriffssprache an, die von Edward Shils und Joseph Ben-David etabliert wurde und heute vor allem in den Weltsystemtheorien im Umkreis Immanuel Wallersteins kontinuiert wird.[7] Zweitens spezifiziert er die Strukturen des entstehenden Systems der Weltwissenschaft, indem er die Strukturen der Kooperation unter Wissenschaftlern aus verschiedenen Ländern beobachtet. Für eine solche Vorgehensweise kann man auf eine schnell umfangreicher werdende szientometrische Literatur zurückgreifen, die sich für internationale Forschungskooperation und für Koautorschaft interessiert.[8] In theoretischer Perspektive ist hier die Verwandtschaft zu Netzwerktheorien offensichtlich, die heute vor allem unter dem Titel der »strukturellen Analyse« auftreten.[9]

II

Was in der soziologischen Literatur über Wissenschaft im System der Weltgesellschaft noch fehlt, ist ein Ansatz, der es erlaubt, die *Dynamik des Prozesses der Globalisierung der Wissenschaft zu erklären*. Was sind die treibenden Kräfte in diesem Prozeß, der in der Gegenwart mit erstaunlicher Geschwindigkeit abzulaufen scheint? Es wäre viel zu einfach und zudem tautologisch, würde man auf die *Universalität der Wissenschaft* als eine sich gleichsam selbst realisierende basale Eigenschaft, die sich in einer Pluralität partikularer und verschiedenartiger nationaler Systeme immer erneut reproduziert, als Erklärung verweisen. Außerdem würde eine solche Erklärung das grundlegende Paradox in der Entwicklung der modernen Wissenschaft verkennen, das im übrigen auch in der historischen Entwicklung anderer Funktionssysteme beobachtbar ist: Der Weg zur modernen globalen und universellen Wissenschaft führt über eine Zwischenphase einer in hohem Grade *nationalisierten Wissenschaft*.[10]

6 Vgl. Schott 1994; 1994a.
7 Wallerstein 1991.
8 Siehe u. a. Leclerc/Gagné 1994; Luukkonen et al. 1993; Narin/Stevens/ Whitlow 1991.
9 Vgl. dazu Wellman/Berkowitz 1988.
10 Siehe für zwei Fallstudien am Beispiel zweier verschiedener Funktionssy-

Die Wissenschaft der europäischen frühen Neuzeit war in wesentlichen Hinsichten kosmopolitische Wissenschaft, und das hieß unter anderem, daß Wissenschaft, wenn sie in besonderem Grade mit dem Anspruch auf Universalität auftrat (also beispielsweise: Newtons *Principia* im Unterschied zu seinen *Optics*,[11] oder das entstehende Völkerrecht des 17. und 18. Jahrhunderts) in Latein als dem internationalen Medium wissenschaftlicher Verständigung kommuniziert wurde. Aber seit dem 18. Jahrhundert und parallel zur internen Differenzierung der klassischen Begriffe von Philosophie und Naturlehre entstand eine ausgeprägte Nationalisierung der Wissenschaft. Im Europa des neunzehnten Jahrhunderts traten *nationale wissenschaftliche Gemeinschaften* an die Stelle der *res publica literaria*, wie sie die frühe Neuzeit postuliert hatte.[12]

Ein zunächst seltsam erscheinender Sachverhalt, der der Erklärung bedarf, ist, daß diese Genese nationaler wissenschaftlicher Gemeinschaften einherging mit der Entstehung der wissenschaftlichen Disziplin, d. h. mit einer sich beschleunigenden internen Differenzierung der Wissenschaft.[13] Wie ist es möglich, daß ungeachtet einer Verkleinerung der Bezugsgruppe für wissenschaftliche Kommunikationen sich zugleich eine fortschreitende Differenzierung der spezialisierten Subsysteme wissenschaftlicher Kommunikation durchsetzt? Ich möchte vermuten, daß die Nationalisierung der Bezugssysteme kompensiert wird durch die *Inklusion* neuer Einheiten, für die Möglichkeiten der Partizipation an wissenschaftlicher Kommunikation entstehen. Die Einheiten, die für Inklusion in Frage kommen, sind *Organisationen*, *Rollen* und *Personen*. Dies läßt sich exemplarisch in Deutschland im frühen 19. Jahrhundert studieren. Die Organisationen, um deren Inklusion es ging, waren zunächst *Universitäten*. Universitäten wurden seit der Wende zum 19. Jahrhundert strikt und exklusiv als wissenschaftliche Einrichtungen verstanden, und das hieß, daß jedes kommunikative Geschehen in Universitäten ein Akt der Partizipation an Wissenschaft war.[14] Also war zweitens die soziale

steme Stichweh 1984; ders. 1990; und vgl. Crawford/Shinn/Sörlin 1993a.
11 Siehe dazu Cohen 1956.
12 Vgl. dazu Stichweh 1991, Kap. 6.
13 Vgl. für das sich hier anschließende Argument Stichweh 1984.
14 Wenn man an die vielfach postulierte »Einheit von Forschung und Lehre« denkt, wird deutlich, daß sogar die Ausübung der Rolle des Studenten als

Rolle des Universitätslehrers per se eine wissenschaftliche Rolle, und dieses Rollenverständnis wurde selbst auf Schullehrer ausgedehnt. Bekanntlich erwartete die staatliche Unterrichtsverwaltung für bestimmte Schulkarrieren im 19. Jahrhundert das Publizieren wissenschaftlicher Arbeiten als eine Voraussetzung. Drittens gab es kurzfristig eine Inklusion bis dahin unbeteiligter Personen in die Möglichkeiten wissenschaftlicher Publikation. Gerade die Publikation in den Nationalsprachen und in den vielen neu entstehenden Journalen mit disziplinärer Spezifikation eröffnete eine Zugangschance für Amateure mit szientifischen Interessen. Es ist bekannt, daß dieser letztere Vorgang nur von kurzer Dauer war.

Die Folgerung, die sich daraus ergibt, ist, daß die Nationalisierung der Bezugssysteme deshalb mit einer beschleunigten internen Differenzierung wissenschaftlicher Kommunikationszusammenhänge einhergehen konnte, weil es Inklusionseffekte in nationale wissenschaftliche Gemeinschaften gab. Der Inklusionsbegriff sollte an dieser Stelle ergänzt werden durch den Begriff der *Penetration* oder auch *Interpenetration*, der sich bekanntlich der Modernisierungstheorie verdankt.[15] *Penetration* meint, daß globale Strukturen enger mit lokalen Situationen vernetzt werden und daß auf diese Weise ihre soziale Wirkungsfähigkeit verstärkt wird. Die Nationalisierung wissenschaftlicher Kommunikationszusammenhänge scheint für die Interpenetration der Wissenschaft mit anderen Sozialsystemen wichtig gewesen zu sein,[16] und insofern ist es plausibel, daß die schnell zunehmende technische Relevanz naturwissenschaftlicher Forschung, die sich in Deutschland nach 1870 beobachten ließ, einer der Nebeneffekte der gerade beschriebenen *Koevolution* nationaler wissenschaftlicher Gemeinschaften mit deren interner Differenzierung in *disziplinäre Gemeinschaften* war.

eine wissenschaftliche Tätigkeit verstanden wird. Vgl. Stichweh 1994, Kap. 10.

15 Vgl. für gegenwärtige Verwendungen des Begriffs der Penetration (manchmal auch »Interpenetration«) Luhmann 1984, S. 290; Meyer 1989, S. 403 ff.; Giddens 1990, S. 19.

16 In neuerer systemtheoretischer Terminologie würde man hier natürlich *strukturelle Kopplung* sagen. *Interpenetration* hat demgegenüber den einen Vorteil, daß der Begriff den Kontakt zu dem interessanten modernisierungstheoretischen Begriff der *Penetration* wahrt.

Die Entstehung nationaler wissenschaftlicher Gemein-schaften bedeutete nun nicht einfach, daß sich eine nationale Sichtbeschränkung in der Wahrnehmung der Fortschritte der Wissenschaft durchgesetzt hätte. Wenn man sich die neu ent-stehenden disziplinären Zeitschriften der ersten Hälfte des 19. Jahrhunderts ansieht, fällt sofort auf, in welchem Grade es sich dabei um *Übersetzungszeitschriften* handelte. Das heißt, daß es einerseits eine gewisse Abschließung nationaler Kommuni-kationszirkel gab. Andererseits beobachteten nationale diszi-plinäre Gemeinschaften unablässig ihre fremdsprachigen wis-senschaftlichen Umwelten, und es ist bekannt, wie sehr bei-spielsweise die endlose Reihe von Faraday-Übersetzungen, die Poggendorff in den *Annalen der Physik* publizierte, die Entwicklung der Elektrizitätslehre in Deutschland beeinflußt hat.[17] Also war auch in einer nationalisierten Wissenschaft eine *informationelle Öffnung* unübersehbar, auch wenn sie inso-fern von gleichzeitiger *informationeller Schließung* begleitet wurde, als Poggendorff Faradays Aufsätze ja nicht nur in ein fremdsprachiges Medium transformierte, sondern sie dabei auch um Faradays ihm eigenartig scheinende Hypothesen und naturphilosophische Deutungen verkürzte.

III

Welches sind die Mechanismen, die von den nationalen wis-senschaftlichen Gemeinschaften des 19. Jahrhunderts zur mo-dernen Wissenschaft als einem globalen Funktionssystem in der Weltgesellschaft führen? Wenn man diese Frage stellt, sollte man eine wesentliche Unterscheidung im Blick behalten. Mindestens zwei zentrale Komponenten des Begriffs der Glo-balisierung müssen unterschieden werden: *globale Diffusion* und *globale Interrelation*. Die meisten Definitionen sind darin nicht hinreichend präzise, daß sie diese beiden Aspekte nicht voneinander trennen,[18] und es ist vermutlich möglich, Theo-

17 Rosenberger 1898.
18 Siehe zwei Beispiele für Definitionen: Worthington 1993, S. 178: »the scope of social relations in any area of human endeavor is global when most peo-ple in most places are affected by them at least some of the time.« – Schott 1994, S. 28: »Most commonly ... globalization denotes a process of increa-sing density of long-distance interaction.«

rien der Weltgesellschaft mit Hilfe dieser Unterscheidung zu klassifizieren: Im Fall von John W. Meyer liegt der Schwerpunkt eindeutig auf der Seite globaler Diffusion,[19] während sich Niklas Luhmann, Immanuel Wallerstein und Anthony Giddens vor allem für Fragen globaler Interrelation interessieren. Den Begriff der globalen Interrelation kann man weiter auflösen, indem man *laterale Interaktionen* (über räumliche Distanzen in einer Netzwerkstruktur) von *vertikaler Interrelation* (über Systemebenen und Systemgrenzen hinweg) unterscheidet.

Wenn man im Licht dieser Unterscheidung jetzt noch einmal auf die Genese nationaler wissenschaftlicher Gemeinschaften zurückblickt, ist deutlicher zu sehen, daß der strukturelle Wandel, den sie mit sich bringen, nicht einfach nur einen Rückschritt im Verhältnis zu einem früheren Zustand hochgradig internationalisierter Wissenschaft bedeutet. Vielmehr scheint die Durchsetzung nationaler scientific communities selbst ein wirkungsmächtiger Stimulus der globalen Diffusion der Wissenschaft und ihrer Kerninstitutionen zu sein. Ein analoges Argument läßt sich für die globale Diffusion des Nationalstaats als universeller politischer Form geltend machen,[20] und dieses Argument kann für viele Teilaspekte des Nationalstaats – Militär, nationales Erziehungssystem, Verfassung, politische Parteien etc. – wiederholt werden. Der Mechanismus ist offensichtlich immer derselbe: institutionelle Erfindungen, die in Kontexten vorkommen, die sich selbst als nationale Kontexte definieren, werden von Beobachtern außerhalb des nationalen Kontextes wahrgenommen und bei Erfolg imitiert, weil sie jetzt auf einmal als notwendige Eigenschaften eines modernen Staats erscheinen.

Ich will diesen Zusammenhang zwischen national definierten Systemen und der globalen Diffusion der Institutionen der Wissenschaft hier nicht ausführlich behandeln. Aber es sei notiert, daß die enge funktionale Assoziation von Hochschulerziehung und Wissenschaft, die sich zunächst in Deutschland und dann in anderen nationalen Systemen herausgebildet hat, ein zentraler Aspekt dieses Zusammenhangs ist. Hochschulerziehung wird in vielen Fällen als eine Kerninstitution nationa-

19 Siehe als einen interessanten Essay Strang/Meyer 1993.
20 Meyer 1987; Stichweh 1994a.

ler Kultur gesehen und zugleich als letzte Stufe in einem System der Nationalerziehung. Andererseits ist es eine spezifische Hochschulinstitution – die europäische Universität –, die seit den spanischen Eroberungen des 16. Jahrhunderts weltweit verbreitet wird, und das heißt, daß immer eine Wahrscheinlichkeit gegeben war, daß Institutionen der Hochschulerziehung in einem Sinn neu definiert werden, der den Idealen wissenschaftlicher Forschung nahesteht. Insofern ist die Universität als eine der erfolgreichsten europäischen Erfindungen eine relevante und von anderen Impulsen unabhängige Bedingung der Entstehung einer globalen Wissenschaft.

Aber welches sind die Voraussetzungen globaler Interrelation? Ich möchte noch einmal zu einer Problemstellung zurückkehren, die ich eingangs formuliert habe. Wie läßt sich das Zusammenfallen der Genese nationaler wissenschaftlicher Gemeinschaften mit der fortschreitenden disziplinären Differenzierung der Wissenschaft erklären? Die Antwort, die ich zunächst skizziert habe, benutzte die theoretischen Konzepte der Inklusion und der Penetration. D. h. ich habe eine Art intensives (statt: extensives) Wachstum der Wissenschaft in einem artifiziell restringierten kommunikativen Raum postuliert. Es stellt sich aber eine weitere Frage. Wenn die Dynamik der Genese nationaler wissenschaftlicher Gemeinschaften auf die weltweite Diffusion der Institutionen der Wissenschaft hinführt – welches ist dann die Bedeutung disziplinärer Differenzierung in diesem Globalisierungsprozeß?

Mein Vorschlag ist, daß die Dynamik interner Differenzierung der Wissenschaft, d. h. die Sequenz von disziplinärer Differenzierung, subdisziplinärer Differenzierung, subsubdisziplinärer Differenzierung die wichtigste Ursache der Globalisierung von Wissenschaft ist, soweit es um den zweiten hier benannten Aspekt von Globalität geht: globale Interrelation oder Vernetzung. Das aber heißt, daß die globale Interrelation im Wissenschaftssystem nicht etwa das Resultat der Entstehung einer weltweiten »community« der Wissenschaft ist, die durch eine Gemeinsamkeit normativer und kognitiver Prämissen zusammengehalten würde.[21] Stattdessen ist es die unab-

---

21 Mit einem Anflug von Romantizismus findet sich dieses Postulat noch bei Lewis Thomas (Thomas 1984, S. 966-967): »there is in being a worldwide community ... of working scientists who do their work together, across

lässig fortschreitende Proliferation immer neuer »communities« von Wissenschaftlern mit immer beschränkteren Jurisdiktionen,[22] die den sozialen und den kognitiven Raum der Wissenschaft in einer Weise organisiert,[23] die mit den Grenzziehungen nationaler wissenschaftlicher Gemeinschaften inkompatibel ist. Diese Zerlegung des Problemraums der Wissenschaft läßt es immer unwahrscheinlicher werden, daß relevante und unverzichtbare kollegiale Beziehungen zufällig koextensiv mit nationalen Kontexten der Wissenschaft sein sollten.

Erst auf der Basis eines Arguments des gerade skizzierten Typs wird es dann möglich, die explanative und deskriptive Relevanz internationaler Kooperation und internationaler Koautorschaft als Indikator für Globalisierung plausibel zu machen. Um dies genauer zu sehen, muß eine zusätzliche Unterscheidung eingeführt werden, die eng mit der Unterscheidung System/Umwelt zusammenhängt. Man muß *kollegiale Affinität*, bei der Kooperation durch eine sehr enge Verwandtschaft in den Problemformulierungen motiviert wird, von *kollegialer Komplementarität* unterscheiden, die dort vorliegt, wo die Unvollständigkeit der kognitiven Ressourcen eines jeden Forschers Kooperation verlangt. Kollegiale Affinität meint eine Relation, die für ein wissenschaftliches Kommunikationssystem intern ist; kollegiale Komplementarität bezieht sich auf eine Pluralität (disziplinärer) Kommunikationssysteme, die im Verhältnis zueinander Umwelten sind. Die Vielzahl von System/Umwelt-Unterscheidungen im Wissenschaftssystem der Moderne entwertet schrittweise jene informationelle Ökonomie, die darin lag, daß man Beziehungen der Kooperation und der Koautorschaft auf eine nationale Gemeinschaft beschränkte.

oceans and national borders, without any awareness of national or ethnic or social identities. They make up, in the aggregate, the largest and most cohesive of underground movements to be found anywhere on the globe; subversive in the literal meaning of that word, which is to turn things upside down.« Thomas Schott (1993, S. 205) meldet eine abweichende Meinung an, »the global community of all scientists actually consists of a global Kuhnian community for each discipline, which can be contrasted to one another«, ohne daß er je wirklich Konsequenzen aus seiner Einsicht zöge.

22 Für diese Verwendung des Begriff »Jurisdiktion« siehe Abbott 1988, S. 65 ff.
23 Siehe als einen immer noch suggestiven Aufsatz Campbell 1969.

Was wird dann aus der nationalen wissenschaftlichen Gemeinschaft? Es wäre oberflächlich anzunehmen, daß dieser Begriff etwas bezeichnet, was es in der modernen Wissenschaft nicht mehr gibt. Eine interessante Parallellage findet sich in der Diskussion über »nationale Innovationssysteme«.[24] In beiden Fällen fungiert »Globalisierung« als die konzeptuelle Herausforderung. In beiden Fällen lautet die Antwort vermutlich, daß von einem »nationalen System« nur die Rede sein kann, sofern man spezifisch die Interaktionsfläche zwischen dem jeweils interessierenden Funktionssystem und dem politischen System eines Nationalstaats im Blick hat.[25] Dann würde gelten, daß eine nationale »scientific community« primär und ausschließlich unter dem Gesichtspunkt der Wissenschaftspolitik als ein realer sozialer Zusammenhang identifizierbar wäre. Und das würde durchaus implizieren, daß sie auch an Bedeutung gewinnen kann, weil die seit dem Zweiten Weltkrieg noch einmal enorm gestiegene Abhängigkeit wissenschaftlicher Forschung von staatlicher Finanzierung unübersehbar ist.[26]

IV

Niklas Luhmann hat vor einigen Jahren in einem Aufsatz über Universitäten als Organisationen notiert, daß es zwei relativ neue Mechanismen gibt, auf die Kommunikationen von gesellschaftsweiter Relevanz in der Gegenwart konzentriert zu sein scheinen: formale Organisation und Telekommunikation.[27] Wir sollten deshalb herauszufinden versuchen, wie diese beiden Mechanismen sich zur Globalisierung des Wissenschaftssystems verhalten.

Zunächst einmal existiert eine auffällige Differenz zwischen dem Wirtschaftssystem und dem Wissenschaftssystem hinsichtlich der Art und Weise, in der diese beiden Funktionssy-

24 Nelson 1993.
25 Siehe die von Niosi/Bellon 1994, S. 175, zitierte Definition: »A national system of innovation is the system of interacting private and public firms (either large or small), universities and government agencies, aiming at the production of science and technology within national borders.«
26 Siehe dazu einige Überlegungen in Stichweh 1994, Kap. 6.
27 Luhmann 1987, S. 208. Vgl. Luhmann 1971, S. 54, zu Organisationsmitgliedschaft als Bedingung des Zugangs zu weltweiten Kontakten.

steme in ihrem Globalisierungsprozeß von dem Systemtypus Organisation Gebrauch machen. Im Wirtschaftssystem ist die *multinationale Korporation* ein dominanter Mechanismus der Globalisierung. Insbesondere gilt, daß der internationale Technologietransfer sich im wesentlichen innerhalb der multinationalen Korporationen abspielt.[28] Diese Internalisierung der Nutzung von Technologien durch multinationale Korporationen wird von einigen Theoretikern als die wichtigste Ursache der Genese der multinationalen Korporation gedacht.[29] In diesem Zusammenhang ist es bemerkenswert, daß seit 1980 die Wachstumsraten für internationale Patentanmeldungen weit höher sind als die Wachstumsraten für nationale Patentanmeldungen. Man kann dies so deuten, daß die gegenwärtige Situation der Globalisierung des Wissenschaftssystems viel stärker durch die *internationale Auswertung* technischen Wissens geprägt wird als durch ein *Wachstum des technischen Wissens*, wie es sich in entsprechenden Wachstumsraten für nationale Patentanmeldungen niederschlagen würde.[30]

Ganz anders sieht die Situation im Wissenschaftssystem aus. Beinahe alle wichtigen Organisationen des Wissenschaftssystems (Universitäten, Akademien der Wissenschaft, die großen Forschungsorganisationen wie die *National Institutes of Health*, der *Centre National de Recherche Scientifique*, die *Max-Planck-Gesellschaft*) sind – mit der gelegentlichen Ausnahme einer ausländischen Dependance – in ihrer organisatorischen Reichweite streng national orientiert. Selbst wenn man sich die Abteilungen und Institute für *Forschung und Entwicklung* in multinationalen Korporationen ansieht, fällt ein bemerkenswerter Kontrast auf: einerseits gibt es die zunehmend globale Auswertung technischen Wissens durch multinationale Korporationen, andererseits konzentrieren dieselben multinationalen Unternehmen Forschung und Entwicklung nach wie vor schwerpunktmäßig in ihrem Stammland (z. B. 90% für amerikanische Unternehmen, 98% bei japanischen Unternehmem), und die ausländischen Forschungsabteilun-

28 Siehe Wortmann 1990, S. 175, Fn. 3: »In the F.R.G. today ... about 80% of the expenditure for import of patents and licences is paid for by subsidiaries of foreign companies.« Vgl. Senghaas 1994, S. 204.
29 Scaperlanda 1993, S. 608; Kogut/Zander 1993; Granstrand et al. 1993, S. 414.
30 Archibugi/Michie 1995, S. 123, 127.

gen, über die diese Unternehmen verfügen, sind meist primär mit Aufgaben befaßt wie: Technikanpassung; die Vorbereitung nationaler Patentanmeldungen oder Medikamentenzulassungen; die Evaluation ausländischer Techniken, deren Kauf das Unternehmen erwägt etc.[31]

Diese fortdauernde nationale Basis der meisten Organisationen wissenschaftlicher Forschung verhindert andererseits das erstaunliche Wachstum internationaler wissenschaftlicher Kooperation nicht. In den meisten der für die Wissenschaft heute bedeutsamen Länder weisen mittlerweile mehr als 20% der auf einer Kollaboration beruhenden Publikationen Koautoren mit verschiedenen nationalen Zugehörigkeiten auf. Es gibt hier einige Ausnahmen: die USA, die über den größten internen Markt für wissenschaftliche Kooperation verfügen, mit einer Rate von 13%, und das aus sprachlichen Gründen immer noch einigermaßen isolierte Japan mit 10%. Dessen ungeachtet gilt, daß, wenn man einen Mittelwert für 131 statistisch erfaßbare Länder bildet, sich herausstellt, daß zwischen 1980 und 1990 der Anteil internationaler Koautorschaft von 11,3% auf genau 20% gestiegen ist.[32] Das Wachstum in absoluten Zahlen ist noch viel deutlicher, da der Anteil der Publikationen mit mehr als einem Autor an der Gesamtzahl aller Publikationen erheblich gewachsen ist. Schließlich scheint es einen Reputationsvorteil für Publikationen mit internationaler Koautorschaft zu geben. Dies trifft insbesondere in Europa zu: Papiere mit institutionellen Adressen aus mindestens zwei europäischen Ländern werden weltweit mehr als doppelt so häufig zitiert als Papiere mit nur einer institutionellen Adresse.[33]

Wie ist dieses Wachstum internationaler wissenschaftlicher Kooperation erklärbar angesichts der fortdauernd nationalen organisatorischen Basis der Wissenschaft? Ein erstes institutionelles Moment, das wichtig ist, ist darin zu sehen, daß die meisten Organisationen der Wissenschaft institutionell ein repräsentatives Sample wissenschaftlicher Disziplinen und Sub-

---

31 Freeman 1995, S. 17; Niosi/Bellon 1994, S. 183; Archibugi/Michie 1995, Tabelle S. 137; Serapio/Dalton 1993; als eine interessante Fallstudie siehe Malnight 1995.

32 Leclerc/Gagné 1994, S. 267 ff.; Frame/Narin 1988, S. 208.

33 Narin/Stevens/Whitlow 1991.

disziplinen zu berücksichtigen versuchen, statt daß sie sich auf die wenigen Felder konzentrieren, in denen sie besonders stark sind. Dieses Prinzip gilt für Universitäten und für die Binnenstruktur von Fakultäten, aber es läßt sich auch in großen Forschungsorganisationen wie der Max-Planck-Gesellschaft beobachten. Indem wissenschaftliche Organisationen dieses Prinzip möglichst vollständiger Inklusion vieler Spezialgebiete verwenden, verweisen diese Organisationen aber wissenschaftliche Kooperation auf die Außenbeziehungen der Organisation,[34] da selbst kollegiale Komplementarität wenig wahrscheinlich wird, wenn das primäre Organisationsziel eine innere Vollständigkeit eines Katalogs akademischer Spezialgebiete ist. Oder in einer anderen Terminologie formuliert: wenn Spezialisierung das treibende Moment im Prozeß der Globalisierung der Wissenschaft ist und andererseits Organisationen für sich selbst Spezialisierungen vermeiden, dann kann formale Organisation nicht der zentrale Mechanismus der Globalisierung im Wissenschaftssystem sein.

Das aber heißt, daß die wissenschaftliche Organisation die Autonomie des Forschers in der Wahl seiner Kooperationsvorhaben hinnehmen muß. Auf diese Weise entsteht eine Konstellation, die eigentümlich anmutet, wenn man wissenschaftliche Organisationen mit staatlichen Bürokratien oder Wirtschaftsunternehmen vergleicht. Die wissenschaftliche Organisation besitzt nahezu keine Kontrolle über die externen Kontakte der Organisationsmitglieder. In einer Fallstudie, die sich auf dänische Forschungskooperationen bezieht, sprechen Kreiner und Schultz im Blick auf diese Situation von »personalisierter Kollaboration« als einem Spezifikum der Wissenschaft.[35] Und sie weisen auf ein gewisses Maß von »Anarchie« und Unkontrollierbarkeit hin, das auf diese Weise in die Organisation eingeführt wird: »The picture is one in which individual researchers informally appropriate organizational resources and divert these into unauthorized projects and relationships.«[36]

---

34 Vgl. dazu eine britische Fallstudie Becher 1981, S. 118.
35 Kreiner/Schultz 1993, S. 206, Fn. 1: »we are referring to the fact that researchers enact collaboration on their own, and not on a mandate from the university or the company.«
36 Kreiner/Schultz 1993, S. 204.

Aber wie führen Organisationsmitglieder diese kooperativen Projekte durch, insbesondere wenn sie mit ausländischen Kollegen kooperieren? Welches sind die organisatorischen Ressourcen, die sie sich aneignen? An dieser Stelle scheint es zwingend, nach Kommunikationsmedien zu fragen, insbesondere nach telekommunikativen Medien. Wenn nicht Organisationsmitgliedschaft als Prinzip weltweiter Vernetzung fungiert, dann kämen alternativ telekommunikative Verbindungen in Frage. Insofern sollte man sich sowohl die Medien der Publikation (z. B. jemand präferiert die Lektüre eines Zeitschriftenaufsatzes und fragt also nicht den Kollegen im benachbarten Büro nach der gesuchten Information) wie auch telekommunikative Medien wie Post, Telefon, Fax und E-Mail näher ansehen. In diesem Zusammenhang darf man vielleicht einmal mehr notieren, daß das neue Medium E-Mail in Wirtschaftsorganisationen in der Form *innerorganisatorischer Netzwerke* entstand, im Wissenschaftssystem hingegen in der Form eines *weltweiten Netzwerkes (Internet)*, das durch organisatorische Grenzziehungen nicht eingeschränkt wird. Aber ich will hier nicht die mittlerweile reiche Literatur über die Wirkungen telekommunikativer Medien auf die Kommunikationsstruktur der Wissenschaft resümieren.[37] Statt dessen möchte ich nur einen relativ gut bekannten Sachverhalt beleuchten, der die Relation von wissenschaftlichen Organisationen und telekommunikativen Medien betrifft.

Es ist leicht zu sehen, daß die technische Verfügbarkeit computervermittelter Kommunikation (E-mail, file-transfer, bulletin-boards, online-Publikation) die Möglichkeiten für eine Kooperation über große Distanzen in der Wissenschaft verbessert. Dieser Effekt wird über andere telekommunikative Medien – preiswerter werdende Ferngespräche über große Distanzen, Fax – gestützt. Die Differenzierung des Wissenschaftssystems in Zentren und Peripherien wird auf diese Weise abgeschwächt und damit ist eine weitere Dimension des Prozesses der Globalisierung betroffen, die ich bisher nicht ausdrücklich erwähnt habe. Globalisierung schließt offensichtlich außer globaler Diffusion und globaler Interrelation auch das Moment der *Dezentralisierung in Funktionssystemen* ein.

37 Siehe für eine vorläufige Diskussion Stichweh 1989.

Es gibt aber einen Befund hinsichtlich der Begrenzungen telekommunikativer Möglichkeiten, der in vielen Studien wiederkehrt: Es ist einerseits möglich, eine wissenschaftliche Kooperation mittels telekommunikativen Medien für einige Zeit *fortzusetzen*. Für die *Initiierung* eines wissenschaftlichen Projekts hingegen scheint es erforderlich zu sein, daß die Beteiligten für einige Zeit in möglichst geringer räumlicher Distanz voneinander arbeiten. Und selbst Wissenschaftler, die einander aus früheren kooperativen Projekten gut kennen, erfahren ernsthafte Schwierigkeiten bei dem Versuch, ein neues kooperatives Projekt zu beginnen, ohne daß für sie die Möglichkeit interaktioneller Kopräsenz gegeben ist. Außerdem ist einigermaßen gut dokumentiert, daß auf Telekommunikation angewiesene Projekte langsamer vorankommen, als dies bei lokalen Projekten der Fall ist.[38]

Es liegt nahe, diese Befunde auf die *Ungewißheit* wissenschaftlicher Forschung zurückzuführen, die in der Situation der Problemwahl kumuliert und dann interaktionelle Kopräsenz verlangt, weil Interaktionssysteme eine größere mediale Komplexität aufweisen (das Verfügen über verbale und nonverbale Kommunikation, das demonstrative Hinweisen auf Beobachtungssachverhalte, kooperative Notationen auf einer Tafel etc.).[39] Dieses Thema verlangt eine gründlichere Exploration. Ich will im Moment nur einen weiteren Punkt erwähnen, der zur Struktur formaler Organisationen zurückkehrt. Wenn wissenschaftliche Organisationen die kooperativen Vernetzungen ihrer Mitglieder weder befehlen noch kontrollieren können und wenn diese Kooperationsbeziehungen weiterhin eine häufige temporäre Anwesenheit ausländischer Forscher in interaktioneller Kopräsenz verlangen, dann wird Mitgliedschaft als Grenzkriterium für eine wissenschaftliche Organisation einigermaßen unscharf. Organisationen können zwar die Organisationsmitglieder auswählen, die dauerhafte Rollen in der Organisation besetzen. Aber sie besitzen offensichtlich keine wirkliche Kontrolle über den nicht abreißenden Strom kurzfristiger Besucher, Gäste, Kooperationspartner etc., die sich in der Organisation aufhalten. Diese temporären Mitglieder repräsentieren in Termini der Mobilität wissenschaftlichen

38 Carley/Wendt 1991; Stichweh 1989; Hoke 1994; Howells 1995.
39 Howells 1995, S. 176.

Personals die sozialen und kognitiven Vernetzungen in einem globalisierten Wissenschaftssystem.

V

In einer Zwischenüberlegung möchte ich einen Befund noch einmal hervorheben, und dies ist die Beobachtung, wie unterschiedlich der Globalisierungsprozeß in den Organisationen des Wirtschaftssystems einerseits und in den Kommunikationszusammenhängen des Wissenschaftssystems andererseits verläuft.[40]

Forschung und Entwicklung in den Organisationen des Wirtschaftssystems scheint sich auf ein Wissen zu beziehen, das als unternehmensspezifisches Wissen schwer in andere Kontexte transferierbar ist. Deshalb kommt es zur Entstehung der multinationalen Korporation, weil die multinationale Korporation es erlaubt, den Transfer von Wissen weltweit als einen organisationsinternen Transfer zu vollziehen. Diese Beobachtung kann ergänzt werden durch die zusätzliche These, die in der wirtschaftswissenschaftlichen Literatur häufig zu finden ist, daß Unternehmen vielfach deshalb Forschung betreiben, weil sie auf diese Weise die Fähigkeit zu erlangen hoffen, aus der Umwelt Wissen zu assimilieren und es für eigene Zwecke nutzbar machen zu können.[41] Das aber heißt, daß an die Stelle eines globalen Transfers von Wissen die operational geschlossene multinationale Korporation tritt, die Wissen primär unternehmensintern transferiert.

Genau umgekehrt scheint die Situation im Wissenschaftssystem zu sein, in dem es – zumindest in den Naturwissenschaften – offensichtlich wenig Probleme damit gibt, für lokal erzeugtes Wissen weltweite kommunikative Anschlußfähigkeit zu erzeugen. Dabei werden die Forschungsorganisationen, in die Wissenschaft auf der Basis nationaler Kontexte und nationaler Wissenschaftspolitiken eingebunden ist, fast eher zu einem Hindernis. Sie sind insofern unverzichtbar, als Forschung immer in einem lokalen, interaktionell verdichteten Raum stattfindet; aber es bildet sich andererseits ein opportu-

40 Vgl. dazu Stichweh 1999a.
41 Siehe etwa Sigurdson 1990, S. 182.

nistischer Umgang mit den Ressourcen der diese Lokalität zur Verfügung stellenden Organisation heraus, weil ein Einschluß der Informationsflüsse in die Grenzen der Organisation undenkbar ist.

VI

Im nächsten Teil meiner Überlegungen will ich der Frage nachgehen, welche Rolle in einem globalisierten Wissenschaftssystem Europa zukommen könnte. Es wäre leicht, auf diese Frage umstandslos eine negative Antwort zu geben. Man würde dann beispielsweise sagen, daß *Europa* ein Globalisierungsbegriff des 18. Jahrhunderts war, der die Partikularität der absolutistisch regierten Staaten dieses Jahrhunderts durch eine europäische Republik zu überwinden hoffte und analog für andere Funktionssysteme konstruierte. In dieser Deutung würde folgen, daß sich mittlerweile ein Transfer der universalistischen Momente des Europabegriffs auf weltbezogene Begriffe vollzogen hat, also beispielsweise »Weltliteratur«, »Weltkunst« oder »Weltreligion« und europäische Züge zunehmend antiquiert und vor allem partikularistisch werden.[42] Eine solche Perspektive hat einiges für sich. Wer wollte noch ernsthaft von einem europäischen Roman sprechen, wo ein Großteil der kreativen und für Europäer beispielgebenden Synthesen von Autoren der dritten Welt vollzogen wird? Und was wäre europäischer Katholizismus? Manche Autoren argumentieren sogar in politischen Zusammenhängen ähnlich und sehen in der europäischen Einigung einen partikularistischen Zusammenschluß der Privilegierten, der sich weltweiter Verantwortung entzieht.[43] Ich denke aber, daß mit diesen Antworten noch nicht alles gesagt ist, und ich werde im folgenden die analytischen Befunde der bisherigen Überlegungen nutzen, um die Frage nach einer Region Europa im globalen Wissenschaftssystem zu präzisieren.

Eine erste Bemerkung, die einen offensichtlichen Zusammenhang betrifft, knüpft an die Überlegungen zu »nationalen wissenschaftlichen Gemeinschaften« und zu »nationalen In-

42 Vgl. dazu Stichweh 1995, S. 29-31.
43 Tönnies 1995.

novationssystemen« an. Es liegt auf der Hand, daß es künftig ein »europäisches Innovationssystem« und auch eine »europäische scientific community« geben wird und beide genau deshalb, weil sie durch die Interaktionsfläche mit einem europäischen politischen Kontext definiert werden. Bemerkenswert an diesem europäischen politischen Kontext ist nun – und das unterscheidet die Situation von der in den Nationalstaaten – daß er zweifach vorkommt: *als Wissenschaftspolitik der EU und in der Form der Kooperation einer Mehrzahl europäischer Staaten.* Diese beiden politischen Kontexte stehen wiederum in einer scharfen Konkurrenz zueinander, und es gibt in den einzelnen Mitgliedsländern der EU fortdauernd starke Motive, einer antizipierten wissenschaftspolitischen Suprematie der EU dadurch auszuweichen, daß man kooperative Projekte an der EU vorbei favorisiert und anschließend die EU zu Finanzierungszusagen zu drängen versucht.[44] Bisher ist die Mehrzahl relevanter europäischer wissenschaftlicher Organisationen und Programme eher auf diesem Weg entstanden: so etwa CERN, EMBL, EUREKA oder JESSI.[45] Es gibt keinen Grund anzunehmen, daß diese duale politische Konstellation nicht fortdauern wird, und für die Zusammenhänge wissenschaftlicher Kommunikation und Forschung in Europa wird sich insofern vermutlich die auch sonst geltende Annahme bestätigen, daß eine Pluralität konkurrierender Steuerungsinstanzen Handlungsspielräume vergrößert.

Ich möchte eine zweite analytische Bedingung einführen, die mir in mancher Hinsicht soziologisch interessanter scheint als die gerade thematisierten politischen Umstände. Diese zweite Bedingung hat mit dem oben schon angedeuteten Relevanzverlust der Zentrum/Peripherie-Unterscheidung in der Wissenschaft zu tun. Es ist bekannt, wie erfolgreich die Zentrum/Peripherie-Unterscheidung als Beschreibung des Wissenschaftssystems war. Joseph Ben-David hat die gesamte Wissenschaftsgeschichte der Neuzeit, die für ihn zugleich die suk-

44 Das Forschungsbudget der EU macht derzeit 4% der gesamten öffentlichen Forschungsausgaben der EU-Mitgliedsländer aus. Die Mittelzuweisungen nationaler Organisationen für europäische kooperative Projekte fügen dem noch einmal 9% hinzu (Toccini-Valentini 1995, S. 563).

45 Siehe dazu und als eine interessante Fallstudie zu JESSI Krück 1995. Zu Ispra, dem Forschungszentrum der EU, Morin 1995.

zessive Institutionalisierung der Rolle des Wissenschaftlers war, mit Hilfe der Zentrum/Peripherie-Unterscheidung gedeutet, so daß Entwicklungsschritte in der Institutionalisierung der wissenschaftlichen Rolle sich jeweils auch mit dem Wechsel zu einem neuen Zentrum der Wissenschaft verbanden.[46] Italien, England, kurzfristig die Niederlande, Frankreich, Deutschland und schließlich die USA haben dieser These zufolge in den letzten fünf Jahrhunderten nacheinander die Rolle des Zentrums der Wissenschaft gespielt. Eine der Implikationen einer jeden Zentrum/Peripherie-Differenz ist aber, daß die Beziehungen der Peripherien untereinander nur locker sind, weil jede einzelne Peripherie sich kognitiv und kommunikativ vor allem am jeweiligen Zentrum der Wissenschaft ausrichtet. Die Entstehung von Regionen der Wissenschaft und damit auch eine engere Vernetzung der europäischen Wissenschaftssysteme untereinander war unter diesen Umständen unwahrscheinlich.

Wie sieht in dieser Hinsicht die gegenwärtige Situation aus? Nach dem Zweiten Weltkrieg bis in die siebziger Jahre hat sich die amerikanische Suprematie in einer Weise etabliert, die den USA die unbestrittene Rolle eines kommunikativen Zentrums der Weltwissenschaft zukommen ließ. Entsprechend wurden Migrationsströme, Aufmerksamkeitsverteilungen und Lernbereitschaften, Zitationsmuster und vieles andere gelenkt. Seit den siebziger Jahren aber läßt sich eine sehr langsame Erosion des amerikanischen Anteils an der Weltwissenschaft beobachten, ob man nun Publikationen, Zitationen, Finanzmittel oder andere Indikatoren beobachtet. Entsprechende Zentralitätsverluste sind im übrigen auch innerhalb nationaler Systemkontexte festzustellen. So wird man im amerikanischen Fall leicht durch die Wahrnehmung getäuscht, daß die Liste der 20 oder 30 wissenschaftlich erfolgreichsten Hochschulen über Jahrzehnte hinweg einigermaßen unverändert blieb. Dieser Eindruck verdeckt aber eine schleichende Erosion des Anteils dieser führenden Institutionen an allen relevanten Outputindikatoren und den bemerkenswerten Aufstieg bis dahin kaum bekannter Adressen, so daß das Wissenschafts- und Hochschulsystem der Vereinigten Staaten sich immer stärker

---

46 Siehe ausführlich Ben-David 1971.

auf eine dezentrale Struktur hinbewegt.[47] Was aber bedeutet dies für das globale Wissenschaftssystem? Ich sehe keine Anhaltspunkte dafür, daß es nach den Vereinigten Staaten je wieder ein anderes Zentrum der Weltwissenschaft geben könnte. Statt dessen ist von einer dezentralen Struktur des globalen Wissenschaftssystems auszugehen. Was aber heißt dies genauer? Vieles spricht für die Begünstigung einer regionalen Differenzierung der Wissenschaft, die bisher durch die Zentrum/Peripherie-Differenz unterlaufen wurde. Um dies zu plausibilisieren, möchte ich auf einige Daten zurückkommen, die ich teilweise schon einmal erwähnt habe. Das eine ist der interessante Befund, daß wissenschaftliche Aufsätze, die auf einer innereuropäischen Kooperation aufruhen, weltweit um vieles häufiger zitiert werden als andere europäische Aufsätze mit Autoradressen aus nur einer Nation.[48] Bemerkenswert ist nun der Sachverhalt, daß dieselbe Beobachtung für die Vereinigten Staaten nicht gilt. Amerikanische Aufsätze mit mehreren amerikanischen Adressen werden weltweit häufiger zitiert als Aufsätze, die US- und nicht-US-Adressen vereinen. Ich deute diese auf den ersten Blick vielleicht widersprüchlich scheinenden Befunde so, daß die US bereits effektiv als eine Region im globalen Wissenschaftssystem fungieren, die als Region den in ihr tätigen Wissenschaftlern einen hinreichend großen kommunikativen Raum für das Anbahnen von Kooperationsbeziehungen bietet. In Europa ist ein solcher Raum gerade erst im Entstehen, aber seine Entstehung wird vermutlich beschleunigt durch die hohen Sichtbarkeitsvorteile, die sich mit Publikationen, die auf innereuropäischen Kooperationen aufruhen, verbinden. Daß die Verdichtung innereuropäischer Kooperation relativ schnell voranschreitet, möchte ich noch mit einer anderen Statistik belegen. In den EU-Ländern (die Daten stammen aus dem Science Citation Index) ist in den acht großen naturwissenschaftlichen Disziplinklassen die Zahl der gemeinsamen Publikationen mit ausländischen Wissenschaftlern zwischen 1985 und 1990 von 29000 auf 60000 gestiegen.[49] Bemerkenswert ist nun, daß der Anteil der innereuropäischen Kooperationen an dieser Zahl in denselben fünf Jahren von 38%

47 U.S. Congress, Federally Funded Research … 1991
48 Narin/Stevens/Whitlow 1991, S. 320-322.
49 Leclerc/Gagné 1994, S. 279-282.

auf knapp 44 % gestiegen ist. Diese Verdichtung innereuropäischer Kooperation bei gleichzeitig enormem absoluten Wachstum ist im übrigen konsistent in allen acht Disziplinklassen zu beobachten.

Warum aber regionale Verdichtung in einem globalen System und warum nicht globale Kooperation ungeachtet räumlicher Distanzen? Zur Beantwortung dieser Frage möchte ich erneut auf die Überlegungen zu Organisation und Telekommunikation verweisen, die ja postulieren, daß eine über Telekommunikation vermittelte Kooperation einerseits möglich ist, sie andererseits am Anfang des Projekts und in gewissen Abständen auch zwischendurch durch interaktionelle Kopräsenz der Beteiligten gestützt werden muß. Für letzteres sind räumliche Distanzen offensichtlich relevant. Ein weiterer Beleg, den ich zitieren will, geht noch einmal auf die Dynamik der Patentanmeldungen zurück. Ich hatte auf das extrem schnelle Wachstum der internationalen Auswertung von Patenten im Unterschied zum relativ langsamen Wachstum nationaler Patentanmeldungen verwiesen.[50] Nach OECD-Daten beträgt die eine Wachstumsrate, die der Patentanmeldungen durch Ausländer, im Zeitraum 1987-92 100 %, die Wachstumsrate für die Patentanmeldungen durch Inländer 13 %.[51] Auffällig ist, daß sich diese Verschiebung des Gleichgewichts weitaus am stärksten im EU-Bereich manifestiert, wo auf vier Anmeldungen aus Nicht-EU-Ländern eine Anmeldung aus EU-Ländern kommt. Diese Nicht-EU-Patente scheinen überwiegend auf Anträge aus den Vereinigten Staaten zurückzugehen, was man so deuten kann, daß die EU zunehmend als eine relevante technisch-wissenschaftliche Region wahrgenommen wird, in der durch die Sicherung von Ansprüchen Präsenz etabliert werden muß.

Es gibt also Anzeichen für den Übergang von einer Zentrum/Peripherie-Differenz zu einer regionalen Differenzierung des Wissenschaftssystems, wobei Regionalität offensichtlich nur die Seite der Produktion wissenschaftlicher Ergebnisse, in vielen Disziplinen hingegen nicht die Seite ihrer kognitiv-kommunikativen Rezeption betrifft. Ich möchte dies abschließend mit einem Befund belegen, den Archibugi und

50 Archibugi/Michie 1995, S. 123, 127.
51 Figures confirm ... 1995, S. 379.

Michie im ›Cambridge Journal of Economics‹ publiziert haben.[52] Sie haben sich für technische Kooperationen zwischen Firmen und den Sitz ausländischer Forschungsabteilungen derselben Unternehmen interessiert. Das Ergebnis ist, daß europäische Unternehmen auf Gebieten wie Biotechnologie, Informationstechnologie und neue Materialien technische Kooperationen eher mit amerikanischen Unternehmen eingehen, vermutlich wegen der überlegenen Kompetenz dieser Partner. Ungeachtet dessen scheint es eine Präferenz derselben Unternehmen dafür zu geben, ihre ausländischen Forschungsabteilungen vorzugsweise im *europäischen Ausland* anzusiedeln. Ohne diesen Einzelbefund überinterpretieren zu wollen, könnte man hier die zwei Seiten einer sich gerade abzeichnenden Verschiebung dokumentiert sehen. Einerseits eine noch fortbestehende Zentrum/Peripherie-Differenz in der Kompetenz in bestimmten Leittechnologien, andererseits bei der Situierung des Forschungspotentials eine Präferenz für einen regionalen Zusammenhang, der bestimmte Kontaktverdichtungen erleichtert.

VII

Am Ende dieses Textes kann man fragen: Was bedeutet er für eine Theorie der Globalisierung? Ich will darauf keine ausführliche Antwort geben, vielmehr stichwortartig einige Gesichtspunkte zusammenstellen, die den Gang der Argumentation bestimmt haben: 1. Eine Theorie der Globalisierung muß eine Theorie globalisierter Funktionssysteme sein. Ohne die *Erfindung* des Funktionssystems als primärer Differenzierungsform der Gesellschaft wäre die Entstehung der Weltgesellschaft unvorstellbar. Und die Theorie der Globalisierung muß der Existenz *vieler* Funktionssysteme Rechnung tragen. Die Beschränkung der meisten publizierten Diskussionen über Globalisierung auf Wirtschaft und Politik ist ohne jeden Grund in der Sache. Natürlich müssen die Differenzen in den Prozessen und Mechanismen der Globalisierung der verschiedenen Funktionssysteme untersucht werden, und dieser Aufsatz ist gerade ein Versuch, der einen solchen Vergleich mit Be-

52 Archibugi/Michie 1995, insb. S. 129, 134, 138.

zug auf zwei Funktionssysteme und zwei Typen von Organisationen unternimmt. Aber die Ergebnisse dieser Forschungen werden mit Sicherheit nicht auf die These hinführen, die als populäres Vorurteil verbreitet ist, daß eigentlich nur die Wirtschaft globalisiert ist und alle anderen Systeme nach anderen Prinzipien organisiert sind und deshalb in irgendeinen Konflikt mit der Wirtschaft geraten. 2. Mir scheint die Suche nach *Prozessen und/oder Mechanismen der Globalisierung* ein zentrales Unterfangen. Drei dieser Mechanismen hat dieser Text en passant zu identifizieren versucht: globale Diffusion, globale Interrelation, Dezentralisierung in Funktionssystemen. Davon zu unterscheiden sind *strukturelle Innovationen*, womit neue Formen der Strukturbildung in der Gesellschaft – wie Funktionssysteme, Telekommunikation, formale Organisationen – gemeint sind, die zusammen mit den Prozessen/ Mechanismen die Dynamik der Globalisierung tragen.[53] 3. Bestandteil einer jeden Theorie der Globalisierung wird eine Theorie der Regionalisierung sein, d. h. eine Theorie der *neuentstehenden* regionalen und lokalen Differenzen im System der Weltgesellschaft. Auch dazu präsentiert dieser Text die Anfänge einer Fallstudie. Der entscheidende Punkt ist für mich, daß Regionalisierung aus lokal und regional differierenden strukturellen Kopplungen zwischen Funktionssystemen zu erklären ist. In allen Funktionssystemen gibt es regionale und lokale Milieus, und die Interdependenz oder strukturelle Kopplung zwischen mehreren dieser funktionssystembestimmten regionalen und lokalen Milieus ist das, was der Begriff der Regionalisierung meint.

Literatur

Abbott, Andrew, *The System of Professions. An Essay on the Division of Expert Labor*, Chicago 1988.
Ancarani, Vittorio, »Globalizing the World. Science and Technology in International Relations«, in: Sheila Jasanoff et al. (Hg.),

53 Siehe dazu ausführlicher Stichweh 1999.

Handbook of Science and Technology Studies, Thousand Oaks 1995, S. 652-670.

Archibugi, Daniele / Michie, Jonathan, »The Globalisation of Technology. A New Taxonomy«, in: *Cambridge Journal of Economics* 19 (1995), S. 121-140.

Becher, Tony, »Towards a Definition of Disciplinary Cultures«, in: *Studies in Higher Education* 6 (1981), S. 109-122.

Ben-David, Joseph, *The Scientist's Role in Society. A Comparative Study*, Englewood Cliffs 1971.

Campbell, Donald T., »Ethnocentrism of Disciplines and the Fish Scale Model of Omniscience«, in: M. Sherif / C. W. Sherif (Hg.), *Interdisciplinary Relationships in the Social Sciences*, Chicago 1969, S. 328-348.

Carley, Kathleen / Wendt, Kira, »Electronic Mail and Scientific Communication. A Study of the Soar Extended Research Group«, in: *Knowledge: Creation, Diffusion, Utilization* 12 (1991), S. 406-440.

Cohen, I. B., *Franklin and Newton*, Philadelphia 1956.

Crawford, Elizabeth / Shinn, Terry / Sörlin, Sverker (1993), *Denationalizing Science. The Contexts of International Scientific Practice* (= Sociology of the Sciences, Vol. XVI), Dordrecht 1993.

Crawford, Elisabeth / Shinn, Terry / Sörlin, Sverker (1993a), »The Nationalization and Denationalization of the Sciences. An Introductory Essay«, in: dies. (Hg.), *Denationalizing Science. The Contexts of International Scientific Practice*, Dordrecht 1993, S. 1-42.

Figures confirm ... (1995) »Figures Confirm Global R & D Spending Trends«, in: *Nature* 376, 3. August 1995, S. 379.

Frame, J. Davidson / Narin, Francis, »The National Self-Preoccupation of American Scientists. An Empirical View«, in: *Research Policy* 17 (1988), S. 203-212.

Freeman, Chris, »The ›National System of Innovation‹ in Historical Perspective«, in: *Cambridge Journal of Economics* 19 (1995), S. 5-24.

Giddens, Anthony, *The Consequences of Modernity*, Cambridge 1990.

Granovetter, Mark, »Economic Action and Social Structure. The Problem of Embeddedness«, in: *American Journal of Sociology* 91 (1985), S. 481-510.

Granstrand, Ove / Hakanson, Lars / Sjölander, Sören, »Internationalization of R & D – a Survey of Some Recent Research«, in: *Research Policy* 22 (1993), S. 413-430.

Hoke, Franklin, »Scientists predict Internet will revolutionize Research«, in: *The Scientist* 8 (1994), H. 9, S. 1, 8, 9.

Howells, Jeremy R., »Going Global: the Use of ICT Networks in Research and Development«, in: *Research Policy* 24 (1995), S. 169-184.

Kogut, Bruce / Zander, Udo, »Knowledge of the Firm and the Evolutionary Theory of the Multinational Corporation«, in: *Journal of International Business Studies* 24 (1993), S. 625-645.

Kreiner, Kristian / Schultz, Majken, »Informal Collaboration in R & D. The Formation of Networks Across Organizations«, in: *Organization Studies* 14 (1993), S. 189-209.

Krück, Carsten P., *Antagonistische Kooperation in der europäischen Forschung. Das Halbleiter-Forschungsprogramm JESSI*, Diss., Universität Bielefeld 1995.

Leclerc, M. / Gagné, J., »International Scientific Cooperation. The Continentalization of Science«, in: *Scientometrics* 31 (1994), S. 261-292.

Luhmann, Niklas, »Die Weltgesellschaft« in: ders., *Soziologische Aufklärung 2. Aufsätze zur Theorie der Gesellschaft*, Opladen 1975, S. 51-71 (=1971).

Luhmann, Niklas, *Soziale Systeme. Grundriß einer allgemeinen Theorie*, Frankfurt/M. 1984.

Luhmann, Niklas, »Zwischen Gesellschaft und Organisation. Zur Situation der Universitäten«, in: ders., *Soziologische Aufklärung 4. Beiträge zur funktionalen Differenzierung der Gesellschaft*, Opladen 1987, S. 202-211.

Luukkonen, Terttu et al., »The Measurement of International Scientific Collaboration«, in: *Scientometrics* 28 (1993), S. 15-36.

Malnight, Thomas W., »Globalization of an Ethnocentric Firm. An Evolutionary Perspective«, in: *Strategic Management Journal* 16 (1995), S. 119-141.

Meyer, John M., »The World Polity and the Authority of the Nation State«, in: George M. Thomas et al., *Institutional Structure. Constituting State, Society, and the Individual*, Newbury Park 1987, S 41-70.

Meyer, John W., »Conceptions of Christendom. Notes on the Distinctiveness of the West«, in: Melvin L. Kohn (Hg.), *Cross-National Research in Sociology*, Newbury Park 1989, S. 395-413.

Meyer, John W. et al., *School Knowledge for the Masses. World Models and National Primary Curricular Categories in the Twentieth Century*, Washington D. C. and London 1992.

Morin, Hervé, »Ispra, cœur méconnue de la recherche européenne«, in: *Le Monde*, 11. August 1995, S. 18.

Narin, F. / Stevens, K. / Whitlow, E. S., »Scientific Co-operation in Europe and the Citation of Multinationally Authored Papers«, in: *Scientometrics* 21 (1991), S. 313-323.

Nelson, Richard R. (Hg.), *National Innovation Systems. A Comparative Analysis*, New York und Oxford 1993.

Niosi, Jorge / Bellon, Bertrand, »The Global Interdependence of National Innovation Systems. Evidence, Limits, and Implications«, in: *Technology in Society* 16 (1994), S. 173-197.

Robertson, Roland, *Globalization. Social Theory and Global Culture*, London 1992.

Scaperlanda, Anthony, »Multinational Enterprises and the Global Market«, in: *Journal of Economic Issues* 27 (1993), S. 605-616.

Rosenberger, F., *Die moderne Entwicklung der elektrischen Prinzipien*, Leipzig 1898.

Schott, Thomas, »The World Scientific Community. Globality and Globalization«, in: *Minerva* 29 (1991), S. 440-462.

Schott, Thomas, »World Science. Globalization of Institutions and Participation«, in: *Science, Technology & Human Values* 18 (1993), S. 196-208.

Schott, Thomas, »Collaboration in the Invention of Technology. Globalization, Regions, and Centers«, in: *Social Science Research* 23 (1994), S. 23-56.

Schott, Thomas, »Emerging and Declining Centers of Engineering Science. Japan and the United States«, in: *Knowledge: Creation, Diffusion, Utilization* 15 (1994), S. 417-456 (=1994a).

Senghaas, Dieter, »Interdependenzen im internationalen System«, in: Gert Krell / Harald Müller (Hg.), *Frieden und Konflikt in den internationalen Beziehungen*, Frankfurt/M. 1994, S. 190-222.

Serapio, Manuel G. / Dalton, Donald H., » Foreign R & D Facilities in the United States«, in: *Research-Technology Management* 36 (1993), S. 36-39.

Sigurdson, Jon, »The Internationalisation of R & D – an Interpretation of Forces and Responses«, in: ders. (Hg.), *Measuring the Dynamics of Technological Change*, London und New York 1990, S. 171-195.

Stichweh, Rudolf, *Zur Entstehung des modernen Systems wissenschaftlicher Disziplinen. Physik in Deutschland 1740-1890*, Frankfurt/M. 1984.

Stichweh, Rudolf, *Computer, Kommunikation und Wissenschaft. Telekommunikative Medien und Strukturen der Kommunikation im Wissenschaftssystem*, Max-Planck-Institut für Gesellschaftsforschung, Discussion Paper 89/11, Köln 1989.

Stichweh, Rudolf, »Selbstorganisation und die Entstehung nationaler Rechtssysteme (17.-19. Jahrhundert)«, in: *Rechtshistorisches Journal* 9 (1990), S. 254-272.

Stichweh, Rudolf, *Der frühmoderne Staat und die europäische Universität. Zur Interaktion von Politik und Erziehungssystem im*

Prozeß ihrer Ausdifferenzierung (16.-18. Jahrhundert), Frank-furt/M. 1991.

Stichweh, Rudolf, *Wissenschaft, Universität, Professionen. Soziologische Analysen*, Frankfurt/M. 1994.

Stichweh, Rudolf, »Nation und Weltgesellschaft«, in: Bernd Estel / Tilman Mayer (Hg.), *Das Prinzip Nation in modernen Gesellschaften. Länderdiagnosen und theoretische Perspektiven*, Opladen 1994, S. 83-96 (=1994a); (in diesem Band: Kap. 3).

Stichweh, Rudolf, »Zur Theorie der Weltgesellschaft«, in: *Soziale Systeme* 1 (1995), S. 29-45 (in diesem Band: Kap. 1).

Stichweh, Rudolf, »Zur Genese der Weltgesellschaft – Innovationen und Mechanismen«, in: Manfred Bauschulte / Volkhard Krech / Hilge Landweer (Hg.), *Wege – Bilder – Spiele. Festschrift zum 60. Geburtstag von Jürgen Frese*, Bielefeld 1999, S. 289-302 (in diesem Band: Kap. 14).

Stichweh, Rudolf, »Globalisierung von Wirtschaft und Wissenschaft. Produktion und Transfer wissenschaftlichen Wissens in zwei Funktionssystemen der modernen Gesellschaft«, in: *Soziale Systeme* 5 (1999), S. 27-39 (=1999a).

Strang, David / Meyer, John W., »Institutional Conditions for Diffusion«, in: *Theory and Society* 22 (1993), S. 487-511.

Thomas, Lewis, »Scientific Frontiers and National Frontiers. A Look Ahead«, in: *Foreign Affairs* 62, (1984), S. 966-994.

Tocchini-Valentini, Glauco P., »European Science and Public Policy«, in: *Nature* 376, 17. August 1995, S. 563-564.

Tönnies, Sibylle, »Festung Europa oder Weltrepublik?«, in: *Die Zeit*, 28. Juli 1995, S. 28.

U. S. Congress, Office of Technology Assessment, *Federally Funded Research. Decisions for a Decade*, Washington D. C. 1991.

Wallerstein, Immanuel, *Geopolitics and Geoculture. Essays on the Changing World-System*, Cambridge und Paris 1991.

Wellman, Barry / Berkowitz, S. D. (Hg.), *Social Structures. A Network Approach, Cambridge*, Cambridge 1988.

Worthington, Richard, »Introduction. Science and Technology as a Global System«, in: *Science, Technology & Human Values* 18 (1993), S. 176-185.

Wortmann, Michael, »Multinationals and the Internationalization of R & D. New Developments in German companies«, in: *Research Policy* 19 (1990), S. 175-183.

Globalisierung der Wissenschaft
und die Rolle der Universität

I

Die Gesellschaft der Gegenwart kennt nur noch ein einziges weltweites Gesellschaftssystem. Daraus sind Folgerungen für die Theorie der einzelnen Funktionssysteme zu ziehen. Recht, Politik, Wirtschaft, die Massenmedien und eben auch die Wissenschaft bilden – und zwar jedes dieser Funktionssysteme für sich – einen weltweiten kommunikativen Zusammenhang. Uns interessiert hier der Fall der Wissenschaft, der in einer ersten Annäherung als trivial erscheinen könnte. Lag nicht im Anspruch auf die Wahrheit einer wissenschaftlichen Aussage immer schon die Implikation, daß jeder mit menschlichen Verstandesfähigkeiten ausgestattete Teilnehmer an wissenschaftlicher Kommunikation der betreffenden Aussage im Prinzip würde zustimmen müssen, und gab es nicht insofern immer schon, sofern es überhaupt Wissenschaft gab, nur eine einzige Wissenschaft? Dieser Einwand verweist auf eine universalistische Selbstbeschreibung westlicher oder abendländischer Wissenschaft, die in der Tat sehr alt ist und auch am Beginn der europäischen Universität eine Rolle spielt, wenn die europäische Universität sich beispielsweise als »studium generale« beschreibt. »Studium generale« meinte dann u. a. die universelle Geltung und Verwendbarkeit des an der Universität gelehrten Wissens, die sich aus der universellen Zuständigkeit der die Universität einsetzenden Macht (also des Papstes oder des Kaisers) erklärte.[1]

Universalismen dieses Typs findet man in vielen Funktionskontexten. Zweifellos sind sie für die Vorbereitung und spätere Realisierung der Weltgesellschaft von großer Bedeutung; gleichzeitig aber kann man sie sinnvoll *projektive Universalismen* nennen. Die von ihnen antizipierte Einheit eines globalen Kommunikationszusammenhanges ist eine projektiv vorweg-

---

1 Siehe zu diesem Verständnis von »studium generale« Tuilier 1981; Tramontana 1995.

genommene Einheit, die fernab der strukturellen und prozessualen Realisierung dieser Einheit liegt. Das läßt sich wiederum gut am Beispiel der Wissenschaft studieren. Wenn wir die moderne Wissenschaft mit Gaston Bachelard und anderen Autoren im Übergang vom 18. zum 19. Jahrhundert und damit zugleich im Augenblick der Durchsetzung disziplinärer Differenzierung beginnen lassen,[2] dann fällt unmittelbar auf, daß die Entstehung moderner Wissenschaft einhergeht mit einer ausgeprägten *Nationalisierung wissenschaftlicher Kommunikationszusammenhänge*.[3] *Scientific communities* sind am Anfang des 19. Jahrhunderts *nationale scientific communities*. Parallel zu diesem Umbruch entsteht die moderne Universität aus der kosmopolitischen Universität des europäischen Mittelalters und der frühen Neuzeit unter der europaweiten Leitidee der *Nationalerziehung*.[4] In beiden Fällen – der Nationalisierung wissenschaftlicher Kommunikationszusammenhänge und der von der Nation her gedachten Umgestaltung der Hochschulerziehung – fungiert die Einbeziehung größerer Bevölkerungsanteile in die *nationalisierten* Systeme als die vermutlich entscheidende Hintergrundvorstellung. Nation ist – um dies in systemtheoretischen Termini zu reformulieren – vor allem eine Inklusionsidee.[5] Wir sind am Anfang des 19. Jahrhunderts aber weit entfernt von einem globalen Wissenschaftssystem und von einer durch die Imperative der Globalisierung geprägten Universität. Damit ist zugleich das Erklärungsproblem für die in diesem Text folgenden Überlegungen fixiert: Welcher Weg führt von dieser Ausgangssituation des 19. Jahrhunderts zu der durch Globalisierung bestimmten Gegenwartssituation?

Beim Versuch einer Antwort muß ich zunächst auf eine gerade verwendete paradoxe Formulierung zurückgreifen. Die Idee der Nationalerziehung wurde als eine europaweite Leitidee beschrieben. D. h. wir haben es einerseits damit zu tun, daß auch die Hochschulerziehung immer deutlicher den Leistungserwartungen eines nationalen Bezugssystems unter-

2 Dazu ausführlich Stichweh 1984.
3 Vgl. ebd.; auch Crawford/Shinn/Sörlin 1993 ist diese Konstellation aufgefallen.
4 Eine vergleichende Geschichte der Idee der »Nationalerziehung« steht aus; siehe einige Hinweise in Stichweh 1991, S. 88-93, und Meister 1946.
5 Vgl. Hahn 1993; Stichweh 1994.

worfen wird; andererseits ist dies eine Leitvorstellung, die *eu-ropaweit* auftritt und damit auch nur aus dem Beobachtungs-und Interaktionszusammenhang der verschiedenen europäischen Systeme verstanden werden kann. In vielen Ländern ist anfangs, d. h. in der zweiten Hälfte des 18. Jahrhunderts, die Zurückdrängung transnationaler Erziehungsorganisationen, insbesondere des lange bestimmenden Jesuitenordens, der hinter der Idee der Nationalerziehung stehende Impuls. Damit zeichnet sich eine Konstellation ab, die für das 19. und 20. Jahrhundert bestimmend werden sollte. Überall werden Institutionen postuliert und geschaffen, die einem entstehenden nationalstaatlichen Zusammenhang verpflichtet sind. Aber die Formung dieser nationalen Institutionen vollzieht sich in einem europaweiten, später weltweiten Beobachtungs- und Imitationszusammenhang, der durch die zunehmende Häufigkeit von Interaktionen bestimmt wird. Insofern sind Nationalisierung und Globalisierung keine konkurrierenden oder miteinander inkompatiblen Deutungen, sie beschreiben vielmehr komplementäre Aspekte ein und desselben Prozesses.[6] Clark Kerrs Formel, die moderne Universität sei ein Hybrid, weil sie eine »cosmopolitan, nation-state university« sei, trifft diesen Sachverhalt gut,[7] und diese Diagnose wird uns im folgenden näher beschäftigen.

Eine der hauptsächlichen Ursachen und Formen von Globalisierung ist damit bereits benannt. Die globale Diffusion der Institutionen des Nationalstaats, zu denen Wissenschaftsförderung und Hochschulerziehung selbstverständlich gehören, ist einer der bestimmenden Parameter der gegenwärtigen Situation. Dieselbe Annahme globaler Diffusion gilt natürlich auch für andere institutionelle Muster, also beispielsweise die Forschungsförmigkeit der Wissenschaft oder die moderne Ausbildung von Individualität, die als Muster nicht direkt mit dem Nationalstaat verknüpft werden können.

Eine zweite Form der Globalisierung möchte ich benennen, die neben die globale Diffusion institutioneller Muster tritt. Der treffende Terminus scheint mir hier *globale Interrelation* oder auch *globale Vernetzung* zu sein. Das läßt sich am Bei-

---

6 Bei John Meyer und Mitarbeitern wird diese Theoriefigur besonders überzeugend ausgearbeitet. Siehe Thomas et al. 1987; Meyer et al. 1992.
7 Kerr 1991, S. 21.

spiel des Wissenschaftssystems gut erläutern. Die Entstehung moderner Wissenschaft am Übergang vom 18. zum 19. Jahrhundert geht mit der Durchsetzung disziplinärer Differenzierung einher. Fortschreitende Innendifferenzierung des Systems, in der Form der Entstehung immer neuer Spezialgebiete, wird jetzt der primäre Motor der Ausdifferenzierung der Wissenschaft im Sinne der Herauslösung aus anderen Sinnzusammenhängen der modernen Gesellschaft. Die disziplinäre Form und ihre subdisziplinären Verlängerungen sprengen aber schnell den nationalen Bezugsrahmen wissenschaftlicher Kommunikation. Die unablässig fortschreitende Proliferation immer neuer *communities* von Wissenschaftlern mit immer spezifischeren sachthematischen Spezialisierungen reorganisiert den sozialen und den kognitiven Raum der Wissenschaft in einer Weise, die mit den Grenzziehungen nationaler wissenschaftlicher Gemeinschaften inkompatibel ist. Die sich auf der Basis von Differenzierung durchsetzende Zerlegung des Problemraums der Wissenschaft läßt es immer unwahrscheinlicher werden, daß relevante und unverzichtbare kollegiale Beziehungen zufällig koextensiv mit nationalen Kontexten der Wissenschaft sein sollten. Es entsteht dann eine weltweite *scientific community*, die man aber nicht in der Tradition der *res publica literaria* als eine reale soziale Gemeinschaft mit geteilten normativen und kognitiven Prämissen auffassen darf,[8] die vielmehr vor allem durch das Faktum ihrer internen Differenzierung zu beschreiben ist.

Es gibt viele Indikatoren, mit deren Hilfe man die Globalisierung der Wissenschaft näher studieren kann. Der naheliegendste Ansatz ist der, auf die Netzwerkstrukturen von *scientific communities* zu blicken. Man sieht dann unschwer, daß kommunikative *ties*, wie auch immer man sie empirisch ermittelt, heute selbstverständlich nationale Grenzen überschreiten. Einer der in der Forschung am besten etablierten und auch der Sache nach plausiblen Ansätze untersucht Kooperationsbeziehungen, insbesondere Beziehungen der *Koautorschaft* zwischen Wissenschaftlern. Dieses Interesse an Koautorschaft ist eine einleuchtende Option, weil es der Selbstbeschreibung der modernen Wissenschaft entspricht, in der Kollegialität im Sinn von Kooperation und Kontrolle als ein Leitbegriff fungiert,

8 So etwa noch Thomas 1984, insb. S. 966-967.

weiterhin, weil in großen Bereichen der Naturwissenschaft die mehrere Autoren aufweisende Publikation heute zum Normalfall geworden ist, und schließlich, weil das empirische Interesse an Koautorschaft mit einer theoretischen Beschreibung korrespondiert, die Wissenschaft als ein autopoietisches System denkt, das sich durch Publikationen als seine elementaren Akte hindurch reproduziert.[9]

Wie sehen die empirisch beobachtbaren Muster aus? In den meisten der für die Wissenschaft heute bedeutsamen Länder weisen mittlerweile mehr als 20% der auf einer Zusammenarbeit beruhenden Publikationen Koautoren mit verschiedenen nationalen Zugehörigkeiten auf. Es gibt hier einige Ausnahmen: die USA, die über den größten internen Markt für wissenschaftliche Kooperation verfügen, mit einer Rate von nur 13%, und das aus sprachlichen Gründen immer noch einigermaßen isolierte Japan mit 10%. Dessen ungeachtet gilt, daß, wenn man einen Mittelwert für 131 statistisch erfaßbare Länder bildet, sich herausstellt, daß zwischen 1980 und 1990 der Anteil internationaler Koautorschaft von 11,3% auf genau 20% gestiegen ist.[10] Das Wachstum in absoluten Zahlen ist noch viel deutlicher, da der Anteil der Publikationen mit mehr als einem Autor an der Gesamtzahl aller Publikationen erheblich gewachsen ist. Außerdem scheint es einen Reputationsvorteil für Publikationen mit internationaler Koautorschaft zu geben. Dies trifft insbesondere in Europa zu: Papiere mit institutionellen Adressen aus mindestens zwei europäischen Ländern werden weltweit mehr als doppelt so häufig zitiert als Papiere mit nur einer institutionellen Adresse.[11] Man kann diesen letzteren Befund so deuten, daß man sagt, daß Papiere, die auf internationaler Koautorschaft ruhen, von vornherein besser in die realen Kommunikationszusammenhänge der Wissenschaft eingebettet sind, die eben globale Zusammenhänge sind, und daß sie dieser Einbettung ihren Sichtbarkeitsvorteil verdanken.

9 Siehe dazu näher Luhmann 1990; Stichweh 1987; 1990.
10 Siehe Leclerc/Gagné 1994, S. 267 ff.; vgl. Frame/Narin 1988, S. 208.
11 Narin/Stevens/Whitlow 1991.

Was bedeutet diese schnell voranschreitende Globalisierung der Wissenschaft für die Universität, die ja nach wie vor in den meisten Ländern der Welt – und erst recht nach dem Zusammenbruch des sozialistischen Modells der Ausgliederung der Wissenschaft in Akademien – die dominante institutionelle Infrastruktur der Wissenschaft ist? Bevor ich diese Frage zu beantworten versuche, möchte ich zuvor auf eine andere Herausforderung für die Universität hinweisen. Dabei geht es um die schnell voranschreitende Globalisierung des Wirtschaftssystems, die vor allem die Form der Entstehung und Proliferation des multinationalen Unternehmens (MNU) annimmt. Das aber hat wiederum etwas mit Wissen und Technik zu tun, weil vieles dafür spricht, daß das vielleicht bedeutsamste Movens der Proliferation des MNU die *Internalisierung der Nutzung von Wissen und Technik* durch MNUs ist.[12] So vollzieht sich auch der internationale Technologietransfer zu großen Teilen *innerhalb von MNUs*.[13] In den MNUs beobachten wir offensichtlich eine zweite Form der Globalisierung eines Wissens, das zu erheblichen Teilen wissenschaftliches und technisches Wissen ist. Diese Form der Globalisierung von Wissen über Organisationen im Wirtschaftssystem tritt neben die vorhin beschriebene Form der Globalisierung von Wissen über die – im übrigen nicht organisationsförmigen – *scientific communities* des Wissenschaftssystems.

In die so umrissene Konstellation tritt nun die Universität als dritte Bezugsgröße ein. Sie fungiert einerseits fortdauernd als institutionelle Infrastruktur des Wissenschaftssystems, was heißt, daß die meisten derjenigen, die zu den Kommunikationen von *scientific communities* beitragen, ihrer Berufsrolle nach in der Universität verankert sind und also dort auch einen Arbeitsplatz haben, an dem sich u. a. ein Großteil ihrer Forschung vollzieht. Andererseits sind die Universitäten zunehmend auf intensive Kontakte zu den Organisationen des Wirt-

12 Siehe Scaperlanda 1993, S. 608; Kogut/Zander 1993; Granstad et al. 1993, S. 414.
13 Wortmann 1990, S. 175, Fn. 3, gibt an, daß in der BRD 80% der Ausgaben für den Import von Patenten und Lizenzen von deutschen Filialen ausländischer Unternehmen getätigt werden.

schaftssystems angewiesen, weil diese an Forschung interessiert sind, weil Forschung heute von finanzieller Förderung abhängig ist und die dafür zur Verfügung stehenden Finanzmittel des Staates und anderer Forschungsförderungsorganisationen überall knapp sind.

Was Universitäten mit den Organisationen des Wirtschaftssystems teilen, ist, daß sie Organisationen sind, also Mitgliedschaftsverbände, die Mitgliedschaft über Regelbindung näher definieren. Auf der Basis dieser Gemeinsamkeit fällt ein Unterschied um so deutlicher auf. Universitäten sind offensichtlich als Organisationen nicht globalisierungsfähig. Harvard oder Oxford errichten nicht eine Vielzahl von Inlands- und Auslandsfilialen, die die globale Wirkung des von diesen Universitäten erarbeiteten Produkts (sei es nun wissenschaftliches Wissen oder Ausbildungsleistungen) vermitteln würden. Das ist ein erstaunlicher Sachverhalt, der aber in der Literatur nie registriert wird und für den man deshalb auch keine Erklärungen findet. Die naheliegende These, Universitäten seien lokale Einrichtungen des Staates, die als solche prinzipiell keine Dependance anderswo gründen könnten, greift deshalb zu kurz, weil in vielen Ländern Privatuniversitäten dominieren, für die diese Restriktion nicht gilt und die sich dennoch – Harvard und Oxford sind dafür gute Beispiele – genauso verhalten wie ihre staatlichen Pendants. Im übrigen findet sich das auffälligste Gegenbeispiel für diese These, nämlich föderale Universitätssysteme vom Typus der »University of California«,[14] die durchaus expansive Tendenzen analog zu Wirtschaftsunternehmen aufweisen können, im staatlichen Bereich. Auf eine interessantere Erklärung für die registrierte Eigentümlichkeit von Universitäten stößt man vielleicht, wenn man sich die Finanzierungstechnik von Universitäten ansieht. Universitäten sind offensichtlich nie schuldenfinanziert. Sie sammeln einen in manchen Fällen unglaublichen Kapitalstock (ein »endowment«) auf, aber sie nutzen die damit entstehenden Verschuldungsmöglichkeiten nicht.[15] Das aber beschränkt die Möglichkeiten der Expansion, da diese wie in einem Unternehmen über Verschuldung finanziert werden müßte. Was sich hier offenbart, ist eine extreme Sicherheitspräferenz der Universitäten,

14 Zu föderalen Universitätssystemen siehe Rothblatt 1987.
15 Siehe dazu interessant Hansmann 1990.

die als Stellvertreter für andere Motive fungiert: Reputation und Langlebigkeit der Organisation. In beiden Hinsichten ist der historische Erfolg der Universität nicht zu verkennen, die sich darin aber als eine genuin vorkapitalistische Organisation erweist, die ähnlich wie die religiösen Körperschaften und Orden der frühen Neuzeit umfangreiche Vermögensbestände aufhäuft, sich anders als diese aber einer auf diesen Sachverhalt gerichteten Kritik bisher hat entziehen können.

Was besagt der hier erarbeitete Befund für die Frage der Globalisierung? Universitäten sind offensichtlich unhintergehbar in eine lokale Nische eingefügt, mit der sie in je verschiedener Intensität interagieren. Insofern ist auch die vorhin schon zitierte Diagnose von Clark Kerr, die Universität sei eine »cosmopolitan, nation-state university«[16] zu revidieren. In gewissen Hinsichten ist der nach frühneuzeitlichen Vorentwicklungen im 19. Jahrhundert entschieden erfolgende Zugriff des Nationalstaates auf die Universität mißlungen. Nach wie vor verbindet sich mit fast jeder Universität der Name einer Stadt oder der einer Region. Föderale Universitätssysteme vom Typus der *University of California* sind eine eher seltene Form, und das extreme Experiment der *Université de France*, das die lokalen Lehrorganisationen oder Fakultäten als Teil einer großen, über Prüfungen vernetzten, National-Organisation behandelte, ist von keinem relevanten Universitätssystem des 20. Jahrhunderts wiederholt worden. Die korporative Autonomie der Universität ist meist in irgendeiner Form gewahrt worden. Schließlich hat die oben erwähnte Sicherheitspräferenz der Universität, ihr strukturelles Interesse an Reputation und Langlebigkeit, dazu geführt, daß in den meisten europäischen und auch in vielen amerikanischen Städten die Universität die bei weitem älteste heute noch fortexistierende Institution ist. Nur die katholische Kirche kommt in Europa in vielen Fällen als Konkurrent in Frage. Vieles spricht also dafür, die Kerrsche Formel umzudenken in die These einer Universität als »cosmopolitan local institution«, ohne damit den Nationalstaat als immer auch relevante dritte Referenz aus dem Blick zu lassen.

Das führt uns zur Frage der Globalisierung und zur Theorie der Weltgesellschaft zurück. Wenn man die theoretische Diskussion der Soziologie über Globalisierung verfolgt, dann

16 A.a.O.

schält sich, so unbefriedigend der Diskussionsstand vorläufig noch ist, *eine* einigermaßen konsolidierte Einsicht heraus: Offensichtlich fungiert *global/lokal* als die Leitunterscheidung einer jeden Theorie der Weltgesellschaft,[17] und diese Leitunterscheidung ist so zu verstehen, wie die soziologische Differenzierungstheorie immer schon ihre Leitunterscheidung *Autonomie/Abhängigkeit* verstanden hat; nämlich als Angabe eines Steigerungszusammenhangs,[18] in dem der Zuwachs in der einen Dimension (der der Autonomie oder in der Relevanz globaler Zusammenhänge) zugleich die Möglichkeiten der anderen Seite steigert (d. h. vermehrt Abhängigkeiten riskiert werden können oder lokale Gesichtspunkte auf folgenreiche Weise geltend gemacht werden können).

Wenn man dies herausarbeitet, wird gleichzeitig die spezifische Stellung der Universität in einem sich globalisierenden Gesellschaftssystem sichtbar. Im Unterschied zur Wissenschaft, die den extremen Fall weltweit gelingender Anschlußfähigkeit verkörpert, ohne daß die *scientific communities*, in denen sich dies vollzieht, mehr als eine organisatorische Minimalstruktur benötigten (da sie ja *parasitäre* Nutzer der Universität sind); und im Unterschied zur Wirtschaft, die die Flexibilität der Form »Organisation« zum äußersten ausreizt, um mittels der Organisation den Transfer von Personen und Wissen über staatliche, kulturelle und andere Grenzen zu bewerkstelligen, verkörpert die Universität einen ganz anderen Typus der Globalisierung. Sie ist in gewisser Hinsicht eine ideale Inkarnation der Leitunterscheidung global/lokal. Einerseits ist sie immer geprägt durch eine lange Geschichte der Interaktion mit einer lokalen Nische, auf die sie unhintergehbar angewiesen bleibt. Andererseits ist das Wissen, das sie in ihren Lehr-/Lernprozessen benutzt und das sie in der wissenschaftlichen Forschung erarbeitet, universelles Wissen und als solches von jedem Entstehungskontext ablösbar. Man kann diese Bilokalität gut an erfolgreichen Neugründungen des 19. und 20. Jhs. studieren. Ein Beispiel ist die *University of Chicago*, also eine Neugründung des späten 19. Jhs., über die Garry Wills mit nur einer Spur von Übertreibung gesagt hat: »No other university

17 Siehe dazu die repräsentativen Aufsatzsammlungen einflußreicher Autoren Featherstone 1995; Friedman 1994.
18 Siehe dazu Luhmann 1977.

in history has drawn so much of its mission from the study of its own surroundings.«[19] Wer die Geschichte der Chicago-Tradition in der Soziologie mit ihrer engen Themenbindung an Probleme, die spezifisch in der Stadt (und insbesondere in *dieser* Stadt) sichtbar werden, verfolgt, wird dieser Aussage zustimmen können. Gleichzeitig ist in der Forschung über wissenschaftliche Schulen häufig registriert worden, daß keine andere Universität im 20. Jh. in so großer Zahl »scientific schools« hervorgebracht hat, wie dies für die *University of Chicago* der Fall ist. *Chicago schools* gibt es von der Theologie über die Ökonomie bis zur Soziologie und in vielen anderen Fächern.[20] Das mag damit zu tun haben, daß die *University of Chicago* immer eine relativ kleine Einrichtung geblieben ist, deren Studentenzahl 10000 nie überschritten hat. Die Zentralisierung intellektueller Kontrolle in einem relativ kleinen Department erlaubt vielleicht eher die Konsolidierung einer wissenschaftlichen Schule als der wissenschaftliche Pluralismus in großen Departments. Die Fortwirkung dieser lokalen Schulzusammenhänge in das globale Wissenschaftssystem dokumentiert andererseits, daß im Fall der *University of Chicago* in der engen Vernetzung mit einem lokalen Beobachtungsgegenstand gleichzeitig universelles Wissen gewonnen worden ist.[21]

III

Aus den hier angestellten Überlegungen folgt eine überraschend einfache Antwort auf die Frage nach der Zukunft der Universität. Die Universität wird nicht einfach den Weg der Wissenschaft gehen, d. h. sie wird nicht umstandslos die immer stärker differenzierten Sachgebietsunterscheidungen wissenschaftlicher Forschung in die Rollenstrukturen der Universität hineinkopieren können, obwohl sie, wenn sie ernsthaft wissenschaftliche Universität bleiben will, ihre Rollenstruktur, und d. h. insbesondere ihre Lehrstuhldesignationen, für wiederholte Umdefinitionen im Licht der Strukturveränderungen

19 Wills 1994, S. 52.
20 Siehe Sica 1996; Fine 1995.
21 Vgl. Stichweh 1999.

des Wissenschaftssystems offenhalten muß. Die Universität wird auch nicht den Weg der Organisationen des Wirtschaftssystems gehen. D. h., es wird nicht eine Vielzahl von Filialen besonders erfolgreicher Universitäten geben, die national oder global expandieren. Außer den oben schon angeführten Gründen sollte man darauf verweisen, daß eine solche globale Expansion vermutlich globale curriculare Strukturen voraussetzen würde. Für globale curriculare Strukturen dieses Typs aber ist der MBA (Master of Business Administration) bisher das einzige gut etablierte Beispiel, und nicht zufällig läßt sich gerade in diesem Bereich beobachten, daß erfolgreiche Organisationen in andere Länder expandieren. Insofern bleibt die Universität auf die Kontinuierung ihrer eigenen Lösungsform verwiesen, und d. h., ihre Zukunftsfähigkeit hängt wesentlich davon ab, daß sie die Leitunterscheidung global/lokal nicht als eine disjunkte Alternative denkt, also nicht etwa unterstellt, sie könne sinnvoll auf eine der beiden Seiten dieser Unterscheidung unter Vernachlässigung der anderen Seite setzen.

Diese Orientierung an der Leitunterscheidung global/lokal kann nun durch die verschiedensten Themen der Hochschulplanung und -politik hindurch verfolgt werden, um zu prüfen, wie instruktiv diese Leitunterscheidung ist. Ich will dies hier nur noch stichwortartig an drei Beispielen tun. Eine wichtige Frage ist die *Rekrutierung der Studentenschaft* und die Teilnahme der Universität an der internationalen Migration von Studenten. Jede Universität wird zunächst eine lokale oder regionale Rekrutierung von Studenten aufweisen. Es ist dann eine zweite für die Universität wichtige Frage, ob es ihr in einzelnen Fächern gelingt, auf der Basis von sichtbaren Erfolgen eine nationale Rekrutierung an die Stelle einer regionalen Rekrutierung zu setzen. Fast noch bedeutsamer ist die Teilnahme der Universität an der internationalen Migration von Studenten. Ausländische Studenten sind wichtig für die Präsenz einer Heterogenität von Erfahrungshintergründen in den Unterrichtssystemen der Universität. Sie repräsentieren gewissermaßen für die einheimischen Studenten die Wirklichkeit der Universität als einer Institution universellen Wissens. Gleichzeitig ist der Versuch, diese ausländischen Studenten an sich zu ziehen, eine Herausforderung, die die Umstrukturierung der Universität motiviert. Man kann dies am Beispiel der australischen Universitäten instruktiv studieren, da sich in Australien seit der zweiten Hälfte der achtziger Jahre ein dramatischer Umbruch vollzogen hat, der das Land erstmals zu einem der großen Importeure ausländischer Studenten werden ließ.[22] Australien hat mit einer Tradition gebrochen, in der es eine kleine Zahl asiatischer Studenten gleichsam als eine Form von Entwicklungshilfe auf der Basis von Stipendien integriert hat, und es zieht jetzt große Zahlen asiatischer Studenten an, denen aber hohe Studiengebühren abverlangt werden, was die Schaffung entsprechend attraktiver Angebote durch die australischen Universitäten voraussetzt.

Eine andere zentrale Frage ist die der Kooperationsbeziehungen von Universitäten mit Organisationen im Wirtschaftssystem. Diese Beziehung scheint heute unverzichtbar. Zwar hat noch in keinem Land der Anteil der aus Unternehmen stammenden Mittel an den Forschungsmitteln der Universität 10% überschritten; 6–9% sind typische Werte für das Ende der achtziger Jahre – aber dennoch bedeutet dies eine Verdrei- oder Vervierfachung im Vergleich zu den Werten der frühen achtziger Jahre.[23] Zunächst könnte man vermuten, daß der Bereich der Kooperationsbeziehungen ein idealer Kandidat für die Realisierung der lokalen Einbettung der Universität ist. Diese Vermutung wird durch den auf den ersten Blick überraschenden Befund gestützt, daß auch hochgradig internationalisierte Unternehmen, mit einem hohen Anteil ihres Personals und ihrer Wertschöpfung im Ausland, ihre R & D-Kapazitäten immer noch in ihrem Herkunftsland konzentrieren. So führen amerikanische Unternehmen weniger als 10% ihrer Forschungsaktivitäten im Ausland durch; für japanische Unternehmen ist dieser Anteil kleiner als 2%.[24] Aber mir scheint dies eher ein Übergangsphänomen zu sein, nicht etwa ein robuster Befund, der im weiteren Vollzug von Globalisierung stabil sein wird. Es ist heute schon auffällig, daß Unternehmen, die zum Bereich der »science-based«-Industries gehören, in Branchen wie Chemie und Telekommunikation, in der Wahl ihrer Kooperationsbeziehungen mit Universitäten, die zunächst einmal

22 Siehe dazu Shu/Hawthorne 1996.
23 Malerba/Morawetz/Pasqui 1991, insb. Tab. 26.
24 Freeman 1995, S. 17; Wortmann 1990, S. 176 ff.; Niosi/Bellon 1994, S. 183; De La Mothe/Dufour 1995, S. 229.

separat von der Lozierung ihrer R & D-Aktivitäten zu betrachten sind, in hohem Grade international operieren.[25] Insofern ist auch dies ein Bereich, in dem Universitäten die Unterscheidung lokal/global als eine behandeln müssen, die mit beiden ihrer Seiten für sie relevant ist.[26]

Eine letzte Frage betrifft die Wissenschaftspolitik und die politisch vermittelte finanzielle Förderung der Wissenschaft. Man könnte in dieser Bedingung einen Grund vermuten, warum eine Universität gut daran tut, die Anpassung an ihre regionale oder nationale politische Nische zu optimieren. Aber damit würde sie sich über das Ausmaß der Internationalisierung der Wissenschaftspolitik und der Wissenschaftsförderung, beispielsweise im europäischen Rahmen täuschen, die allein deshalb unerläßlich wird, weil einzelne Länder aufwendige Projekte nicht mehr allein zu finanzieren imstande und bereit sind. Es fällt auf und es ist in der Forschung auch belegt, daß in kleinen Ländern, etwa im Fall Irlands, die Internationalisierung der Universitäten schneller voranschreitet als die der Unternehmen.[27] Das ist ein Sachverhalt, über den man sich in größeren Ländern, wie beispielsweise in Deutschland, leicht täuscht, so daß in diesen größeren Ländern die Universität manchmal noch als eine unverrückbar nationale Institution erscheint und dies als ein die Universität kennzeichnender Unterschied gegenüber der globalen Beweglichkeit der Unternehmen wahrgenommen wird. Die Universität muß ihre Einbettung in ihre jeweilige lokale Nische kultivieren; aber das ändert nichts daran, daß sie auf der Ebene internationaler studentischer Migration, auf der Ebene der Kooperation mit Organisationen der Wirtschaft und auf der Ebene einer zunehmend internationalisierten Wissenschaftspolitik in Globalisierungsprozesse hineingezogen wird.

25 Malerba/Morawetz/Pasqui 1991, S. 23.
26 Siehe interessant für die amerikanische Situation Mansfield/Lee 1996, die belegen, daß es eine Reihe von Universitäten gibt, deren akademisches »standing« (in Termini von NAS-rankings) nicht sehr hoch ist, die aber eng mit lokalen Industrien vernetzt sind und von diesen erhebliche Forschungsmittel erhalten. Umgekehrt zeigt sich, daß mit wachsendem »standing« der jeweiligen Universität und je näher ein Forschungsbereich der Grundlagenforschung kommt, Kooperationsbeziehungen zwischen Wirtschaft und Universität auch über sehr große Distanzen geknüpft werden.
27 So Malerba/Morawetz/Pasqui 1991, S. 40.

Literatur

Crawford, Elisabeth / Shinn, Terry / Sörlin, Sverker, »The National-ization and Denationalization of the Sciences: An Introductory Essay«, in: dies. (Hg.), *Denationalizing Science: The Contexts of International Scientific Practice*, Dordrecht 1993, S. 1-42.

De La Mothe, John / Dufour, Paul R., »Techno-Globalism and the Challenges to Science and Technology Policy«, in: *Daedalus* 124 (1995), H. 3, S. 219-235.

Featherstone, Mike, *Undoing Culture. Globalization, Postmodernism and Identity*, London 1995.

Fine, Gary Alan (Hg.), *A Second Chicago School? The Development of a Postwar American Sociology*, Chicago 1995.

Frame, J. Davidson / Narin, Francis, »The National Self-Preoccupa-tion of American Scientists: An Empirical View«, in: *Research Policy* 17 (1988), S. 203-212.

Freeman, Chris, »The ›National System of Innovation‹ in Historical Perspective«, in: *Cambridge Journal of Economics* 19 (1995), S. 5-24.

Friedman, Jonathan, *Cultural Identity and Global Process*, London 1994.

Granstad, O. et al., »Internationalisation of R & D«, in: *Research Policy* 22 (1993), S. 413-430.

Hahn, Alois, »Identität und Nation in Europa«, in: *Berliner Journal für Soziologie* 3 (1993), S. 193-203.

Hansmann, Henry, »Why do Universities have Endowments?«, in: *Journal of Legal Studies* 19 (1990), S. 3-42.

Kerr, Clark, »International Learning and National Purposes in Higher Education«, in: *American Behavioral Scientist* 35 (1991), S. 17-42.

Kogut, Bruce / Zander, Udo, »Knowledge of the Firm and the Evolu-tionary Theory of the Multinational Corporation«, in: *Journal of International Business Studies* 24 (1993), S. 625-645.

Leclerc, M. / Gagné, J., »International Scientific Cooperation: The Continentalization of Science«, in: *Scientometrics* 31 (1994), S. 261-292.

Luhmann, Niklas, »The Differentiation of Society«, in: ders., *The Differentiation of Society*, New York 1982, S. 229-254 (=1977).

Luhmann, Niklas, *Die Wissenschaft der Gesellschaft*, Frankfurt/M. 1990.

Malerba, Franco / Morawetz, Antonió / Pasqui, Gabriele, *The Nas-cent Globalization of Universities and Public and Quasi-Public Research Organizations*, Brüssel 1991.

Mansfield, Edwin / Lee, Jeong-Yeon, »The Modern University: Contributor to Industrial Innovation and Recipient of Industrial R & D support«, in: *Research Policy* 25 (1996), S. 1047-1058.

Meister, Richard, »Die Idee einer österreichischen Nationalerziehung unter Maria Theresia«, in: *Anzeiger der Akademie der Wissenschaften in Wien. Philosophisch-historische Klasse*, 1946, S. 1-16.

Meyer, John W. et al., *School Knowledge for the Masses: World Models and National Primary Curricular Categories in the Twentieth Century*, Washington D. C. und London 1992.

Narin, F. / Stevens, K. / Whitlow, E. S., »Scientific Co-operation in Europe and the Citation of Multinationally Authored Papers«, in: *Scientometrics* 21 (1991), S. 313-323.

Niosi, Jorge / Bellon, Bertrand, »The Global Interdependence of National Innovation Systems: Evidence, Limits, and Implications«, in: *Technology in Society* 16 (1994), S. 173-197.

Rothblatt, Sheldon, »Historical and Comparative Remarks on the Federal Principle in Higher Education«, in: *History of Education* 16 (1987), S. 151-180.

Scaperlanda, Anthony, »Multinational Enterprises and the Global Market«, in: *Journal of Economic Issues* 27 (1993), S. 605-616.

Shu, Jing / Hawthorne, Lesleyanne, »Asian Student Migration to Australia«, in: *International Migration* 34 (1996), S. 65-95.

Sica, Alan, »Review Essay: Sociology as a Worldview«, in: *American Journal of Sociology* 102 (1996), S. 252-255.

Stichweh, Rudolf, *Zur Entstehung des modernen Systems wissenschaftlicher Disziplinen. Physik in Deutschland 1740-1890*, Frankfurt/M. 1984.

Stichweh, Rudolf, »Die Autopoiesis der Wissenschaft«, in: ders., *Wissenschaft, Universität, Professionen. Soziologische Analysen*, Frankfurt/M. 1994, S. 52-83 (=1987).

Stichweh, Rudolf, »Self-Organization and Autopoiesis in the Development of Modern Science«, in: Wolfgang Krohn et al. (Hg.), *Self-organization. Portrait of a Scientific Revolution* (= *Sociology of the Sciences*, Vol. 14), Dordrecht 1990, S. 195-207.

Stichweh, Rudolf, *Der frühmoderne Staat und die europäische Universität. Zur Interaktion von Politik und Erziehungssystem im Prozeß ihrer Ausdifferenzierung (16.-18. Jahrhundert)*, Frankfurt/M. 1991.

Stichweh, Rudolf, »Nation und Weltgesellschaft«, in: Bernd Estel / Tilman Mayer (Hg.), *Das Prinzip Nation in modernen Gesellschaften. Länderdiagnosen und theoretische Perspektiven*, Opladen 1994, S. 83-96 (in diesem Band: Kap. 3).

Stichweh, Rudolf, »Zur Soziologie wissenschaftlicher Schulen«, in: Wilhelm Bleek / Hans J. Lietzmann (Hg.), *Schulen in der deutschen*

Politikwissenschaft, Opladen 1999, S. 19-32.

Thomas, George M. et al., *Institutional Structure. Constituting State, Society, and the Individual*, Newbury Park 1987.

Thomas, Lewis, »Scientific Frontiers and National Frontiers: A Look Ahead«, in: *Foreign Affairs* 62 (1984), S. 966-994.

Tramontana, Salvatore, »Però, queste Università degli Studi …«, in: Andrea Romano (Hg.), *Università in Europa. Le istituzioni universitarie dal Medio Evo ai nostri giorni-strutture, organizzazione, funzionamento*, Soveria Mannelli 1995, S. 9-16.

Tuilier, André, »La notion Romano-Byzantine de ›Studium generale‹ et les origines des nations dans les universités médiévales«, in: *Bulletin philologique et historique* 1981, S. 7-27.

Wortmann, Michael, »Multinationals and the Internationalization of R & D: New Developments in German companies«, in: *Research Policy* 19 (1990), S. 175-183.

Wills, Garry, »Sons and Daughters of Chicago«, in: *New York Review of Books* 41 (1994), H. 11, 9. Juni, S. 52-59.

Von der »Peregrinatio Academica« zur globalen Migration von Studenten. Nationale Kultur und funktionale Differenzierung als Leitthemen

I

Die Diskontinuität, die der Übergang vom 18. zum 19. Jahrhundert für viele Aspekte der Universitäts- und Wissenschaftsgeschichte mit sich bringt, gilt auch für das *Auslandsstudium*.

In den Jahren um 1800 herum gelangt der Prozeß der *Nationalisierung der europäischen Hochschulsysteme*, der die frühmoderne europäische Hochschulentwicklung seit der Reformation geprägt hatte, zu einem Abschluß. Jetzt werden auch die Universitäten Teil eines Systems der *Nationalerziehung*.[1] *Nationalerziehung* wiederum war in vielen europäischen Ländern ein Terminus, der die Absicht der Ausgrenzung ausländischer Einflüsse signalisierte. Das dramatischste Ereignis in dieser Hinsicht war – ausgehend von Portugal und seinen Kolonien im Jahr 1759 – das Verbot des Jesuitenordens und die Vertreibung der Jesuiten, die die bei weitem einflußreichste transnationale Erziehungsorganisation des frühneuzeitlichen Europa gewesen waren. Nach 1800 dachte niemand mehr die ausländischen Studenten als einen autonomen Bestandteil der nationalen Universitätssysteme. D. h. sie existierten nirgendwo mehr als eine autonome Korporation mit eigenen Rechten und Pflichten.

Im gleichen Zeitraum lassen sich weitere Formen der Nationalisierung der Hochschulerziehung beobachten. Seit dem 18. Jahrhundert gab es vielfach Verordnungen, in denen ein Studienaufenthalt an den Universitäten des eigenen Landes für obligatorisch erklärt wurde, und diese Verordnungen galten insbesondere für die künftigen Inhaber von Staatsämtern. Verbote oder Restriktionen von Auslandsstudien belegen, daß *Nationalerziehung* nicht nur ein Recht meinte, daß sich näm-

1 Vgl. zu Nationalerziehung Stichweh 1991, S. 88-93.

lich die Erziehung an den Interessen der der Nation zugehörigen Personen zu orientieren habe, sondern zugleich auch eine Pflicht: Man erweist der Zugehörigkeit zur eigenen Nation Reverenz, indem man den weit überwiegenden Teil des Universitätsstudiums an den Universitäten des eigenen Landes verbringt, um dort die die Nation konstituierenden Werte und die für sie wichtigen Kenntnisse in sich aufzunehmen.

Aus dieser Konstellation heraus mußten sich strukturelle Muster des Auslandsstudiums in der Moderne erst neu entwickeln.[2] Um die Neuheit dieser Muster im Vergleich deutlicher hervortreten zu lassen, werde ich zunächst die spätmittelalterliche und frühmoderne Situation kurz skizzieren, um danach in einer mehr systematischen als historischen Perspektive Aspekte des 19. und insbesondere des 20. Jahrhunderts herauszuarbeiten.

II

Die Universität ist in ihrer Entstehungssituation im 12. und 13. Jahrhundert prononciert als eine Institution zu sehen, deren Selbstbeschreibung gerade durch das Faktum der Negation vorhandener Grenzziehungen bestimmt wird.[3] Dadurch daß sie regionale und territoriale Grenzen überschritt, etablierte die Universität – in dem Funktionsbereich, der durch Wissen und Bildung bestimmt wird – einen der großen Universalismen der spätmittelalterlichen Welt. *Studium Generale* war jenes mittelalterliche Wort, das diesen universalistischen Anspruch und die implizierte Weigerung, sich auf eine spezifische Region oder soziale Gruppe oder Sachthematik einzuschränken, am deutlichsten aussprach. *Universitas*, die konzeptuelle Wurzel des modernen Wortes *Universität*, gehörte im Mittelalter nicht spezifisch dem Vokabular der Universitäten zu. Statt dessen meinte dieser Begriff *Korporationen* schlechthin.

Es ist lohnend, sich die spezifischen Parameter der spätmittelalterlichen Situation anzusehen: 1. Es gab keine Territorialstaaten im modernen Sinn von Staaten, die durch territoriale

2 Eine in diesem Sinn scharfe Diskontinuität am Ende des 18. Jahrhunderts sieht auch Waxin 1939 für die französische Entwicklung.
3 Hierzu und zum folgenden vgl. Stichweh 1991; ders. 1991a.

Grenzen spezifiziert und limitiert werden. 2. In der Abwesenheit von Territorialstaaten stand die Universität normalerweise einer lokalen politischen oder kirchlichen Autorität gegenüber, die im äußersten Fall eine regionale politische Orientierung aufwies. 3. Eine Folge dieser beiden Umstände war, daß es sich bei akademischen Studien im spätmittelalterlichen Europa in der Regel um *Auslandsstudien* handelte. Da der Begriff des Auslands aber einen präzise abgegrenzten Territorialstaat voraussetzt, den es gerade noch nicht gab, drängen sich zwei alternative Charakterisierungen auf. Spätmittelalterliche Universitätsstudien waren typischerweise *Fremdenstudien*, und sie waren typischerweise *Armenstudien*. Diese beiden Beschreibungen – Fremdheit und Armut – sind in Termini historischer Semantik eng miteinander verwandt.[4]

Was war damit gemeint, daß Universitätsstudenten als *arm* galten? Zwei Hinsichten scheinen wichtig zu sein. 1. Die *Armut* des Universitätsstudenten beschrieb normalerweise nicht seine Herkunft. Statt dessen war sie ein normatives Implikat seines gegenwärtigen oder künftigen Status als Kleriker. Viele Studenten waren bereits bei Eintritt in die Universität Kleriker (weil sie die niederen Weihen erlangt hatten oder weil sie Ordensmitglieder waren). Für andere Studenten war die Rolle des Geistlichen oder die des Mitglieds der kirchlichen Administration die Stellung, die sie im Leben nach Erlangung universitärer Grade anstrebten. 2. Der mittelalterliche Begriff der *Armut* meinte nicht primär ökonomische Bedürftigkeit. Er stand semantisch dem Begriff der *Machtlosigkeit* näher und bedeutete, daß eine Person, die man *arm* nennt, keine an diesem Ort spezifischen Rechte und Privilegien besitzt. In dieser Hinsicht einer *lokalen strukturellen Nichtprivilegiertheit* fallen der Status des Fremden und die dem Studenten zugeschriebene *paupertas* zusammen – der Student ist deshalb und nur deshalb arm, weil er hier in der Fremde ungeschützt ist –, so daß darin die Rechtfertigung liegt, das spätmittelalterliche Universitätsstudium idealtypisch als Fremden- und zugleich als Armenstudium aufzufassen.

Welches ist das dominante Muster frühneuzeitlicher Universitätsstudien zwischen dem 16. und dem 18. Jahrhundert? Was tritt an die Stelle der mittelalterlichen Fremden- und Ar-

4 Vgl. Oexle 1985; Rubin 1987.

menuniversität? Zwei hauptsächliche Trends lassen sich beobachten. Erstens eine zunehmende politische Kontrolle der Universität durch den entstehenden Territorialstaat und zweitens eine konfessionelle Schließung der Universität, die in der Folge entweder katholisch oder protestantisch waren. Verbote von Auslandsstudien konnten sich dann auf das eine oder das andere dieser Hintergrundmotive stützen. Das führt dazu, daß der typischerweise erwartbare Universitätsstudent jetzt kein *Fremder* mehr ist.

Ich möchte nur eine neue Form der Systembildung hervorheben, die zentral wird, die aber bei weitem nicht die Vielgestaltigkeit der frühmodernen Situation ausschöpft. Dabei geht es um die Organisation von Universitätsstudenten in *Nationen*. Die spätmittelalterliche Universität universalisierte die Zugehörigkeit von Studenten zu Nationen. Diese Universitätsnationen wurden auf der Basis einer sehr groben geographischen Klassifikation gebildet, die nur die vier Himmelsrichtungen unterschied. Jeder Student wurde einer dieser vier Nationen zugewiesen. Diese Universalität der Zuordnung zu Universitätsnationen findet sich in der frühen Neuzeit nicht mehr. Statt dessen entsteht ein neuer Typ von Universitätsnation, der spezifischere Gruppen von Studenten aufnimmt – z. B. die deutschen Studenten in Padua oder Orléans – und durch folgende Charakteristika näher beschrieben werden kann: Nationen sind nicht länger ein formales geographisches Prinzip der Zuordnung von Studenten, das auf willkürlichen Grenzziehungen basiert. Nationen sind nun Gruppen von Studenten, die auf der Basis linguistischer und kultureller Gemeinsamkeiten konstituiert werden. Die in diesen Nationen organisierten Studenten sind damit in einem präziseren Sinne als *Ausländer* zu identifizieren und von den Studenten zu unterscheiden, die der politisch-territorialen Einheit zugehören, die die jeweilige Universität kontrolliert. Diese letztere Studentengruppe ist weder *fremd* noch in Nationen organisiert. Es gibt einen weiteren Unterschied, der von entscheidender Bedeutung ist. Die ausländischen Studenten sind in der frühen Neuzeit weder arm noch werden sie in irgendeinem Sinn als disprivilegiert erlebt. Ganz im Gegenteil gehören sie den höchsten sozialen Statusgruppen zu, und die Entscheidung für ein Auslandsstudium ist vielfach Ausdruck dieses privilegierten

Sozialstatus. Gruppen adliger Studenten treffen sich an bestimmten ausländischen Studienorten. Auf diese Weise bilden sich Netzwerke von Kontakten unter Eliteangehörigen, die häufig nach der Rückkehr in das Herkunftsland kontinuiert wurden. Die meisten dieser Studenten sind Rechtsstudenten, die sich mit Zivilrecht befassen. Diese Präferenz für Rechtsstudien ist in keiner Weise überraschend und ist in der umfangreichen Forschung zu frühneuzeitlichen Korporationen deutscher Rechtsstudenten in ausländischen Universitäten gut belegt. Insofern folgt eine zentrale These: Das Paradigma des frühneuzeitlichen Auslandsstudiums scheint zu sein, daß akademisches Studium (insbesondere des Rechts) Teil einer ständischen Lebensführung wird. In dieser Funktion sind akademische Studien mit der *Grand Tour* zu vergleichen, einer anderen Erziehungsinstitution für ständische Eliten. Auch die *Grand Tour* schloß monatelange Aufenthalte auf ausgewählten europäischen Universitäten ein. Aber es gab offensichtliche Unterschiede in der Länge der Aufenthalte und in der Bereitschaft des Erwerbs akademischer Grade.

III

Das bisherige Argument hat die beiden ersten Perioden in der Geschichte europäischer Universitäten mittels zweier Idealtypen charakterisiert. Das mittelalterliche *studium generale* als eine Institution für *Fremde* und *pauperes* und die frühneuzeitliche, nationalisierte Universität, die in einigen ihrer bekanntesten Exemplare ein Bezugs- und Treffpunkt für die politischen Eliten bestimmter europäischer Nationen wird. Gibt es ein vergleichbares basales Muster in der Universität der Moderne, das die Migration von Studenten im 19. und 20. Jahrhundert zu typisieren erlaubt? Wenn man über das 19. und 20. Jahrhundert spricht, ist eine Unterscheidung einzuführen. Man kann sich nicht länger sinnvoll auf Europa einschränken. Statt dessen muß man sich mit der weltweiten Migration von Studenten befassen. Dieser strukturelle Umbruch verweist auf eine bemerkenswerte Voraussetzung, die hier allerdings nicht mein Thema ist: Im Fall der europäischen Universität scheint es sich um eine Institution zu handeln, deren weltweite Diffusion gelingt, ohne daß institutionelle Alternativen sichtbar werden und ohne daß sie die Ambivalenz und den Widerstand auf sich zieht, der für andere europäische Institutionen selbstverständlich ist.[5]

Welches ist das dominierende Muster der Auslandsstudien in der modernen Gesellschaft? Ich möchte hier an eine Beschreibung anknüpfen, die Clark Kerr vorgeschlagen hat. Kerr spricht von der modernen Universität als einem Hybrid: einer »*cosmopolitan, nation-state* university«.[6] Angemessener als *Hybrid* wäre vermutlich die Charakterisierung als *Paradox*. Während man sich Hybridisierung als die Herausbildung einer neuen und zusammengesetzten, aber eben doch stabilen Identität vorstellen kann,[7] scheint für die moderne Universität eine Art oszillatorischer Bewegung charakteristisch zu sein. Eine solche Bewegung beginnt mit der Orientierung am Nationalstaat; sie führt vom Nationalstaat zu seiner kosmopolitischen Ausdehnung u. a. mittels Universitäten und akademischem Wissen. Und als Folge dieser kosmopolitischen Orientierung der Universität kommt es immer wieder zu Konflikten mit den Rechten, Verteilungsgesichtspunkten und mit Imperativen nationaler Sicherheit, die sich auf sogenannte nationale Interessen berufen. Deshalb optiere ich für den Begriff *Paradox*, weil Paradoxie in plausiblen modernen Deutungen als eine unaufhörliche oszillatorische Bewegung zwischen wechselseitig exklusiven Polen ausgelegt wird.[8]

Gleichzeitig verbinden sich mit diesen beiden Polen die beiden wesentlichen Kontextbedingungen des Auslandsstudiums in der Moderne. Die Universität wird einerseits ein kulturpolitisches Instrument des Nationalstaats und dessen über Kultur und Ideologie vermittelter weltweiter Repräsentation.[9] Sie gibt andererseits einem politisch nicht steuerbaren Kosmopolitismus Raum, weil sie strukturell gekoppelt ist mit den Ausdifferenzierungsprozessen einer Mehrzahl von Funktionssystemen, die in die Grenzen eines Nationalstaats nicht mehr

---

5 Siehe den interessanten Essay Altbach 1989.
6 Kerr 1991, S. 21.
7 Siehe zu *Hybridisierung* Nederveen Pieterse 1994.
8 Wormell 1958.
9 Vgl. als theoretischer Hintergrund in Termini des soziologischen Neoinstitutionalismus Thomas et al. 1987; Meyer et al. 1992.

einzuschließen sind.[10] Diese beiden Thesen gilt es im folgenden zu erläutern und zu belegen.

IV

Ein erster enger Zusammenhang von Nationalstaat, kultureller Ausweitung des Nationalstaats und Auslandsstudium entsteht als eine Folge der kolonialen Expansion der europäischen Nationen. Dies führte einerseits dazu, daß Eliten aus den kolonisierten Ländern in den jeweiligen Metropolen studieren. Andererseits kommt es zur Errichtung von Universitäten in den kolonisierten Ländern, die in praktisch allen Fällen im Unterricht die Sprache des kolonisierenden Landes benutzen,[11] so daß es sich für die einheimischen Eliten auch hier in gewisser Hinsicht um ein Auslandsstudium handelt. Schließlich scheint es plausibel anzunehmen, daß die soziale Aushandlung der Frage, wer in einer jeweiligen kommunikativen Situation der *Fremde* ist, entscheidend auch über die Wahl der Sprache läuft.[12]

Dieses Muster der Ausweitung des Nationalstaats mittels der Hochschulpolitik erfährt im 20. Jahrhundert eine generellere Entwicklung, für die der Kolonialismus nur noch in der Form einer historischen Vorzeichnung der Migrationswege eine Rolle spielt. Die Universität wird jetzt bewußter als Instrument der Kulturpolitik gebraucht, sei dies in der japanischen Version des Imports ausländischer Studenten um einer Minderung der eigenen kulturellen Abschließung willen, der kommunistisch-sozialistischen Variante, der es um die ideologische Durchdringung der Mitglieder künftiger Eliten von Ländern der Dritten Welt ging,[13] oder schließlich in der besonders interessanten französischen Variante. Im französischen Fall steht vielleicht am deutlichsten die Überzeugung von der Werthaltigkeit eines in die Welt weiterzugebenden literarisch-kulturellen Syndroms im Vordergrund. Marie Waxin nennt in ihrer 1939 veröffentlichten juristisch-historischen Untersu-

10 Vgl. Stichweh 1995; 1996.
11 Altbach 1989, S. 16.
12 Vgl. dazu Michels 1925, S. 298; vgl. Stichweh 1992.
13 Diese beiden Beispiele bei Kerr 1991, S. 24.

chung des Auslandsstudiums die ausländischen Studenten, deren Aufnahme in Frankreichs Interesse liege, »futurs zélateurs de sa pensée«.[14]

Die Bedeutung des französischen Beispiels wird durch die im internationalen Vergleich immer sehr hohen Zahlen von Auslandsstudenten in Frankreich unterstrichen. So studieren beispielsweise 1927/8 (einem allerdings günstig gewählten Jahr) in Frankreich 14 368 Ausländer, während es gleichzeitig in den USA 8 932 ausländische Studenten, in Deutschland 5 917 und in Großbritannien 5 163 sind.[15] Bemerkenswert ist, daß Frankreich diese Sonderstellung bis heute behauptet hat. Wenn man sich zum Vergleich Daten aus dem statistischen Jahrbuch der UNESCO für 1995 ansieht, findet man folgende Zahlen ausländischer Studenten: Der größte Importeur von Studenten sind heute die Vereinigten Staaten mit 449 749 ausländischen Studenten (d. h. das Fünfzigfache der 65 Jahre früher erreichten Zahl).[16] Frankreich behauptet die zweite Position mit knapp 140 000 Studenten, womit sich sogar in Frankreich die Zahlen seit den zwanziger Jahren verzehnfacht haben. Auf den beiden nächsten Plätzen findet man dieselben Länder wie 1927: Deutschland mit 116 000 und Großbritannien mit 96 000 ausländischen Studenten (in diesen beiden Fällen beträgt der Multiplikator seit 1927 ca. 19 oder 20). Es schließt sich die Russische Föderation mit 83 000 Auslandsstudenten an, die insofern einen Spezialfall verkörpert, weil die meisten dieser Studenten aus Republiken der früheren Sowjetunion stammen und erst in jüngster Zeit als Ausländer neu klassifiziert wurden.[17] Die beiden nächsten Positionen in dieser Hierarchie werden durch signifikante neue Namen besetzt: Japan mit 45 000 und Australien mit 42 000 ausländischen Studenten. Beide Fälle wie auch die amerikanischen Zahlen dokumentieren die strategische Position Asiens, das seit den achtziger Jahren die bei weitem wichtigste Region für den Studentenexport ist. In dieser Rolle ist Asien der Nachfolger des Mittleren

14 Waxin 1939, S. 175.
15 Ebd., S. 186.
16 UNESCO 1995, S. 3-402 (die Daten stammen aus den Jahren 1991-3); vgl. UNESCO 1994, S. 3-411.
17 Der temporäre Charakter des Phänomens wird gut illustriert durch den Unterschied zu dem Statistischen Jahrbuch der UNESCO für 1994, das für die Russische Föderation sogar 134 000 Auslandsstudenten nennt.

Ostens, der noch in den siebziger Jahren als der wichtigste Exporteur von Studenten fungierte.

Wenn man sich noch einmal den französischen Fall ansieht, fällt eine bemerkenswerte Verteilung der Herkunftsländer auf: 52,8% der Studenten kommen aus Afrika; 25,6% aus Europa; 14,1% aus dem Mittleren Osten und Asien; 4,1% aus Nord- und Mittelamerika; 3,0% aus Südamerika.[18] Marokko und Algerien allein tragen 14,5% bzw. 14% der Auslandsstudenten in Frankreich bei. Ihnen folgen Tunesien (4,3%), Deutschland (4,2%), Kamerun (3,4%), Großbritannien (3,0%), der Libanon (2,7%), Portugal, die USA und Senegal.[19] Man kann diese Zahlen auf instruktive Weise mit dem deutschen Fall vergleichen: der größte Studentenexporteur nach Deutschland ist die Türkei mit 14,5% der ausländischen Studentenpopulation in Deutschland. Es folgen der Iran (9,2%), Griechenland (6,1%), China (5,4%),[20] Österreich (5,1%), die Republiken des früheren Jugoslawien (4,2%) und Südkorea (3,9%).[21] Diese sehr verschiedenartigen Verteilungen für Frankreich und für Deutschland demonstrieren, wie Einflußpfade, die durch eine koloniale Vergangenheit und traditionelle kulturelle Nähe, durch neu entstehende und persistente Muster der Kooperation unter Staaten (insbesondere in der EU) und durch neue Zonen kulturellen Einflusses geformt werden (im deutschen Fall bestimmt durch die Herkunftsländer der früheren *Gastarbeiter*), eine Struktur ausbilden, an der der kulturelle Effekt der modernen Institutionen des Nationalstaats abgelesen werden kann. Diese Interrelation von Nationalstaat und Auslandsstudium kann auch aus der komplementären Perspektive der Herkunftsnationen beschrieben werden. Wenn man dies tut, wird ein weiterer Faktor unmittelbar sichtbar.

Während im frühneuzeitlichen Europa oft konfessionelle

18 Es handelt sich um Zahlen für 1993 in UNESCO 1995, S. 3-402 ff.

19 Wenn man diese Zahlen mit denen für 1989 vergleicht (Open Doors 1991/2, S. 5 ff.) kann man in jüngster Zeit erfolgte Strukturveränderungen feststellen. 1989 kamen 56,7% der Studenten aus Afrika; 18,7% aus Europa; 10% aus dem Mittleren Osten; 6,7% aus Asien und 4,4% aus Lateinamerika. Marokko allein trug 20% zu den Auslandsstudenten in Frankreich bei. Es folgten Algerien, Tunesien, Kamerun, Libyen und der Iran. Es gab also keine europäischen Länder unter den Spitzenpositionen.

20 In den UNESCO-Zahlen werden die Volksrepublik China und Taiwan nicht getrennt.

21 Zahlen für 1991 in UNESCO 1995, S. 3-402 ff.

Motive der primäre Push-Faktor für Gruppen von Studenten waren, die keine adäquate Institution der Hochschulerziehung in ihrem eigenen Land finden konnten,[22] ist in der modernen Staatenwelt Ethnizität und Nationalität ein hauptsächlicher Push-Faktor geworden. Studenten, die einer fremden oder inoffiziellen Ethnizität oder Nationalität zugerechnet werden, werden in manchen Fällen in modernen Staaten mittels rechtlicher oder informeller Mittel aus dem Zugang zu Studienmöglichkeiten exkludiert. Studienverbote für Juden sind im Europa des 19. und 20. Jahrhunderts ein wohlbekanntes Beispiel, und in der Gegenwart kann man beispielsweise auf die Asymmetrie in der ethnischen Zugehörigkeit der aus Malaysia kommenden Studenten verweisen. Diese sind meist chinesischer und nicht malaiischer Herkunft, obwohl es in Malaysia eine malaiische Bevölkerungsmehrheit gibt.[23] Offensichtlich fungieren also Ethnizität, Nationalität und kulturelle Affinität als bestimmende Push- und Pull-Faktoren in gegenwärtigen Prozessen weltweiter Migration von Studenten.

V

Ein zweites basales Muster internationaler Studentenmigration drängt sich auf. Im nächsten Schritt des Arguments wird der Aufsatz dieses Muster isolieren und belegen (V). Danach folgen abschließende Überlegungen zur sozialen Integration ausländischer Studenten und zu Mustern des Konflikts mit ausländischen Studenten, und diese berühren erneut das erste Leitthema, das der kulturellen Extension des Nationalstaats (VI). Dieser zweite hier vorzustellende Muster heißt funktionale Differenzierung – und der Aufsatz interessiert sich hauptsächlich für die Interrelation von funktionaler Differenzierung und dem Kosmopolitismus, der dieser inhärent ist.

Die Ausgangsthese ist, daß sich vom 18. bis zum 20. Jahrhundert die Ausdifferenzierung einer Mehrzahl autonomer Funktionssysteme in der modernen Gesellschaft beobachten läßt. Die moderne Wissenschaft, die Wirtschaft, Erziehung,

22 Vgl. Stichweh 1991, insb. Kap. XII.
23 Der Hintergrund ist eine in Malaysia etablierte Praxis, die malaiische Bewerber in den einheimischen Universitäten favorisiert.

das Recht, die Religion und der Sport sind Beispiele für Funktionssysteme, die in der modernen Gesellschaft ausnahmslos globalisierte Funktionssysteme sind. Jedes dieser Funktionssysteme schafft Stimuli für Prozesse sozialer Mobilität und auch für Migrationen, die die Grenzen von Nationalstaaten in vielen Fällen überschreiten. Da es in diesem Aufsatz um die *internationale Migration von Studentenpopulationen* geht, ist die entscheidende Frage für unser Argument, wie jedes dieser Funktionssysteme mit dem System der Hochschulerziehung strukturell gekoppelt ist und welche Migrationsmotive aus dieser strukturellen Kopplung resultieren.

Zunächst wird sich unser Interesse auf das System der Hochschulerziehung und auf das Wissenschaftssystem als zwei verschiedene, aber in ihren Ausdifferenzierungsprozessen gekoppelte Funktionssysteme konzentrieren.[24] Diese Systeme sind auf einer Mehrzahl von Ebenen strukturell miteinander gekoppelt: *Rollen* (die professorale Rolle, in der Lehrverpflichtungen und die Erwartung von Forschungsleistungen miteinander gekoppelt sind), *Organisationen* (die Universität in ihrer Doppelfunktion als Forschungsorganisation und als Teil des Systems der Hochschulerziehung) und schließlich die *Programme* der Hochschulerziehung, zumindest so lange, als man diese curricularen Programme noch mit der Erwartung verknüpft, daß es sich bei ihnen um Programme wissenschaftlicher Bildung (i. e. der Bildung durch Wissenschaft) handeln müsse.[25] Als Folge der Ausdifferenzierung dieser beiden Funktionssysteme – d. h. verursacht durch beide dieser Systeme – entstehen neue Migrationsmotive, die im Verlauf des 19. und 20. Jahrhunderts schnell an Prominenz gewinnen.

Natürlich kannte auch das frühneuzeitliche Europa Universitäten wie Padua, Leiden und Göttingen, deren gelehrte Reputation eine Studentenmigration in europäischem Ausmaß induzierte. Aber diese durch gelehrte Reputation verursachte Migration war immer in Schichtungsmuster eingebettet, die

24 Um Mißverständnisse auszuschließen: Ich gehe nicht davon aus, daß es sich bei Hochschulerziehung um ein eigenständiges Funktionssystem handelt. Vielmehr ist es als Subsystem (und also als Einheit der Innendifferenzierung) im Erziehungssystem zu verstehen.

25 Dies bezieht sich auf die postulierte *Einheit von Lehre und Forschung* als eine Prämisse dieser Erziehungsprogramme. Siehe dazu Stichweh 1994, Kap. 10.

Orte mit intellektuellem Prestige als geeigneten Erziehungs-kontext für Personen von hohem Stand erachtete. Muster dieses Typs überlebten die französische Revolution nicht. Das erste wirklich bedeutsame universitäre Migrationssystem in der Geschichte der modernen Gesellschaft, die enge Verbindung zwischen Deutschland und den Vereinigten Staaten im neunzehnten und frühen zwanzigsten Jahrhundert, muß bereits ohne jeden Bezug auf eine Einbettung in die ständische Gesellschaft der alten Welt verstanden werden. Zwei deutlich getrennte Phasen sollten unterschieden werden.[26] Zwischen 1800 und 1870 sind die Zahlen der amerikanischen Studenten in Deutschland klein; es handelt sich um eine Gesamtzahl von 600 bis 700 Studenten in diesen 70 Jahren. Aber – wie Carl Diehl gezeigt hat –, nahezu alle Personen, die für die Etablierung der ersten amerikanischen Universitäten nach 1870 verantwortlich sind (Ticknor, Bancroft, Daniel Coit Gilman, Andrew White), gehören zu dieser ersten Generation amerikanischer Studenten in Deutschland.[27] In den Dekaden nach 1870 folgt eine Phase großer Zahlen. In den achtziger Jahren des neunzehnten Jahrhunderts gab es allein in Berlin Hunderte von amerikanischen Studenten, die sich gleichzeitig dort aufhielten. Da nahezu alle diese Studenten in die Vereinigten Staaten zurückkehrten, ist für diese Phase der Effekt einer breiteren Diffusion von Wissen und institutionellen Modellen zu vermuten.

Im Blick auf dieses Beispiel läßt sich der wichtigste Auslöser studentischer Migration in der Moderne ermitteln. *Leistungs-differenzen zwischen Hochschul- und Wissenschaftssystemen* werden zum dominanten Migrationsmotiv. Die Tatsache, daß die Vereinigten Staaten heute das bei weitem wichtigste Migrationsland sind, läßt sich nur mit Verweis auf diese Ursache erklären. Aber diese Ursache sollte ergänzt werden durch den Verweis auf die *interne Komplexität von Hochschul- und Wissenschaftssystemen* als eine verwandte Variable.[28] Wenn man die Gesamtzahl aller Auslandsstudenten in der Welt ermittelt, kommt man 1950 auf 100 000, 1985 auf 1 080 000 und in der

---

26 Vgl. zum folgenden Diehl 1978.
27 Ebd., S. 51.
28 Siehe Cummings 1991, S. 123.

Mitte der neunziger Jahre sind es ca. 1 400 000.[29] Also hält sich ungefähr ein Drittel der Weltpopulation der Auslandsstudenten in den Vereinigten Staaten auf, was außer mit Leistungsdifferenzen auch mit der internen Komplexität des amerikanischen Hochschulsystems zu tun hat.[30]

In der Analyse der Ursachen ist es schwierig, das System der Hochschulerziehung vom Wissenschaftssystem zu trennen. Nichtsdestoweniger kann man dann von einem Impuls sprechen, der spezifisch auf die Hochschulerziehung zuzurechnen ist, wenn in einer Universität Studienplätze verfügbar sind und diese Universität explizit versucht, ausländische Studenten für diese Studienplätze zu werben, sobald sich eine unzureichende Nachfrage bei einheimischen Studenten abzeichnet. Genau diese Strategie läßt sich bei amerikanischen Hochschulorganisationen beobachten, die in dieser Hinsicht viel aktivistischer als europäische Organisationen sind. Dies ist in den USA insbesondere mit Bezug auf Studienplätze in den Natur- und Ingenieurwissenschaften der Fall, und insofern kann man mit Bezug auf diese Sachverhalte von separaten, aber miteinander gekoppelten Stimuli sprechen, die durch diese beiden Funktionssysteme – Hochschulerziehung und Wissenschaft – verursacht werden.

Eine der gerade beschriebenen analoge Situation liegt im Fall Australiens vor, das heute einer der großen Studentenimporteure der Welt ist. Bis in die achtziger Jahre hinein wurde die Aufnahme ausländischer Studenten in Australien primär als Form von Entwicklungshilfe für die asiatischen Staaten wahrgenommen.[31] Deshalb wurden den ausländischen Studenten normalerweise keine Studiengebühren abverlangt. Noch 1989 zahlten nur 33% von ihnen Gebühren. Die erste Hälfte der neunziger Jahre hat eine völlige Umkehr dieser Politik mit sich gebracht. Jetzt wird die Studentenpopulation aus asiatischen Staaten (Hongkong, Indonesien, Malaysia) als eine solvente Klientel gesehen, die zur *Entwicklung der australischen Universitäten* beiträgt und um die man deshalb aktiv wirbt. 1994 entrichteten bereits 86% der ausländischen Studenten Gebühren für ihr Studium. Gleichzeitig nahm ihre absolute

29 Kerr 1991, S. 38, Fn. 13; Open Doors 1988/9, S. 7; UNESCO 1994; 1995.
30 Siehe dazu Stichweh 1994, Kap. 11.
31 Siehe den sehr interessanten Text Shu/Hawthorne 1996.

Zahl rapide zu (neue Studenten pro Jahr: 7-10000 in den achtziger Jahren; 27000 in 1994), und d. h., daß sie ein signifikanter Faktor in der Transformation der australischen Universitäten geworden sind.

Diese Kopplung der Impulse zweier Funktionssysteme kann man genauer studieren, wenn man sich mit Bezug auf amerikanische Universitäten die Anteile ausländischer Studenten in Fächern wie Ingenieurwissenschaften und Naturwissenschaften ansieht. Ich will zunächst einige Zahlen nennen: Im Jahr 1988 wurde mehr als ein Viertel aller Ph. D.'s in Natur- und Ingenieurwissenschaft von ausländischen Studenten erworben – und dieser Anteil stieg schnell weiter an, da der Anteil von Ausländern an den *graduate students* in diesen Fächern zu diesem Zeitpunkt bereits signifikant höher war.[32] Auf der Ebene erster Universitätsanstellungen für Wissenschaftler, die gerade ihren Ph. D. erlangt haben, war der Anteil der Ausländer noch einmal deutlich höher: 42% in den biologischen Wissenschaften; 55% in den physikalischen Wissenschaften und 66% in den Ingenieurwissenschaften. In all diesen Fällen liegt eine Kopplung der kausalen Impulse zweier Funktionssysteme vor. Mit Bezug auf das System der Hochschulerziehung geht es um verfügbare Plätze in *graduate departments* und um Universitätsstellen für Postgraduierte, und man kann feststellen, daß es akademische Organisationen gibt, die mittels einer aktiven Suche unter ausländischen Kandidaten diese Plätze und Positionen zu füllen versuchen, was voraussetzt, daß diese ausländischen Kandidaten ihrerseits Chancen in den Vereinigten Staaten vergleichbaren Chancen in anderen Ländern vorziehen. Wenn wir jetzt die gleichen Sachverhalte aus der differenten funktionalen Perspektive des Wissenschaftssystems betrachten, haben wir es mit einer Nachfrage der Wissenschaft nach wissenschaftlichen Leistungen (hier also: Dissertationen und postdoktorale Forschungsleistungen) zu tun. Diese Nachfrage ist deshalb erfolgreich bei der Werbung um Ausländer, weil für diese Ausländer ihre Migration in die Vereinigten Staaten gleichzeitig als Transfer in

32 Diese und die folgenden Zahlen bei Zinberg 1991, S. 62; vgl. Open Doors 1988/9, Kap. 3. Landesweit betrug der Anteil ausländischer Studenten in den *graduate departments* (einschließlich Sozial- und Geisteswissenschaften) 1988 24% (U.S. Congress, Federally funded ..., 1991, S. 210).

das Weltzentrum der jeweiligen wissenschaftlichen Disziplinen fungiert.

Die perzipierte Dominanz amerikanischer Hochschulorganisationen und amerikanischer Wissenschaft als der primäre Auslöser von Migrationen läßt sich gut beobachten, wenn man sich die Distribution der Migranten in Relation zu den verschiedenen akademischen Feldern ansieht. Ausländische Studenten in den USA entscheiden sich sehr oft für Ingenieurwissenschaft, Mathematik und die physikalischen und biologischen Wissenschaften (35,2%). An zweiter Stelle liegen Wirtschaft und Management als Studiengebiete (20,1%). Das heißt, die Migranten optieren für hochgradig internationalisierte Lehr- und Forschungsgebiete, die sie im Prinzip auch in ihrem eigenen Land hätten studieren können.[33] Ein völlig anderes Muster zeichnet sich in der Verteilung der amerikanischen Studenten ab, die sich temporär in fremden Ländern aufhalten. Ihre primären Studiengegenstände sind: Geisteswissenschaften (21%); Fremdsprachen (15%); Sozialwissenschaften (14%); Wirtschaft und Management (11,1%). Nur 5,1% von ihnen wählen Ingenieurwissenschaft, Mathematik und die physikalischen und biologischen Wissenschaften – d. h. jene Studiengebiete, für die sich ausländische Studenten in den USA vor allem interessieren.[34] Dieses Verhaltensmuster amerikanischer Studenten kann man rekonstruieren, indem man sagt, daß sie sich für Disziplinen mit einem Aspekt *nationaler Partikularität* interessieren. D. h., daß die inhärenten Charakteristiken eines Studiengebiets und dessen sachthematische Kopplung mit spezifischen Regionen und Ländern in der Weltgesellschaft hier als Hintergrund der beobachtbaren Migrationsmuster fungieren. Die studentische Migration aus den Vereinigten Staaten scheint also nicht durch perzipierte Differenzen zwischen Leistungsniveaus verschiedener Nationen motiviert zu sein.

Gibt es andere Funktionssysteme außer Wissenschaft und Hochschulerziehung, mit Bezug auf die man sagen kann, daß ihre Globalisierungsprozesse Migrationen von Studenten verursachen? Es gibt dafür eine Vorbedingung, die oben bereits erwähnt wurde: es muß eine strukturelle Möglichkeit enger

33 Open Doors 1991/2, S. 25 ff.
34 Vgl. Kerr 1991, S. 26-27; Open Doors 1988/9, S. 82.

Kopplungen zwischen dem jeweiligen Funktionssystem und den Systemen für Hochschulerziehung und Wissenschaft gegeben sein. Zwei weitere Beispiele sollen in diesem Aufsatz diskutiert werden.

Das erste Beispiel spielte in den gerade zitierten Daten bereits eine Rolle. Es ist auffällig, daß das am zweithäufigsten gewählte Studiengebiet ausländischer Studenten in den USA *Wirtschaft und Management* ist (8,7% in 1964/5; 18,9 in 1988/9; 20,1 in 1991/2). Gleichzeitig gehört das gleiche Studiengebiet zu den ersten Präferenzen amerikanischer Studenten in anderen Ländern der Welt (11,1% in 1987/8).[35] Dies ist der einzige Fall, in dem die Präferenzen in beiden Migrationsrichtungen ähnlich sind. Der offensichtliche Grund für diese Entwicklung ist die fortschreitende Globalisierung des Wirtschaftssystems und weiterhin die Form der strukturellen Kopplung der Wirtschaft mit dem System der Hochschulerziehung. Es ist leicht zu sehen, daß aus der strukturellen Kopplung der Wirtschaft mit dem System der Hochschulerziehung der erste wirklich global akademische Grad hervorging – der *Master of Business Administration (MBA)* – und im Prozeß der Institutionalisierung des MBA die erste genuin internationale curriculare Struktur.[36] Man kann vermuten, daß die Symmetrie der Migrationsbewegungen, die nur in diesem einen Fall zu beobachten ist, durch die ihrerseits einmalige Situation einer vereinheitlichten curricularen Struktur verursacht wurde. Vermutlich ist für einen nicht kleinen Teil der amerikanischen Studenten, die in den verfügbaren Statistiken in der Rubrik *business and management* aufgelistet werden, der Aufenthalt im Ausland Teil ihres MBA-Programms.[37] Die globale Attraktivität wirtschaftsbezogener Studienfächer kann auch am australischen Fall festgestellt werden. In dem Maße, in dem Australien einer der dominierenden Importeure von Studenten (oder: Exporteure von Hochschulerziehung) wurde, nahmen *business administration* und *economics* als Studienfächer ausländischer Studenten an Bedeutung zu. Im Jahr 1994 schrieben sich 40% aller ausländischen Studenten und 46% aller auslän-

35 Open Doors 1988/9, S. 27 und 82; Open Doors 1991/2, S. 25 ff.
36 Vgl. zur Geschichte des MBA Simon 1967; Lock 1996.
37 Vgl. zu Auslandsaufenthalten amerikanischer Studenten Allaway 1991, S. 58-59.

dischen Studenten aus Asien entweder in *business administration* oder in *economics* ein.[38]

Ich möchte eine Beobachtung hinzufügen, die sich auf diese Interrelation von Wirtschaft und Hochschulerziehung bezieht: die Globalisierung curricularer Strukturen kann ein Startpunkt für die Migration ganzer akademischer Organisationen sein. Universitäten, die ausländische Dependancen errichten, sind ein neues Phänomen in der Universitätsgeschichte,[39] und sie tun dies neben anderen Gründen, damit sie MBA-Kurse oder Teile ihrer MBA-Programme in anderen Ländern anbieten können. Ich denke, daß es eine faszinierende Frage ist, ob die fortschreitende Differenzierung der Hochschulerziehung die Kopplung der Universitäten mit dem Nationalstaat weiterhin schwächt und ob dies dahin führt, daß, wie dies sich in der Globalisierung des multinationalen Unternehmens vollzieht, künftig auch die Universitäten eine zunehmende Zahl von internationalen Dependancen errichten. Eine Voraussetzung einer solchen Entwicklung wäre vermutlich eine Lockerung der Verbindung von Sekundarschulen und Hochschulerziehung. Diese Vorbedingung ist in den Vereinigten Staaten möglicherweise schon erfüllt, weil dort das niedrige Niveau des Sekundarschulwesens nicht unbedingt eine gute Vorbereitung für die ungeachtet dessen exzellenten amerikanischen Universitäten bietet. Universitäten suchen ihre Studenten selbst aus; auf der Basis eigener Kriterien, die nicht unbedingt mit denen einer erfolgreichen Schulkarriere übereinstimmen müssen.

Das letzte Funktionssystem, das dieser Aufsatz kurz diskutieren wird, ist das unbestreitbar globale Funktionssystem Sport. Wie sind die Hochschulerziehung und das System des Sports strukturell gekoppelt? Eine besondere Eigentümlichkeit des Sports in amerikanischen Colleges und Universitäten ist, daß die Einrichtungen der Hochschulerziehung selbst in erheblichem Umfang Leistungssport organisieren, indem sie

38 Shu/Hawthorne 1996, S. 78.
39 Es ist bemerkenswert, daß 83 % jener amerikanischen Universitäten, die ein *studies abroad-Programm* haben, diese Programme *nicht* in Kooperation mit Universitäten in jenen Ländern organisieren, in die sie ihre Studenten schicken (Allaway 1991, S. 158). Um nur ein Beispiel zu zitieren: seit einigen Jahren schon existiert ein Campus der *University of Maryland* in *Schwäbisch Gmünd*.

eigene Wettbewerbe und nationale Ligen etablieren. In den meisten anderen Hochschulsystemen der Welt existiert Sport nur als eine Freizeit- oder Ausgleichsaktivität.[40]

Für den amerikanischen Fall aber bedeutet diese ungewöhnliche Institutionalisierungsform, daß Hochschulerziehung und Sport eng miteinander gekoppelt sind, und zwar auf einem Niveau, das Leistungen und Intensitäten des Involviertseins verlangt, die sich nur wenig von den vergleichbaren Niveaus des professionellen Hochleistungssports unterscheiden. Das Vorhandensein dieser Kopplung wiederum führt zu einer umfangreichen Migration ausländischer Studenten. Am Beginn der neunziger Jahre gab es an amerikanischen Colleges 180 000 ausländische *undergraduates*. Darunter waren 6 000, die um ihrer sportlichen Talente willen von den betreffenden Colleges eingeladen worden waren. Beinahe jeder einzelne dieser 6 000 Studenten erhielt ein Stipendium eines College oder einer Universität.[41] In diesem Fall, dem der Rekrutierung ausländischer Studentensportler beobachten wir eine internationale Rekrutierung für nationale Wettbewerbe. Aber für die auf diese Weise eingeworbenen Studenten existiert natürlich die Chance, daß es ihnen dank verbesserter Trainingsbedingungen und der Finanzierung durch Stipendien und andere damit verbundene *benefits* gelingt, ein Leistungsniveau zu erreichen, das ihnen die Teilnahme am globalen Hochleistungssport erlaubt. Es gibt Beispiele unter schwedischen und südafrikanischen Tennisspielern, die von der Ebene der College-Wettbewerbe auf die professionelle ATP-Tour gewechselt sind. Gleichzeitig existiert mindestens eine Alternative für die ausländischen Studentensportler. Sie können ihre eigenen athletischen Begabungen als ein Mittel instrumentalisieren, das ihnen attraktive Optionen für akademische Studien eröffnet, die ihnen auf der Basis ihrer dokumentierten schulischen Leistungen versperrt blieben. Damit invertieren sie den Kalkül der sie rekrutierenden Organisationen. Das College rechnet damit, einen exzellenten Sportler für sich zu gewinnen, aber der Student ent-

40 Vgl. zur internen Differenzierung des Sports als eine Differenzierung von Leistungsniveaus Stichweh 1990.
41 Siehe Bale 1991, S. 64-65 (Zahl der Studenten) und S. 52 (Stipendien). Normalerweise verleihen amerikanische Universitäten Stipendien primär an *graduates*.

scheidet sich, die verfügbaren Möglichkeiten akademischen Lernens zu nutzen. Diese Inversion ist in der deskriptiven Literatur zum Sport in amerikanischen Hochschulen dokumentiert; aber man wird keine quantitative Evidenz finden.

Es wäre ein leichtes, diese Liste von Funktionssystemen zu verlängern. Einige andere Kandidaten für strukturelle Kopplungen zwischen der Globalisierung von Funktionssystemen und der internationalen Migration von Studenten drängen sich auf: Die hochgradig internationalisierte Rekrutierung musikalischer Talente und die Austauschprogramme in den bildenden Künsten; Religion als ein Funktionssystem mit transnationalen Kirchenorganisationen und die zugehörige Institutionalisierung theologischer Ausbildung in der Hochschule; die einsetzende Institutionalisierung internationaler und vergleichender Rechtswissenschaft und die Austauschprogramme, die sich mit diesen Fächern verknüpfen. Diese Beispiele führen immer wieder zu dem für unser Argument entscheidenden Punkt, daß es zunehmend plausibel wird, studentische Migrationen nicht mehr mittels der traditionellen Kategorien von Herkunftsland und -schicht zu sortieren, vielmehr die Ursachen von Migrationen in der Globalisierung der Funktionssysteme zu verorten.

VI

Am Ende unserer Überlegungen nehmen wir ein Thema auf, das in der Diskussion von Auslandsstudien immer eine erhebliche Rolle gespielt hat. Es kann mittels dreier Leitbegriffe näher umschrieben werden: *Kontakt, Inklusion, Konflikt.* Welche Art von Kontakten entwickeln sich zwischen ausländischen Studenten und Personen, Institutionen und funktionssystembestimmten Sphären in den sie aufnehmenden Ländern? Welche Muster der Inklusion oder Exklusion resultieren daraus? An welchem Punkt entstehen aus Kontakt und aus Modi der Inklusion Konflikt und negative Stereotype? Wie unterscheidet sich eine Migration, die durch die Absicht bestimmt ist, in das Herkunftsland zurückzukehren, von der Situation von Migranten, die noch nicht wissen, was sie nach Abschluß ihrer Studien tun wollen? Es gibt überraschend umfangreiche sozialpsychologische Forschungen zu Fragen dieser Art. Es wäre interessant, diese Literatur mittels der hier vorgetragenen Hypothesen einer erneuten Analyse zu unterziehen. Diese Analyse würde vor allem fragen, ob die oft aufgestellte Hypothese, daß die Inklusion ausländischer Studenten hauptsächlich von der wahrgenommenen *nationalen Reputation* ihres Herkunftslandes abhängt,[42] noch zutrifft, wenn Migration primär durch Kontakte im Rahmen ausdifferenzierter Funktionssysteme vermittelt ist.

Diese Frage kann hier nicht beantwortet werden, und ich möchte nur eine Überlegung skizzieren, die sich auf die beiden zentralen Hypothesen hinsichtlich der Ursachen moderner Studentenmigrationen bezieht. Diese beiden Hypothesen unterscheiden sich in der Prognose, die sie hinsichtlich der Wahrscheinlichkeit von Konflikten mit ausländischen Studenten aufstellen. Soweit die Universität als ein Instrument der Kulturpolitik des Nationalstaats fungiert, wird sie Sorge dafür tragen, daß sie ausländischen Studenten keine Rechte verleiht, die an die von diesen Studenten erworbenen akademischen Grade gekoppelt sind und die mit den Politiken des jeweiligen Nationalstaats konfligieren. Dies betrifft insbesondere die Frage der beruflichen Nutzung der erworbenen Qualifikationen in dem Gastland. Eine solche Nutzung – beispielsweise die Nutzung in Frankreich erworbener medizinischer Grade in Frankreich selbst – war schon im frühneuzeitlichen Europa vielfältigen Restriktionen unterworfen. Im frühneuzeitlichen Europa war das Interesse *lokaler professioneller Korporationen* an einer Limitierung des Zugangs das dominante Motiv. In der modernen Gesellschaft treten *nationale Motive* an die Stelle lokaler Korporationen. Das bedeutet, daß mit Blick auf die Mitglieder der Nation behauptet wird, sie seien auf den Schutz vor ausländischen Konkurrenten angewiesen, die als Universitätsstudenten die relevanten Qualifikationen erwerben.[43] Deshalb gibt es in der modernen Gesellschaft erneut Versuche, in akademische Grade Limitationen einzubauen, die die Verwendbarkeit im Gastland beschränken. Dies wird gelegentlich mit dem Argument gestützt, daß die erwünschten Effekte in Termini von Kulturpolitik (die kulturelle *Propaganda*) nicht aufträten,

42 Siehe dazu Klineberg/Hull 1979, insb. Kap. 6.
43 Siehe interessant Waxin 1939, S. 243, 268-272.

wenn der ausländische Student nicht in sein Herkunftsland zurückkehrt.

Studentenmigration, die durch die Autonomie und Globalität ausdifferenzierter Funktionssysteme verursacht ist, scheint weniger zu den gleichen Interessenkonflikten disponiert zu sein. Aber dies macht es um so wahrscheinlicher, daß die Effekte dieses zweiten Migrationstyps mit dem Nationalstaat konfligieren. Man kann dies in den Vereinigten Staaten gut beobachten. Dort scheint es auf der Ebene der Systeme und der Organisationen für Hochschulerziehung und Wissenschaft keine systemeigenen Motive zu geben, den Zugang von Ausländern zu *undergraduate*- und zu *graduate*-Programmen und zu ersten akademischen Anstellungen zu limitieren. Dies ist der Hintergrund der oben zitierten extremen Prozentanteile von Ausländern in den Ingenieurwissenschaften und den physikalischen und biologischen Wissenschaften, wo die Anteile oft 50% überschreiten. Um so mehr aber artikuliert sich heute häufig eine externe Opposition, die in Termini der Interessen der Nation formuliert wird.[44] Es wird dann zum Beispiel behauptet, daß sich für nationale Minoritäten – schwarze Amerikaner – und für Frauen die Bedingungen des Zugangs durch die große Zahl von Ausländern erheblich verschlechtern. Oder man nimmt die Perspektive *nationaler Sicherheit* ein. Einige amerikanische Autoren weisen darauf hin, daß gerade in den Forschungsgebieten, in denen der Ausländeranteil sehr hoch ist (Ingenieurwissenschaften und physikalische Wissenschaften) die strukturelle Kopplung der Universität mit militärisch relevanter Forschung besonders eng ist. Oder ein Beispiel aus dem Universitätssport: Wird die Identifikation mit einer Collegemannschaft noch effektiv funktionieren, wenn diese Mannschaft primär aus asiatischen und afrikanischen Spielern besteht?[45] Es ist leicht zu sehen, daß grundlegende Konflikte der Gegenwartsgesellschaft hier in die Diskussion der globalen interuniversitären Migration wiedereingeführt werden, und dieser Sachverhalt weist auf das Interesse hin, das eine Studie verdiente, die sich mit den Prozessen und Mustern von Konflikten, die sich auf diesen Kon-

---

44 Siehe zum folgenden Deutch 1991; Ryan 1992; Zinberg 1991; und genereller zur Geschichte des *Nativismus* in den USA Higham 1994.
45 Siehe Bale 1991 und die Studien in Bale/Maguire 1994.

text der interuniversitären Migration beziehen, befassen würde.[46]

Literatur

Allaway, William H., »The Future of International Educational Exchange«, in: *American Behavioral Scientist* 35 (1991), S. 55-63.

Altbach, Philip G., »Twisted Roots: The Western Impact on Asian Higher Education«, in: *Higher Education* 18 (1989), S. 9-29.

Bale, John, *The Brawn Drain: Foreign Student-Athletes in American Universities*, in: Urbana, Illinois und Chicago, 1991.

Bale, John / Maguire, Joseph (Hg.), *The Global Sports Arena: Athletic Talent Migration in an Interdependent World*, London 1994.

Cummings, William K., »Foreign Students«, in: Philip G. Altbach (Hg.), *International Higher Education. An Encyclopedia*, Vol. 1, New York und London 1991, S. 107-125.

Deutch, John, »The Foreign Policy of U.S. Universities«, in: *Science* 253 (1991), S. 492.

Diehl, Carl, *Americans and German Scholarship 1770-1870*, New Haven und London 1978.

Higham, John, *Strangers in the Land. Patterns of American Nativism, 1860-1925*, New Brunswick 1994.

Kerr, Clark, »International Learning and National Purposes in Higher Education«, in: *American Behavioral Scientist* 35 (1991), S. 17-42.

Klineberg, Otto / Hull, W. Frank IV, *At a Foreign University. An International Study of Adaptation and Coping*, New York 1979.

Lock, Andrew R., »The Future of the MBA in the UK«, in: *Higher Education* 31 (1996), S. 165-185.

Meyer, John W. et al., *School Knowledge for the Masses: World Models and National Primary Curricular Categories in the Twentieth Century*, Washington D.C. und London 1992.

Michels, Robert, »Materialien zu einer Sociologie des Fremden«, in: *Jahrbuch für Sociologie* 1 (1925), S. 296-317.

Nederveen Pieterse, Jan, »Globalisation as Hybridisation«, in: *International Sociology* 9 (1994), S. 161-184.

Oexle, Otto Gerhard, »Alteuropäische Voraussetzungen des Bildungsbürgertums – Universitäten, Gelehrte und Studierte«, in:

46 Vgl. zu Konflikten mit Fremden Stichweh 1992; 1997.

Werner Conze / Jürgen Kocka (Hg.), *Bildungsbürgertum im 19. Jahrhundert*, Stuttgart 1985, S. 29-78.

Open Doors 1988/9. Report on International Educational Exchange, (Marianthi Zikopoulos, Hg.), New York 1988/9.

Open Doors 1991/2. Report on International Educational Exchange, (Marianthi Zikopoulos, Hg.), New York 1991/2.

Rubin, Miri, *Charity and Community in Medieval Cambridge*, Cambridge 1987.

Ryan, Alan, »Princeton Diary«, in: *London Review of Books*, 26. März 1992, S. 21.

Shu, Jing / Hawthorne, Lesleyanne, »Asian Student Migration to Australia«, in: *International Migration* 34 (1996), S. 65-95.

Simon, Herbert A., »The Business School: A Problem in Organizational Design«, in: ders., *Administrative Behavior. A Study of Decision-Making Processes in Administrative Organization*, New York 1976, 3. Aufl., S. 335-356 (=1967).

Stichweh, Rudolf, »Sport – Ausdifferenzierung, Funktion, Code«, in: *Sportwissenschaft* 20 (1990), S. 373-389.

Stichweh, Rudolf, *Der frühmoderne Staat und die europäische Universität. Zur Interaktion von Politik und Erziehungssystem im Prozeß ihrer Ausdifferenzierung (16.-18. Jahrhundert)*, Frankfurt/M. 1991.

Stichweh, Rudolf, »Universitätsmitglieder als Fremde in spätmittelalterlichen und frühmodernen europäischen Gesellschaften«, in: Marie Theres Fögen (Hg.), *Fremde der Gesellschaft. Historische und sozialwissenschaftliche Untersuchungen zur Differenzierung von Normalität und Fremdheit*, Frankfurt/M. 1991, S. 169-191 (=1991a).

Stichweh, Rudolf, »Der Fremde – Zur Evolution der Weltgesellschaft«, in: *Rechtshistorisches Journal* 11 (1992), S. 295-316.

Stichweh, Rudolf, *Wissenschaft, Universität, Professionen: Soziologische Analysen*, Frankfurt/M. 1994.

Stichweh, Rudolf, »Zur Theorie der Weltgesellschaft«, in: *Soziale Systeme* 1 (1995), S. 29-45 (in diesem Band: Kap. 1).

Stichweh, Rudolf, »Science in the System of World Society«, in: *Social Science Information* 35 (1996), S. 327-340.

Stichweh, Rudolf, »Ambivalenz, Indifferenz und die Soziologie des Fremden«, in: Heinz Otto Luthe / Rainer E. Wiedenmann (Hg.), *Ambivalenz. Studien zum kulturtheoretischen und empirischen Gehalt einer Kategorie des Unbestimmten*, Opladen 1997, S. 165-183.

Thomas, George M. et al., *Institutional Structure. Constituting State, Society, and the Individual*, Newbury Park 1987.

Unesco, *Statistical Yearbook*, Paris 1994.

Unesco, *Statistical Yearbook*, Paris 1995.

U.S. Congress, Office of Technology Assessment, *Federally Funded Research: Decisions for a Decade*, Washington D.C. 1991.

Waxin, Marie, *Statut de l'étudiant étranger dans son développement historique. Thèse pour le doctorat. Université de Paris, Faculté de droit*, Amiens 1939.

Wormell, C.P., »On the Paradoxes of Self-Reference«, in: *Mind 67* (1958), S. 267-271.

Zinberg, Dorothy S., »Contradictions and Complexity: International Comparisons in the Training of Foreign Scientists and Engineers«, in: dies. (Hg.), *The Changing University. How Increased Demand for Scientists and Technology is Transforming Academic Institutions Internationally*, Dordrecht 1991, S. 55-87.

Gibt es eine »Weltpolitik« der »Weltwissenschaft«?

I

Die Überlegungen des folgenden Textes interessieren sich für Formen der strukturellen Kopplung zweier Funktionssysteme der modernen Gesellschaft. Verschiedene Aufsätze dieses Bandes haben die Globalisierung von Politik und von Wissenschaft zu analysieren versucht. Wie aber sieht die Interaktion dieser beiden Funktionssysteme aus? Zwei Fragen liegen nahe: Gibt es eine »Wissenschaftspolitik« des »globalen politischen Systems«, d. h. gibt es globale Steuerungsformen, die den politischen Einfluß auf Strukturentscheidungen im Wissenschaftssystem vermitteln?[1] Und zweitens: Gibt es eine »Weltpolitik« der »Weltwissenschaft«, d. h. eine strukturelle Form für Einflußnahmen, mittels deren die Weltwissenschaft die politischen und sozialen Folgen und Verwendungsformen für global erarbeitetes wissenschaftliches Wissen mitzubestimmen versucht? Die folgenden Überlegungen werden die erste dieser beiden Fragen nur stichwortartig aufnehmen und sich auf die zweite Frage konzentrieren, die sich für eine Wirkungsform interessiert, die unwahrscheinlicher zu erreichen scheint.

Ich möchte zunächst einige Leitfragen und Ergebnisse früherer Texte noch einmal hervorheben, um die Spezifität der Situation der Wissenschaft sichtbar zu machen und auf diese Weise das Erklärungsproblem zu fokussieren:

1. In der Gegenwart ist von einem globalisierten Wissenschaftssystem auszugehen. Eine der Besonderheiten dieses Systems fällt auf, wenn man es mit dem System medizinisch-therapeutischen Wissens vergleicht. Während im Fall der Medizin außer dem System biomedizinischen Wissens auch die alternativen oder heterodoxen Wissenssysteme in den Prozeß der Globalisierung einbezogen werden, also beispielsweise eine zunehmend globale Verbreitung von Ayurveda, Homöopathie etc. zu beobachten ist, ist das System der Weltwissenschaft ein System ohne konkurrenzfähige Heterodoxien. Während die

1 Vgl. dazu Stichweh 1994, Kap. 6; Stichweh 1999.

moderne Wissenschaft jeden Tag jede Menge von Alternativen *in der* Wissenschaft erzeugt und deren Erzeugung die eigentliche Ratio forschungsförmiger Wissenschaft ist, werden ihrerseits Wahrheitsansprüche erhebende *Alternativen zur Wissenschaft* nicht globalisiert.[2] Die Alternative von Kreationismus und Evolutionstheorie muß zwar in den Schulen einiger amerikanischer Staaten parallel und sozusagen werturteilsfrei gelehrt werden;[3] aber dies ist ein amerikanisches Phänomen, und von einer globalen Konkurrenz dieser beiden Wissenssysteme kann keine Rede sein. Es ist vermutlich diese in der Tat erklärungsbedürftige Besonderheit eines Weltsystems ohne Heterodoxien,[4] die manchmal den Eindruck erweckt, die Globalisierung der Wissenschaft sei ein in sich unproblematisches Phänomen.

2. Zwei Mechanismen treiben die Entstehung der Weltwissenschaft seit dem 19. Jahrhundert voran. Der erste Mechanismus heißt globale Diffusion institutioneller Muster. Das schließt Institutionen der Wissenschaftsförderung, der Hochschulerziehung und andere ein, und ein auffälliger Sachverhalt ist, daß nur die Muster diffundieren, die einzelnen Institutionen und Organisationen aber ihren lokalen und nationalen Bezugsrahmen beibehalten. Den zweiten Mechanismus nenne ich globale Vernetzung oder Interrelation. Damit ist gemeint, daß auf der Basis fortschreitender Innendifferenzierung des Systems nationale Grenzen im Knüpfen kollegialer *ties* schnell überschritten werden und insofern Spezialisierung (disziplinäre Differenzierung) der eigentliche Motor der kommunikativen Globalisierung des Systems ist.

3. Wenn man diese beiden gerade genannten Mechanismen der Globalisierung postuliert, ergeben sich zwei interessante Konsequenzen: Einmal fällt auf, daß die Globalisierung der Wissenschaft sich ohne eine Globalisierung ihrer Organisatio-

---

2 Vgl. die Diskussion über »indigene Wissenssysteme« auf der »World Conference on Science« in Budapest (25.6.-1.7. 1999); siehe Masood 1999.
3 Siehe dazu Lewis 1997, Palevitz/Lewis 1999.
4 Natürlich gibt es Opposition zur Wissenschaft, wenn man beispielsweise den Zusammenhang von AIDS und HIV bestreitet oder prinzipiell nichts von der Möglichkeit anthropogener Klimaveränderungen wissen will, aber diese Oppositionen bilden kein eigenes heterodoxes Wissenssystem. Sie sind, wie es die Wissenschaftstheorie immer wieder mit Bezug auf Unwahrheiten gesagt hat, untereinander nicht verknüpft.

nen vollzieht. Während beispielsweise im Fall des Wirtschaftssystems die Entstehung der multinationalen Unternehmen (MNUs) den hauptsächlichen Träger von Globalität in der Form einer Organisation hervorbringt, bleiben die großen Wissenschaftsorganisationen sowohl in der Forschung (Max-Planck-Gesellschaft, Centre national de recherche scientifique, National Institutes of Health) wie auch in der Hochschulerziehung (das Fehlen ausländischer Dependancen von Universitäten) nationale oder sogar lokale Einrichtungen. Daraus folgt eine weitere überraschende Konsequenz. Die kommunikativen *ties* auf der Basis sachthematischer Spezialisierungen, aus denen globale Wissenschaft besteht, sind nicht in gemeinsame Organisationszugehörigkeit eingebettet. Insofern scheint Wissenschaft ein kommunikativ dezentrales globales System zu sein, das zwar der Standardisierung institutioneller Muster eine Kontakterleichterung verdankt, aber nicht durch Organisationen kontrolliert werden kann.

II

Der gerade erarbeitete Befund wirft ein interessantes Problem hinsichtlich der Politikfähigkeit, aber auch der politischen Steuerbarkeit der Wissenschaft auf. Wenn Wissenschaft aus dezentralen kollegialen *ties* besteht, die Beziehungen der Kooperation und der Koautorschaft fundieren, und diese *ties* nur sehr schwach in die Organisationen eingebettet sind, in denen sich ein Großteil der Berufs- und der Alltagsarbeit der Wissenschaftler vollzieht, wie sollte dann eine kollektive Handlungsfähigkeit entstehen, die vermutlich eine entscheidende Voraussetzung einer Weltpolitik der Weltwissenschaft wäre?

Um einer Antwort auf diese Frage näherzukommen, möchte ich zunächst die Interaktionsfläche von Wissenschaft und Politik näher beschreiben. Der Leitbegriff für die Beschreibung dieser Interaktionsfläche ist der der *Wissenschaftspolitik*. Das ist ein Wort, das es im 19. Jahrhundert in Deutschland noch nicht gab, weil es die Sache nicht gab.[5] Statt dessen existierte nur Hochschulpolitik, die nebenbei auch die Probleme und Bedarfe der in der Universität stattfindenden Wis-

5 Vgl. zum folgenden Stichweh 1994, Kap. 6.

senschaft und Forschung mitbedachte. In den ersten Jahren des 20. Jhs. ist das Wort ›Wissenschaftspolitik‹ in Texten Adolf von Harnacks erstmals nachgewiesen. Der Kontext der Entstehung – im Vorfeld der Gründung der Kaiser Wilhelm Gesellschaft (KWG) – leuchtet unmittelbar ein. Es geht jetzt erstmals um eigenständige, groß ausgelegte Forschungsinstitute, die nur der Wissenschaft zugehören und deshalb einer eigenen Begründung und Legitimation bedürfen und nicht in das traditionelle Verständnis von Schulwesen und Hochschulerziehung eingefügt werden können. Parallel zur Entstehung des Phänomens Wissenschaftspolitik bilden sich auch Selbstverwaltungsorgane der Wissenschaft heraus – in Deutschland zuerst zu beobachten am Fall der »Notgemeinschaft der deutschen Wissenschaft« in den zwanziger Jahren –, deren Funktion im wesentlichen darin bestand, Entscheidungsprozesse über Prioritätensetzung und Mittelverwendung, die man auch als politische Entscheidungsprozesse verstehen kann, möglichst weit in den akademischen Bereich zurückzuholen. Wenn es so etwas gibt wie eine *Hierarchie von Ebenen der Fixierung von Entscheidungsprämissen*, dann ist Wissenschaftspolitik immer der von beiden Seiten (der Politik und der Wissenschaft) unternommene Versuch, möglichst viele dieser Ebenen in das eigene System zu internalisieren. Auf diese Weise erwirbt die Wissenschaft erstmals so etwas wie eine Politikfähigkeit, und sie erwirbt sie in der Form, daß sie lernt, die jeweilige Relation der jetzt schon lösbaren und der noch unlösbaren wissenschaftlichen Probleme so darzustellen, daß daraus ein potentieller Beitrag für politisch-praktische Probleme sichtbar wird. Die Wissenschaft erwirbt diese Politikfähigkeit auf der Basis der bestehenden Organisationen der Wissenschaft, die nationale Organisationen sind und die ein Operieren im nationalen Rahmen erlauben.

Derselbe Vorgang der Herausbildung einer politischen Steuerungsebene, die Wissenschaftspolitik heißt, und einer damit korrelierten spezifischen Politikfähigkeit der Wissenschaft (soweit es um politisch-soziale Probleme geht, deren Bearbeitbarkeit von wissenschaftlichem Wissen abzuhängen scheint) wiederholt sich in weit größerem Maße nach dem Zweiten Weltkrieg, und zuerst in den Vereinigten Staaten.[6] Der Zweite

6 Siehe für einen guten Überblick U.S. Congress ..., 1991.

Weltkrieg brachte bekanntlich insofern einen Schwellenübergang in der Wissenschaftsgeschichte mit sich, weil in seiner Folge finanzielle Niveaus der politischen Förderung von Wissenschaft erreicht wurden, die vorher undenkbar waren. Seither ist es nicht mehr überraschend, wenn beispielsweise eine programmgesteuerte Exploration der wissenschaftlichen Erkenntnismöglichkeiten der Molekularbiologie die politische Form eines nationalen Programms der Bekämpfung der Krebserkrankung annimmt.

An diesem sich in unserem Jahrhundert herausbildenden Interaktionszusammenhang von Wissenschaft und Politik ist von vornherein eine dritte Größe beteiligt: Wirtschaft und Industrie. Man kann dies gut in der Gründungsgeschichte der KWG sehen, wo über lange Jahre die Initiativfunktion bei industriellen Mäzenen lag, die als Mäzene auch industrielle Eigeninteressen verfolgten. Insofern erwirbt die Wissenschaft seit dem Anfang dieses Jahrhunderts außer einer Politikfähigkeit auch eine Sprach- und Handlungsfähigkeit, die wirtschaftlichen Gesichtspunkten Rechnung zu tragen versteht. Man kann dies heute gut studieren in dem zunehmenden Geschick, mit dem Wissenschaftler die beiden parallelen Veröffentlichungssysteme – Publikationen und Patente – zu handhaben wissen.[7]

Im letzten Jahrzehnt ist dieser Interaktionszusammenhang von Wissenschaft, Wirtschaft und Politik vielfach mit Hilfe eines neuen Leitbegriffs beschrieben worden. Dies ist das Konzept des »nationalen Innovationssystems«, das mittlerweile vielfach für vergleichende Studien benutzt worden ist. Ich will eine charakteristische Definition dieses Konzepts zitieren: »A national system of innovation is the system of interacting private and public firms (either large or small), universities or government agencies, aiming at the production of science and technology within national borders.«[8] In systemtheoretischen Termini würde man dies so reformulieren, daß es sich um eine lokale Form der strukturellen Kopplung von Wissenschaft, Politik und Wirtschaft handelt, die auf allen drei beteiligten Seiten den Erwerb einer Artikulationsfähigkeit verlangt, die deshalb aber noch nicht ein wie auch immer geartetes »Verste-

7 Siehe Eisenberg 1987.
8 Niosi/Bellon 1994, S. 175.

hen« voraussetzt. Eher handelt es sich um je nach Funktions-system verschiedene Versuche der Internalisierung eines mög-lichst weiten Spektrums von Entscheidungsprämissen in den eigenen Bereich.

V

Was aber bedeuten diese Entwicklungen für die Frage nach ei-ner Weltpolitik der Weltwissenschaft? Liegt nicht die Vermu-tung nahe, daß sich zwar auf nationaler Ebene eine Poli-tikfähigkeit der Wissenschaft auf der Basis nationaler wissen-schaftlicher Organisationen bildet, aber die globale Ebene wegen der kommunikativen Dezentralität und der schwachen globalen Organisationsförmigkeit der Wissenschaft politisch unbesetzt bleibt, so daß die kommunikative Distanz zwischen Weltpolitik und Weltwissenschaft groß wäre?

Bevor ich unmittelbar auf diese Frage eingehe, möchte ich die oben schon angesprochene vorgelagerte Frage thematisie-ren. Gibt es eine weltweite Wissenschaftspolitik? Die Antwort muß offensichtlich positiv ausfallen, wie dies auch für viele an-dere Politikbereiche der Fall ist. John Meyer und seine Mitar-beiter in Stanford haben dies mit Blick auf verschiedene Poli-tikbereiche überzeugend gezeigt.[9] Der Mechanismus ist im wesentlichen immer derselbe. Für Politiken in Spezialberei-chen existieren heute typischerweise weltweit verteilte Beob-achtungsbereitschaften, die dazu führen, daß Modelle, Ideolo-gien und Innovationen schnell aufgenommen und weltweit kopiert werden, wobei die Diversität der kopierbaren Modelle auch eine Diversität in den Rezeptionsprozessen erzeugt. Oft treten internationale Organisationen als paradigmadefinie-rende Instanzen in diesen Beobachtungs- und Imitationspro-zeß ein und verleihen bestimmten Modellen für einige Zeit globale Plausibilität. In manchen Politikbereichen spielen be-kanntlich die Weltbank und der IWF eine solche Rolle;[10] in der Zirkulation wissenschaftspolitischer Modelle in den letzten zwanzig Jahren nahm zeitweise die OECD und auch die UNESCO eine vergleichbare Position ein.[11]

9 Siehe u.a. Thomas et al. 1987; Meyer et al. 1992.
10 Vgl. zur Weltbank Hanke 1996.
11 Vgl. Elzinga 1996 bzw. Finnemore 1996, Kap. 2.

Eine andere Ebene der transnationalen Definition von Wissenschaftspolitik bilden regionale Staatenverbünde. Ein gutes Beispiel ist die zunehmend wichtiger werdende Wissenschaftspolitik der EU, die die auffällige Struktur aufweist, daß sie zweifach vorkommt. Als Wissenschaftspolitik der EU selbst und in der Form kooperativer wissenschaftlicher Projekte der EU-Mitgliedstaaten.[12] Die Mehrzahl der relevanten europäischen wissenschaftlichen Organisationen und Programme sind auf diesem letzteren Weg entstanden – so etwa CERN, EMBL, EUREKA und JESSI. Die Bipolarität dieser Struktur eröffnet der eigenen Politik der Wissenschaftler Spielräume, die sie für Initiativen ausnutzen können, die bei einem monolithischen politischen Gegenüber vergleichsweise schlechte Aussichten besäßen.

Wie sieht es demgegenüber mit der konzeptuellen und thematischen Eigenständigkeit der Weltpolitik der Weltwissenschaft aus? Ist ein solches Phänomen beobachtbar als wissenschaftseigener Versuch der Einflußnahme auf die Definition globaler Problemsituationen oder scheitert dies an der strukturellen Dezentralität des globalen Wissenschaftssystems?

Ich werde diese Frage im folgenden prüfen, indem ich einige der vielen Problemsituationen diskutiere, in denen eine Weltpolitik der Wissenschaft denkbar wäre. Eine Voraussetzung scheint zu sein, daß einer Problemsituation von potentiell großer gesellschaftlich-politischer Relevanz eine Konstellation von wissenschaftlichen Forschungsfeldern entspricht, die für diese gesellschaftliche Problemsituation instruktiv zu sein versprechen. Es wäre dann in jedem einzelnen Fall denkbar, daß aus der Expertise der Forschung heraus Problemformulierungen entstehen, die Forschungsbedarfe und tatsächlich durchgeführte Forschung in Weltpolitik transformieren. Die Liste der in Frage kommenden Problemfelder ist denkbar lang: AIDS, die Antarktis, Fragen der Welternährung, Klimawandel und die Beschädigung der Ozonschicht, die Frage der Diversität der Spezies in ihrer Bedeutung für das menschliche Leben, die Diversität der genetischen Ausstattung der Menschheit und das Human Genome Project, und viele andere mehr.

Ich will mit einem der interessantesten Beispiele beginnen:

12 Vgl. Krück 1995.

der Forschung über die Antarktis:[13] Hier haben wir den bemerkenswerten Fall eines Kontinents, ungefähr von der Größe der Vereinigten Staaten, der immer unbesiedelt war und dessen Bevölkerung heute fast ausschließlich aus einigen Tausend Wissenschaftlern und aus nichtwissenschaftlichem Personal besteht, das für deren Forschungsinstitute arbeitet. Politisch gesehen gibt es Ansprüche von sieben Staaten, England, Frankreich, Norwegen, Argentinien, Chile, Dänemark und Rußland, die die gesamte Fläche der Antarktis betreffen, die international aber als nicht anerkannt gelten. Im Internationalen Geophysikalischen Jahr 1956-8 dokumentierte sich diese politische Situation darin, daß einige Staaten ihre Forschungsinstitute gezielt in Gebiete plazierten, die von anderen Staaten beansprucht werden. In der Folge entstand am Ende der fünfziger Jahre das sogenannte »Antarctica Treaty System« (ATS), das zunächst zwölf Signatarstaaten hatte und das heute die einigermaßen unbestrittene Form der Kontrolle über die Antarktis repräsentiert. Bedingung des Zugangs zum ATS war zunächst, daß der betreffende Staat eine signifikante Forschungsanstrengung in der Antarktis aufwies. Dieses Kriterium gilt im Prinzip heute noch, ist in Einzelfällen aber aufgeweicht worden, um Ländern der Dritten Welt den Zutritt zu erlauben. Der einflußreichste alternative Anspruch auf die Antarktis ist der von Nichtregierungsorganisationen im ökologischen Bereich, die die Antarktis als das einzige unbelastete ökologische Reservoir der Menschheit wahrnehmen und unter diesem Gesichtspunkt den Primat wissenschaftlicher Nutzungen in Frage stellen.

Was folgt aus dieser Beschreibung für die Frage der Weltpolitik der Wissenschaft? Wir haben hier die singuläre Situation eines Kontinents, der, wie manchmal gesagt wird, ›für die Wissenschaft reserviert ist‹. Aber gleichzeitig läßt sich in diesem Fall eine »Weltpolitik der Wissenschaft« im Sinn einer koordinierten und erfolgreichen Interessenverfolgung nicht erkennen; viel eher geht es um eine sehr spezifische Interessenkonstellation der internationalen Politik, die in diesem Fall die Wissenschaft begünstigt hat. Im Vordergrund stand die Zurückdrängung der territorialen Ansprüche, die von sieben

13 Siehe zum folgenden Elzinga 1993.

Staaten angemeldet wurden, und dabei spielte das Interesse der Großmächte eine Rolle, die die Frage der Ausbeutung der Bodenschätze der Antarktis sistieren wollten. Zur Zeit gilt in dieser Frage ein Moratorium, und zwar bis zum Jahr 2040. D. h. die Wissenschaft profitiert hier von einer politischen Interessenkonstellation; sie ist aber als handelnde und beratende Einheit im wesentlichen in einzelnen an der Erforschung der Antarktis beteiligten Staaten tätig, und von einer Weltpolitik der Wissenschaft kann meinem Eindruck nach nicht die Rede sein.

Ein zweiter Testfall könnten Großlaboratorien vom Typus CERN oder EMBL (Europäisches Molekularbiologisches Laboratorium) sein. Dies sind internationale Körperschaften, die durch Beiträge aus vielen Mitgliedsstaaten finanziert werden. In beiden Fällen dokumentiert sich die problemlose Fähigkeit der Wissenschaft, Forschungsgruppen ohne Rücksichtnahme auf *nationale communities* und Organisationszugehörigkeit der Forscher zu bilden. Es ist diese Struktur, die Karin Knorr-Cetina mit Bezug auf CERN veranlaßt, von einem »World Lab« zu sprechen. Im Fall des Teilchenbeschleunigers kommt noch die Besonderheit hinzu, daß eine außerwissenschaftliche Anwendung nicht zu erkennen ist, so daß wir es hier mit dem extremen Fall einer Großforschung als reiner Wissenschaft zu tun haben, für die sich unsere Leitfrage nach der Entstehung einer weltpolitischen Artikulationsform der Wissenschaft stellen läßt. Ein Diskurs dieses weltpolitischen Typs ist auf der Ebene wissenschaftlicher Reputationseliten zweifellos zu beobachten; aber das ändert nichts daran, daß auch in diesem Fall eine Weltpolitik der Wissenschaft nicht zu erkennen ist. Der politische Diskurs über Laboratorien vom Typus CERN und EMBL wird offensichtlich hauptsächlich auf nationaler Ebene geführt. Es handelt sich um nationale politische Strategien, die von nationalen wissenschaftlichen Eliten beraten werden, und bei denen es immer auch darum geht, die Zahlungen, die an die jeweiligen Institutionen fließen, mit den Vorteilen zu vergleichen, die bei der nationalen *scientific community* anfallen. Je nach dem Ergebnis dieser Bilanz werden in der Folge Ansprüche angemeldet, Desengagements gefordert etc. So war beispielsweise der britische Diskurs über CERN in der ersten Hälfte der neunziger Jahre von der Sorge bestimmt, daß angesichts eines fallenden Pfundkurses die britischen Beiträge zu

CERN bereits die gesamten nationalen Mittel für Hochenergiephysik verbrauchen könnten und insofern eine Förderung im nationalen Rahmen nicht mehr möglich sei.[14] Es ist also auch für diesen Fall zu sagen, daß zwar weltweite wissenschaftliche Kooperation eine alltägliche Selbstverständlichkeit ist, aber deshalb noch nicht die Herausbildung einer Artikulations- und Steuerungsebene gelingt, die man sinnvoll Weltpolitik der Wissenschaft nennen könnte.

Ich vermute, daß andere von mir genannte Beispiele, AIDS, Welternährung etc., wenn man sie näher diskutiert, zu ähnlichen Schlußfolgerungen führen würden. Ob dies nun zum Vorteil oder zum Nachteil der Wissenschaft ist – ein globales Lösungsangebot oder ein globaler politischer Wille der Wissenschaft artikuliert sich in diesen Fällen nicht, allerdings eine Forschung, die im alltäglichen Procedere globale Zusammenhänge immer deutlicher ausspricht.

Ich komme jetzt zu einem letzten Beispiel, das möglicherweise anders liegt: Klimawandel.[15] Dabei handelt es sich um eine in ihrer Zentralität unbestrittene Frage, ohne daß das Wissen um diese Zentralität politische Folgen haben müßte. In diesem Fall hat sich in der Form der Weltklimagipfel eine oberste politische Steuerungsebene ausgebildet; gleichzeitig ist aber auch in der Wissenschaft selbst durch Formierung des »Intergovernmental Panel on Climate Change« (IPCC) eine ihrerseits globale Steuerungsebene entstanden, die zur Folge hat, daß in der Frage des anthropogenen Klimawandels die Expertise der Wissenschaft mit einer einzigen Stimme zu sprechen scheint. Das ruht auf einer komplizierten organisatorischen Synthese, die Unterorganisationen der UN, der UNESCO und internationale wissenschaftliche Organisationen einschließt – und diese Synthese ist sicher dadurch begünstigt worden, daß in einem etwas einfacher gelagerten Fall, dem der Gefährdung der Ozonschicht, wenige Jahre zuvor eine ähnliche Synthese gelungen war. Warum aber ist das möglich, daß im Fall des Klimawandels eine wissenschaftliche Organisation mit einer Expertise spricht, in die die Beiträge von Hunderten von Wissenschaftlern eingehen, wodurch gleichzeitig auf dieser Steuerungsebene der Dissens nicht einbezogener Wissen-

14 Siehe Williams 1996.
15 Zum folgenden siehe vor allem Elzinga 1996.

schaftler in weltpolitischer Hinsicht invisibilisiert wird? Die Antwort auf diese Frage wird organisatorische und historische Kontingenzen einbeziehen müssen. Sie sollte aber einen Faktor betonen: Der Grund für die weltpolitische Artikulationsfähigkeit der Wissenschaft in diesem Fall ist kognitiver Art: Das Problem der Klimaforschung ist das Problem eines nur schwer dekomponierbaren Systems; aus diesem Grund spielt in der Geschichte der Klimaforschung auch die Semantik der *earth system science* eine bedeutende Rolle. Klimamodelle für Dänemark oder selbst für den um vieles größeren Raum der Vereinigten Staaten machen relativ wenig Sinn; deshalb entfällt auch die in anderen Problembereichen fortdauernde Option einer *nationalen scientific community*, die im Bezug auf nationale Politik isolierbare Lösungsstrategien und zugehörige Forschungsanstrengungen skizziert. Diese weltpolitische Option, die sich im Fall der Klimaforschung durchgesetzt hat, hat einige interessante Implikationen:

1. Für die öffentliche Rolle, die die Wissenschaft zu besetzen versucht, muß sie eine Sprache zu benutzen wissen, die fein graduierte Nuancen von Ungewißheit auszudrücken versteht. Für Wissenschaftler ist ein Wissen um die Ungewißheit ihrer Aussagen heute eine Selbstverständlichkeit. Aber in der relativen Informalität von Kommunikation im Binnenraum der Wissenschaft muß das Wissen um Ungewißheit nicht laufend mitthematisiert werden, kann man auch einmal starke Behauptungen riskieren, die von anderen als Teil eines Spiels verstanden werden. Für Verlautbarungen gegenüber der Öffentlichkeit, die eine Autorität der Wissenschaft zu beanspruchen und zu plausibilisieren versuchen, gelten andere Regeln.

2. Der Versuch der kollektiven Expertise einer *world community* impliziert zwangsläufig die Ausschaltung von Dissens. Ein gewisser Grad von Dissens ist in die Sprache der Ungewißheit übersetzbar. Aber es wird immer andere wissenschaftliche Meinungen geben, die in wissenschaftlichen Publikationen gut dokumentiert sind, bei denen es sich gleichzeitig aber um Minderheitsmeinungen handelt, die in die kollektive Expertise nicht mehr aufgenommen werden können, ohne deren Einheitlichkeit zu sprengen und damit ihre Wirkungschance zu gefährden.

3. Die Ausschaltung von Dissens scheint im Fall des IPCC

die Form einer methodologischen Option anzunehmen. Diese Option schreibt *Klimamodelle* als die Form vor, in der über Interpretationsvarianten diskutiert werden kann, und sie setzt damit anspruchsvolle Voraussetzungen hinsichtlich Computertechnologie und mathematischer Kompetenz fest.

Resümierend möchte ich eine Beobachtung betonen. Die wichtigste Bedingung des bisherigen Erfolgs des IPCC ist die neuartige Globalität der Fragestellung und damit die Nichtzerlegbarkeit des zur Diskussion stehenden Systems.[16] D. h. natürlich nicht, daß das System prinzipiell nicht in Subeinheiten zerlegbar sein wird; es heißt nur, daß die individualistische Option ausscheidet, mit relativ leicht identifizierbaren Elementen des Systems zu beginnen und dann nach Gesetzmäßigkeiten zu suchen, die die Aggregation individueller Effekte regieren. Ob die zunehmende Häufigkeit globaler Problemsituationen vom Typus Klimawandel wissenschaftspolitischen Strategien in der Art des IPCC künftig eine höhere Erfolgswahrscheinlichkeit verleihen wird, ist schwer vorauszusagen. Natürlich ist auch in diesem Fall nicht auszuschließen, daß eine einmal erfolgreich gewesene Institutionenbildung Nachahmereffekte auslöst und deren Erfolgschance steigert. Genausowenig wie dieser Ausgang feststeht, kann man nicht mit Bestimmtheit sagen, ob dies eigentlich eine wünschbare Entwicklung wäre. Eine Weltwissenschaft, die in strategischen Situationen in der Weltöffentlichkeit nur mit einer Stimme spricht – ist dies nicht vielleicht eine negative Utopie? Ist es nicht wahrscheinlicher, daß die Binarität der Optionen wiederkehrt und mindestens eine wissenschaftliche Alternative (eine neue Heterodoxie in einer jetzt artifiziell homogenisierten Wissenschaft) neu entsteht, die der Politik dazu verhilft, dank einer erneuerten Polarität wissenschaftlicher Expertisen die politische Handlungsfreiheit wiederzugewinnen?

16 Vor allem Herbert Simon hat immer wieder herausgearbeitet, wie die Zerlegbarkeit (decomposability) eines Systems und eine rationale Begrenzung von Informationssuche zusammenhängen. Siehe etwa Simon 1983.

Literatur

Eisenberg, Rebecca A., »Proprietary Rights and the Norms of Science in Biotechnology Research«, in: *The Yale Law Journal* 97 (1987), S. 177-231.

Elzinga, Aant, »Antarctica: The Construction of a Continent by and for Science«, in: Elisabeth Crawford et al. (Hg.), *Denationalizing Science. The Contexts of International Scientific Practice*, Dordrecht 1993, S. 73-106.

Elzinga, Aant, »Shaping Worldwide Consensus: The Orchestration of Global Climate Change Research«, in: Aant Elzinga / Catharina Landström (Hg.), *Internationalism and Science*, London 1996, S. 223-255.

Finnemore, Martha, *National Interests in International Society*, Ithaca und London 1996.

Hanke, Stefanie, »Weiß die Weltbank, was sie tut? Über den Umgang mit Unsicherheit in einer Organisation der Entwicklungsfinanzierung«, in: *Soziale Systeme* 2 (1996), S. 331-359.

Krück, Carsten P., *Antagonistische Kooperation in der europäischen Forschung. Das Halbleiter-Forschungsprogramm JESSI*, Diss. Universität Bielefeld 1995.

Lewis, Ricki, »To Effectively Discuss Evolution, First Define ›Theory‹«, in: *The Scientist* 11 (1997), H. 10, 12. Mai, S. 13-14.

Masood, Ehsan, »Call for greater recognition of ›indigenous knowledge‹«, in: Nature, 28. Juni. 1999, (http://helix.nature.com/wcs/1news/28-1a.html.).

Meyer, John W. et al., *School Knowledge for the Masses: World Models and National Primary Curricular Categories in the Twentieth Century*, Washington D.C. und London 1992.

Niosi, Jorge / Bellon, Bertrand, »The Global Interdependence of National Innovation Systems: Evidence, Limits, and Implications«, in: *Technology in Society* 16 (1994), S. 173-197.

Palevitz, Barry A. / Lewis, Ricki, »Short Shrift to Evolution?«, in: *The Scientist* 13 (1999), H. 3 (http://165.123.33.33).

Simon, Herbert A., *Reason in Human Affairs*, Stanford, Cal. 1983.

Stichweh, Rudolf, *Wissenschaft, Universität, Professionen. Soziologische Analysen*, Frankfurt/M. 1994.

Stichweh, Rudolf, »Der Wissenschaftler«, in: Ute Frevert / Heinz-Gerhard Haupt (Hg.), *Der Mensch des 20. Jahrhunderts*, Frankfurt/M. 1999, S. 163-196.

Thomas, George M. et al., *Institutional Structure. Constituting State, Society, and the Individual*, Newbury Park 1987.

U.S. Congress, Office of Technology Assessment, *Federally Funded Research: Decisions for a Decade*, Washington D.C. 1991.

Williams, Nigel, »Britain's Big Science in a Bind«, in: *Science* 271 (1996), S. 898-899.

Raum, Region und Stadt
in der Systemtheorie

I

Die drei Leitbegriffe dieses Textes scheinen eine Gemeinsamkeit zu haben. Sie kommen in der Systemtheorie nicht vor; zumindest nicht an strategischer Stelle, nicht als zentrale Bausteine des theoretischen Unterfangens. Diese Entscheidung ist im Fall des Raumbegriffs allerdings nicht ohne Begründung geblieben. Ich zitiere dafür zwei Passagen aus Luhmanns 1997 erschienener *Gesellschaft der Gesellschaft*. Noch ziemlich am Anfang des Buches postuliert Luhmann gleichsam als einen Imperativ: »die Systemtheorie als Grundlage der Gesellschaft so zu formulieren, daß sie in der Bestimmung der Gesellschaftsgrenzen nicht auf Raum und Zeit angewiesen ist.«[1] Das wirft die Frage auf, wie statt dessen die Gesellschaftsgrenzen bestimmt werden. Und eine Antwort auf diese Frage, in einer späteren Formulierung des Buches, spricht von »Systemen, die im Medium Sinn operieren. Diese Systeme sind überhaupt nicht im Raum begrenzt, sondern haben eine völlig andere, nämlich rein interne Form von Grenze.«[2] Die Frage nach der Bedeutung des Raums wird hier also als eine Frage nach den Grenzen von Sozialsystemen reformuliert. Räumliche Grenzen wären exogene, dem Sozialen nicht verfügbare Grenzen; theoretisch postuliert wird demgegenüber, daß Sozialsysteme ihre Grenzen nach eigenen Gesichtspunkten, also als interne Grenzen erzeugen, und dies können keine räumlichen Grenzen sein. Man mag an dieser Stelle an Maturana denken, für den bekanntlich die Forderung, daß auch die Bestandteile der Grenzen eines Systems durch die Interaktion der Bestandteile des Systems erzeugt werden müssen, eine der Definitionsbedingungen von Autopoiesis ist.[3] Ein System, dessen Grenzen für es selbst exogen sind, also beispielsweise ein autokatalytischer Prozeß, der auf einen Behälter angewiesen ist, ist nach

1 Luhmann 1997, S. 30, Fn. 24.
2 Luhmann 1997, S. 76.
3 Maturana 1985, S. 164-165.

Maturanas Auffassung kein autopoietisches System. Diesen Hinweis auf Maturana darf man allerdings nicht so verstehen, als läge in dem hier referierten Postulat der Grund für die Begriffsentscheidung der Systemtheorie. Die Entscheidung für einen Autonomiebegriff, der Autonomie in der Bestimmung der Grenzen des Systems einschließt, ist in der Systemtheorie sehr viel älter, und die Einflußrichtung ist eher umgekehrt zu lesen: die hinsichtlich des Grenzbegriffs geltende Affinität der Theorie der Autopoiesis zur Systemtheorie ist einer der Gründe für die Rezeption von Maturanas Theorie in die soziologische Systemtheorie.

Zu fragen ist nun aber, ob der hier präsupponierte Raumbegriff eigentlich überzeugend ist. Trifft es zu, daß räumliche Grenzen zwangsläufig exogene Grenzen wären und deshalb für autonome und/oder autopoietische Systeme nicht in Frage kommen? Der Raumbegriff, der hier unterstellt wird, ist offensichtlich einer, der den Raum als Behälter und/oder im Sinn physischer Markierungen oder physischer Barrieren denkt, die sich im Prinzip für die exogene Grenzbildung von Systemen eignen. Ein Gebirgszug, ein Fluß, eine Grenze der Vegetation, eine Wüste kommen in diesem Sinn als grenzsetzende Markierungen in Frage. Es geht also nicht um den im Akt der Bezeichnung vorläufig noch offengelassenen »unmarked space« im Sinne Spencer Browns,[4] sondern um einen Raum, der durch physikalische und vielleicht auch biologische Markierungen durchschnitten wird. Erst unter diesen Voraussetzungen kann Luhmann die Alternative von Grenzen im Medium von Sinn vs. räumlichen Grenzen aufstellen.

Nun ist dies nicht der einzige Begriff des Raums, den man bei Luhmann findet. In *Die Kunst der Gesellschaft* von 1995 heißt es: »wir verstehen unter Raum und Zeit *Medien der Messung und Errechnung von Objekten.*«[5] Also gibt es neben dem Medium *Sinn* jetzt auch das Medium *Raum.* Wie für jedes Medium ist zu unterstellen, daß es aus lose gekoppelten Elementen besteht, in die Formen eingeprägt werden können. Diese Formen des Mediums Raum spezifiziert Luhmann durch die Unterscheidung von Stellen und Objekten. Im Raum sind Stellen identifizierbar, die mit Objekten besetzt werden können,

4 Siehe zu »unmarked space« Luhmann 1997, S. 222 u. ö.
5 Luhmann 1995, S. 179; Hervorhebung i. O.

was die Möglichkeit einschließt, daß Objekte ihre Stellen wechseln.[6] Luhmann fügt an dieser Stelle eine Einschränkung hinzu, die man seltsam finden kann: »Mit den Begriffen Messung und Errechnung sind nicht kulturell eingeführte Maßstäbe gemeint, sondern es geht um den Bezug auf die neurophysiologische Operationsweise des Gehirns.«[7] Diese Einschränkung ist im Grunde nicht zu konzedieren. Zwar ist davon auszugehen, daß auf der Basis der biologischen Evolution eine Operationsweise des Gehirns entsteht, die den Raum als Wahrnehmungsmedium der Errechnung von Objekten festlegt. Aber gleichermaßen ist zu unterstellen, daß mittlerweile eine seit Jahrtausenden dauernde soziokulturelle Evolution über diese physiologische Basisstruktur kulturelle Maßstäbe für die Spezifikation von Objekten und Stellen gelegt hat, die zusätzlich einen sozialen Raum der Messung und Errechnung *sozialer Objekte* konstituiert haben. Der Begriff *soziale Objekte* ist dabei nicht ontologisch gemeint, sondern schließt alle Objekte ein, die einem über Kommunikation laufenden Prozeß der Bestimmung unterliegen. In diesem Sinn hat es auch die Physik mit sozialen Objekten zu tun.

Wenn dies sich aber so verhält, reicht das Argument nicht mehr hin, gegen räumliche Grenzen von Sozialsystemen spreche die Tatsache, daß diese das Sozialsystem von exogenen Grenzziehungen abhängig machen würden. Es sind räumliche Grenzen vorstellbar, die auf der Basis der Operationen eines Sozialsystems entstehen und die insofern intern generierte Grenzen wären, auch wenn sie auf als vorgegeben empfundene physische Markierungen zurückgreifen und diese reinterpretieren. Deutlich wird damit, daß die These der Autonomie von Sozialsystemen in der Bestimmung ihrer Grenzen überhaupt nicht mit der Frage in Zusammenhang gebracht werden muß, ob diese Grenzen räumliche Grenzen sind. Sozialsysteme könnten durchaus, um der Identifizierbarkeit und Robustheit von Grenzen willen, eine Präferenz für an räumlichen Markierungen festgemachte Grenzen entwickeln. Wenn man dies aber sieht, muß es einen anderen Grund für die in der Systemtheorie beobachtbare Disprivilegierung der Dimension Raum geben. Dieser Grund muß, wenn er nicht die relativ willkürli-

6 Luhmann 1995, S. 80-81.
7 Luhmann 1995, S. 79.

che Entscheidung eines Theoretikers sein soll, vermutlich als eine Entscheidung aufgefaßt werden, die in der soziokulturellen Evolution selbst fällt und die als eine solche Entscheidung geschichtsabhängig und kontingent ist.

Es fällt nun auf, daß einerseits das Wahrnehmungsmedium Zeit in das von Luhmann privilegierte Medium Sinn integriert worden ist. Sinn wird bei Luhmann bekanntlich als dreidimensional verstanden. Luhmann unterscheidet eine Sach-, eine Sozial- und eine Zeitdimension eines jeden Sinngeschehens, wobei die einzelnen Sinndimensionen durch Leitunterscheidungen wie »alter/ego« oder »Gegenwart/Zukunft« näher spezifiziert werden.[8] Warum aber kommt das Wahrnehmungsmedium »Raum« im Unterschied zum eng verwandten Wahrnehmungsmedium »Zeit« – schließlich ruhen in Luhmanns Fassung beide auf einer je verschieden interpretierten Unterscheidung von Objekten und Stellen – nicht für die Genese einer eigenen Sinndimension in Frage?

Bei der Suche nach einer Antwort auf diese Frage kann ich keine analytische Lösung entdecken, die auf dem Weg eines theoriededuktiven Arguments die eine Lösung (Zeit) als zwingend erscheinen und die andere (Raum) als unzulässig ausschließen könnte. Eine Sinndimension »Raum«, die beispielsweise die die Wahrnehmung bestimmende Unterscheidung von Objekten und Stellen durch die soziale Leitunterscheidung von Ferne und Nähe ergänzt, ist leicht vorstellbar. Die konzeptuelle Unabhängigkeit dieser denkbaren Sinndimension »Raum« wird unmittelbar einleuchten. Es kann für die soziale Relevanz einer Sache oder einer anderen Person einen erheblichen Unterschied machen, ob diese nah oder fern sind. Das Argument, das ich gelegentlich gehört habe, die Raumdimension sei bei Luhmann (stillschweigend) in der Sachdimension untergebracht, leuchtet nicht ein. Gerade für sachliche Verschiedenheit ist charakteristisch, daß sie nicht auf räumliche Differenzen angewiesen ist, daß die Verschiedenheit von Sachverhalten in keiner Weise davon abhängt, durch die räumliche Trennung der ihnen zugewiesenen Orte plausibilisiert zu werden. Umgekehrt aber gilt für den Raum, daß er auf die strikteste Weise durch das Prinzip der Ausschließung be-

8 Siehe zuerst Luhmann 1971.

stimmt ist. Eine Stelle im Raum kann nicht zweimal besetzt werden.[9] Wenn also eine »innere Verwandtschaft« von Sachdimension und Raumdimension nicht zu sehen ist und in dieser Weise die Irreduzibilität der Dimension Raum hervortritt, muß es sich bei der Luhmannschen Entscheidung gegen eine eigenständige Sinndimension »Raum« um eine empirisch-historische Entscheidung handeln, die der soziokulturellen Evolution zuzurechnen ist und die der Theoretiker nicht trifft, sondern nur nachkonstruiert.

An dieser Stelle liegt ein Gedankenexperiment nahe, wie es Autoren in dem Wissenschaftszweig, der evolutionäre Epistemologie heißt, gern durchführen. Wenn man sehr einfachen Lebewesen kontrafaktisch einen Modus der Kognition zuschreibt, dann würde diese Form der Erkenntnis vermutlich die Raumdimension gegenüber der Zeitdimension privilegieren. Die Diskontinuität der Welt ist in räumlicher Hinsicht größer als die Diskontinuität in zeitlicher Hinsicht, zumindest was die Verteilung der für diese Organismen lebensnotwendigen Substanzen betrifft. Insofern ist Exploration der räumlichen Diskontinuität durch Fortbewegung die für Überleben optimale Strategie und zugleich die basalste Form der Kognition. Ortsveränderung oder Fortbewegung ist deshalb eine fundamentale Errungenschaft in der Evolution von Leben. Argumente dieses Typs findet man beispielsweise bei Donald T. Campbell[10] und Dan Sperber.[11]

Man kann dieses Argument nun verlängern und sagen, daß die Klassifikationsschemata einfacher Gesellschaften in einer ähnlichen Weise die räumliche gegenüber der temporal-historischen Dimension privilegieren. Verstorbenen Mitgliedern der Gesellschaft, die in modernen Begriffen temporal von uns entfernt sind, werden bestimmte Orte »da draußen« zugedacht. An die Stelle einer Tiefenschichtung der Zeit tritt eine

9 Siehe zur Definition des Raumes über »Ausschließlichkeit« Simmel 1908, insb. S. 690. Und vgl. dazu treffend Luhmann 1984, S. 525, Fn. 54: »Vor allem aber scheint der Raum das Grundmodell für die Entwicklung der Logik zu sein. Am Raum lernt man Logik. So wie es ausgeschlossen ist, dort ein Haus zu bauen, wo schon ein Haus steht, muß es auch ausgeschlossen sein, ein Haus mit den Eigenschaften eines anderen Hauses zu denken.«
10 Campbell 1990, S. 13.
11 Sperber 1996, S. 14.

Tiefenschichtung des Raumes.[12] Die Zeitvorstellungen, die verfügbar sind, unterscheiden bis in die traditionalen Hochkulturen hinein eine bestimmbare Nahzeit von einer zunehmend unbestimmbaren Fernzeit, d. h. sie benutzen eine Unterscheidung, die dem Raumerleben abgewonnen ist.[13] Andere Beobachtungen deuten in dieselbe Richtung. Jäger- und Sammlergesellschaften hängen von der Exploration immer neuer natürlicher Räume ab, deren Ressourcen sie nach einiger Zeit erschöpfen. Entsprechend dürfte auch dies in der Semantik und den Wahrnehmungsweisen dieser Gesellschaften eine Dominanz der Raumdimension begünstigen. Erst mit der Erfindung der Landwirtschaft tritt eine Abhängigkeit von zeitlichen Rhythmen an die Stelle der konstitutiven Bedeutung räumlicher Differenzen.[14] Oder man verweist für den in älteren Gesellschaften geltenden Primat des Raumes auf sprachliche Indizien: Max Jammer erwähnt, daß in vielen Sprachen Zeiten – um hier nicht zu sagen *Zeiträume* – *kurz* oder *lang* genannt werden, was eine Abhängigkeit von räumlichen Maßstäben verrät. Wenn man im Englischen sagen will, daß etwas *zu allen Zeiten* vorkommt, verwendet man das Wort *always*, das wörtlich *auf allen Wegen* besagt.[15]

Vieles spricht dafür, daß sich mit dem Übergang zur Moderne diese Ordnung semantischer Relevanzen exakt verkehrt. Fremdartige Völkerschaften, die man in entfernten Räumen antrifft, werden jetzt in ein entwicklungsgeschichtliches Schema transponiert. Diese repräsentieren nicht mehr räumliche Distanz und die Verschiedenheit, die dieser geschuldet ist, sondern sie verkörpern eine frühe Phase jener zivilisatorischen Entwicklung, die mittlerweile bei uns angekommen ist. John Lockes Reaktion: »In the beginning all the world was America«, die im Amerika der Indianer nicht mehr deren Ferne oder Fremdheit, sondern ein entwicklungsgeschichtlich frühes und als solches auch paradigmatisches Stadium sah, trifft die-

---

12 Siehe Friedman 1994, S. 44-45.
13 Luhmann 1997, S. 251-252.
14 Für den Schwellencharakter der Erfindung der Landwirtschaft in der soziokulturellen Evolution siehe jetzt Diamond 1997.
15 Jammer 1969, S. 3-4. Vgl. bemerkenswert zu Sprache und Raum Talmy 1983; dort S. 29-31 zur »geometrischen Strukturierung« der Zeit in der englischen Sprache.

sen Umbruch sehr gut.[16] Insofern setzt die Privilegierung der Zeit gegenüber dem Raum auch die basale Einheit einer Welt voraus, die nicht mehr durch fundamentale räumliche Distanzen geschieden wird. Die heute oft beschworene »psychische Einheit der Menschheit« ist nur entwicklungsgeschichtlich zu begründen, und die These der Weltgesellschaft ist in der dimensionalen Auffächerung von Sinn und in dem Herausfallen des Raums aus dieser Dreidimensionalität bereits impliziert. Dies ist einer der Gründe, warum die Figur des Fremden, die als Einheit von Ferne und Nähe, wie sie noch Simmel[17] gedeutet hat, eines der wirkmächtigsten Symbole der sozialen Relevanz des Raumes und damit zugleich der beunruhigenden Aspekte des Raumes war, in der Moderne in vielen Hinsichten antiquiert wirkt.[18]

Es scheint sinnvoll, an dieser Stelle ein erstes Resumé zu ziehen. Das Ergebnis ist nicht etwa, daß das Phänomen Raum in der Systemtheorie nicht vorkommt. Vielmehr stellt sich heraus, daß der Raum zweimal und zwar in sehr verschiedenen Versionen thematisch wird. In einer ersten Version erscheint der Raum als ein unhintergehbar der Umwelt der Gesellschaft zuzurechnendes Phänomen,[19] das, weil es der Umwelt von Gesellschaft zugehört, nicht als grenzbestimmend für Sozialsysteme gedacht werden darf. Diese erste Sicht ist in der Fassung, die Luhmann ihr gibt, noch nicht überzeugend und bedarf einer Neubestimmung, die dem Sachverhalt einer strukturellen Kopplung mit räumlichen Vorgegebenheiten Rechnung trägt. In einer zweiten Hinsicht ist der Raum ein Medium der Wahrnehmung und der sozialen Kommunikation, das auf Leitunterscheidungen von Objekten und Stellen und von Ferne und Nähe aufruht und das als ein solches Medium in der Moderne auf unbestreitbare Weise an formprägender Kraft verliert. In einer einleuchtenden Passage in *Die Gesellschaft der Gesellschaft* erläutert Luhmann dieses Zurücktreten einer räumlichen Integration der Gesellschaft an dem seit dem 18. Jahrhundert wichtig werdenden Begriff der öffentlichen Meinung,

16 Friedman 1994, S. 50, weist auf diese Stelle hin.
17 Simmel 1908, S. 764-771.
18 Siehe dazu vorläufig Stichweh 1992; 1997.
19 Dieselbe analytische Strategie liegt auch noch vor, wenn Luhmann das »Medium Raum« auf die neurophysiologische Operationsweise des Gehirns zurückgeführt wissen will.

der ein System meint, in das jeder mit seiner im einzelnen unmaßgeblichen Meinung integriert werden kann, ohne daß der Ort des Zutritts noch räumlich spezifiziert werden müßte oder dies auch nur könnte.[20]

Die hier sichtbar werdende Dualität von Deutungen des Raums sehe ich nicht als einen Nachteil. Sie scheint mir vielmehr unausweichlich, und das Problem besteht meinem Eindruck nach eher darin, daß gerade auch Soziologen, die den Raum in der Theoriebildung in den Vordergrund zu rücken versuchen, und hier ist natürlich vor allem an Anthony Giddens gedacht,[21] dieser unhintergehbaren Dualität von Relevanzen des Raumes in der Theorie nicht Rechnung tragen.

Für die Systemtheorie folgen aus dieser Dualität von Relevanzen zwei Aufgaben. Die erste Aufgabe betrifft räumliche Differenzen in der Umwelt der Gesellschaft, denen als räumliche Differenzen kausale Bedeutung für Sozialsysteme zukommt. Das zugehörige Wissenssystem wäre eine *Ökologie der Gesellschaft* oder eine *Ökologie sozialer Systeme*, die allenfalls in ersten Ansätzen existiert.[22] Die soziokulturelle Evolution hat einerseits zur Folge, daß es kaum noch ein Ökosystem auf der Erde gibt, in dessen Analyse nicht das Faktum seiner Abhängigkeit von Gesellschaft und seiner Transformation durch Gesellschaft aufgenommen werden müßte. Umgekehrt gilt aber auch, daß die Transformation aller Ökosysteme unter dem Druck der Gesellschaft nicht die kausalen Abhängigkeiten der Gesellschaft von Bedingungen der physischen Geographie und der Biogeographie eliminiert hat. Ich will nur zwei Beispiele nennen. Nach wie vor leben 60% der Erdbevölkerung in einer Distanz von nicht mehr als 100 km von einer Küste entfernt,[23] ein Befund, der die fortdauernde kausale Ab-

---

20 »... *Öffentlichkeit* besagt ja nichts anderes als: Freigabe des Zugangs für beliebige Personen, also Verzicht auf Kontrolle des Zugangs, also strukturelle Unbestimmtheit der räumlichen Integration. Räumliche Integration heißt: daß die Freiheitsgrade der Systeme, also die Menge der Möglichkeiten, die sie realisieren können, abhängen von der Stelle im Raum, an der sie jeweils operieren, und damit von den jeweils besonderen lokalen Bedingungen.« (Luhmann 1997, S. 314).

21 Siehe dazu insb. Giddens 1990 und Werlen 1995, 1997, der in einer umfangreichen Interpretation Giddens' eine Neubestimmung der Disziplin Geographie versucht.

22 Zur Geschichte von »systems ecology« siehe Jamison 1993.

23 Vitousek et al. 1997, S. 495.

hängigkeit der Bildung von Sozialsystemen von Voraussetzungen der natürlichen Umwelt verrät und der im übrigen das Ausmaß der Risiken verdeutlicht, die sich mit einer anthropogenen Klimaveränderung verbinden.[24] Der zweite Befund, den ich zitieren will, deutet in eine verwandte Richtung. Jeffrey Sachs hat vor einiger Zeit die Ergebnisse eines Projekts berichtet, das zeigt, daß im Zeitraum von 1965 bis 1990 die Wirtschaft der Staaten, die über keine eigene Küstenlinie verfügen, jährlich um 0,7% langsamer wuchs als die Wirtschaft im Durchschnitt aller anderen Staaten.[25] Es bedarf keiner besonderen mathematischen Fähigkeiten, um zu sehen, was für enorme Wohlstandsdifferenzen auf diese Weise innerhalb weniger Jahrzehnte entstehen. Das Vorhandensein einer Küstenlinie, die Bedeutung eines Gebirgsriegels, Nord-Süd- oder Ost-West-Erstreckungen von Kontinenten und die damit zusammenhängende Frage der Sequenz von Vegetationszonen[26] – Phänomene dieses Typs muß eine Ökologie sozialer Systeme analytisch einzubauen imstande sein, und dabei hilft der unbestreitbare Befund der Autonomie der Grenzbildung sozialer Systeme wenig. Die Soziologie wird in diesem Zusammenhang ihr von Simmel bis Luhmann scheinbar gesichertes Dogma der Abhängigkeit der kausalen Wirkung des Raumes von kommunikativen Operationen seiner Definition oder Bestimmung aufgeben müssen. Viele der kausalen Wirkungen räumlicher Unterschiede sind unabhängig davon, ob die Gesellschaft von ihnen weiß und ihnen über Themen der Kommunikation Wirksamkeit verleiht.[27] Jared Diamond hat kürzlich überzeugend gezeigt, wie sehr die soziokulturelle Evolution auf verschiedenen Kontinenten u. a. davon abhängt, ob diese Kontinente primär von einer Nord-Süd- oder von einer Ost-West-Achse dominiert werden.[28] Kontinente wie der amerikanische, in denen eine Nord-Süd-Achse bestimmend

24 Viele der denkbaren und vielleicht auch schon beobachtbaren Folgen – Anhebung des Meeresspiegels, zunehmende Häufigkeit von Wirbelstürmen etc. – betreffen vor allem die Küstengebiete.
25 Sachs 1997.
26 Siehe bemerkenswert für eine Vielzahl dieser Phänomene Diamond 1997 und siehe auch schon Diamond 1991.
27 Vgl. als eine interessante historische Fallstudie die Geographie der englischen Revolution bei Hochberg 1984.
28 Diamond 1997.

ist, zeichnen sich dadurch aus, daß Diffusionsprozesse über Unterschiede von Breitengraden und damit über Vegetations- und Klimazonen hinweg erfolgen müssen. Das hat Diffusionsprozesse von domestizierten Pflanzen und Tieren offensichtlich über Jahrtausende verlangsamt, aber in seinen Wirkungen auch genereller die Populationen gegeneinander isoliert, mit erheblichen Wirkungen in Richtung auf die Diffusionsgeschwindigkeit von Kulturen, Sprachen und technischen Erfindungen. Es gibt keine Form, in der man den Semantiken dieser Gesellschaften ein Wissen um diese kausalen Zusammenhänge zuschreiben könnte. Aus diesen Gründen liegt es nahe, von einer *strukturellen Kopplung* der Gesellschaft mit bestimmten räumlichen Differenzen zu sprechen, was aber dazu zwingen würde, das Luhmannsche *Dogma*, das strukturelle Kopplungen der Gesellschaft nur für Bewußtseinssysteme vorsieht,[29] zu revidieren. Damit bleibt die Möglichkeit unbestritten, daß die Gesellschaft sich in der soziokulturellen Evolution schrittweise aus vielen dieser physiogeographischen und biogeographischen Abhängigkeiten herauslöst und in diesem Sinne zunehmend abhängig von selbsterzeugten Ursachen wird. Damit die Theorie diese Autonomisierung analysieren kann, muß sie von den Sachverhalten, auf die sie sich bezieht, überhaupt wissen.

Gleichermaßen wichtig ist die zweite Frage: Welche Bedeutung kommt den räumlichen Unterschieden zu, die die Gesellschaft mittels Objekten und Stellen, mittels Ferne und Nähe als Leitunterscheidungen und also als gesellschaftsinterne Unterschiede erzeugt? Ich will auch hier zwei Beispiele kurz diskutieren. Das erste betrifft den Begriff des *Marktes*. Diesen kennzeichnet eine bezeichnende Ambiguität. Ein Markt ist einerseits ein Interaktionssystem innerhalb eines Gebäudes oder auf einem öffentlichen Platz außerhalb von Gebäuden, das präzise räumliche Koordinaten, manchmal auch eine abzählbare Mitgliedschaft[30] kennt. Andererseits ist seit Adam Smith

29 Siehe dazu u. a. Luhmann 1995.
30 Siehe dazu White 1981, der den Markt als Zusammenhang wechselseitiger Beobachtung der an ihm Beteiligten denkt, wobei die Zahl der Teilnehmer um bestimmte Grenzwerte zu schwanken scheint. Vgl. auch Baker 1984 zum Zusammenhang von Zahl der Mitglieder und Volatilität von Wertpapiermärkten.

Markt das Paradigma für jedes soziale Geschehen, das sich unsichtbar hinter dem Rücken aller Beteiligten vollzieht und sich insofern allen räumlichen Koordinaten entzieht. Was unsere Gegenwart betrifft, scheint sich die Gleichzeitigkeit der beiden Seiten dieses Duals zu verstärken. So ist beispielsweise die »Deutsche Terminbörse« ein angebbares Gebäude im Frankfurter Westend mit abzählbaren Räumen und beobachtbaren Strukturen der Interaktion unter Anwesenden. Andererseits kann man mit einem Computer in Bangkok oder Cincinnati Mitglied der »Deutschen Terminbörse« sein, ohne daß der spezifischen Stelle, an der dieser Computer aufgestellt worden ist, dabei große Bedeutung zukommt. Daniel Bell hat bereits vor zehn Jahren darauf hingewiesen, daß der sogenannte Rotterdamer Spotmarkt (für Erdöl) lange schon aus einem globalen Telex-Radio-Computer-Netzwerk besteht.[31] Ein wichtiger Begriff ist hier der des *Netzwerks*. Meinem Eindruck nach hat der Aufstieg der Netzwerkidee entscheidend damit zu tun, daß sie *die Herauslösung von Zusammenhängen mittlerer Reichweite aus jeder Anwesenheitsbedingung* beschreibt.[32] Der Raumbegriff, den die Netzwerkidee benutzt, ist fast nur noch metaphorisch. Er verrät das Entbehrlichwerden nahezu aller physischer Markierungen. Insofern sind Netzwerke vielfach die Form, in der Märkte und andere Sozialsysteme mittlerer Größe sich aus den räumlichen Lokalitäts- und Anwesenheitsbedingungen lösen, die vor kurzem noch galten.[33]

Mein zweites Beispiel betrifft ein derzeit viel diskutiertes Thema: *Inklusion und Exklusion*. Der Exklusionsbegriff meint bekanntlich in der neueren Systemtheorie Formen des Ausschlusses aus Funktionssystemen der modernen Gesellschaft, die sequentiell miteinander vernetzt sind und die kumulativ einander verstärken, so daß in der Folge von Exklusionen für die von ihnen betroffenen Gesellschaftsmitglieder und Populationen nur noch marginale Vernetzungen mit zentralen

31 Bell 1987, S. 12.
32 Siehe dazu interessant Wellman/Carrington/Hall 1988, die am Beispiel einer kanadischen Großstadt die strukturelle Form von »community« dort untersuchen, wo die klassischen Indikatoren für »Gemeinschaft« fehlen: räumliche Kontiguität, Nachbarschaft, öffentliche Plätze, Leben auf den Straßen der Stadt.
33 Ich formuliere dies bewußt auch gegen Abbott 1997, insb. 1165 ff., der die Netzwerkidee als neue Form eines »räumlichen Kontextualismus« versteht.

Strukturen der modernen Gesellschaft bestehen.[34] Vielfach wird in der Literatur betont, daß Exklusion mit räumlichen Ausgrenzungen einhergeht, und auch Niklas Luhmann hebt diesen Sachverhalt und zugleich seine Ausnahmestellung im System der modernen Gesellschaft hervor:

»Es ist also durchaus möglich, daß, bei aller Verringerung der Bedeutung von Raum für die Kommunikationen der Funktionssysteme, die Differenzierung von Inklusion und Exklusion ein räumliches Substrat erfordert, also auch räumliche Grenzen, an denen man die Bewegung von Körpern kontrollieren kann.«[35]

Diese Diagnose ist einerseits richtig. Die räumliche Markierung von relevanten Unterschieden wird in der modernen Gesellschaft seltener, sie fällt andererseits im Fall von Exklusionsphänomenen als in diesem Fall vorkommende Struktur auf, und vor allem gilt eins: die infrastrukturelle Verarmung eines durch Exklusionsphänomene gekennzeichneten städtischen Raums[36] kann schnell dazu führen, daß aus diesem städtischen Raum infrastrukturelle und institutionelle Momente verschwinden, die den Betroffenen Möglichkeiten der Wiederanknüpfung an Strukturen des Gesellschaftssystems bieten würden. Insofern ist das Phänomen der räumlichen Ausgrenzung nicht nur eine für Exklusionen spezifische Form, sondern es wird zunehmend zur mitwirkenden Ursache der Fortschreibung und der Irreversibilität von Exklusion.

Und dennoch muß auch hier die Diagnose komplizierter ausfallen. Die zunehmende sozialwissenschaftliche Thematisierung von Exklusionsphänomenen ist kein verläßliches Indiz für eine zunehmende Relevanz oder weltweite Häufigkeit von Exklusion. Vielmehr geht es statt um Zunahme der Exklusion vermutlich eher um eine weltweite *Neuverteilung der Exklusionsmuster*. Die die Nachkriegszeit prägende Synthese von Nationalstaatlichkeit und Wohlfahrtsstaat hatte den nationalen Wohlfahrtsstaat in den reichen Regionen der Welt als eine Institution etabliert, die eine relative Gleichheit nach innen sicherte und extreme Ungleichheiten in die Umwelt der natio-

---

34 Siehe Luhmann 1995; Stichweh 1997a.
35 Luhmann 1995, S. 260.
36 Siehe dazu gut McGregor/McConnachie 1995.

nalstaatlichen Systeme externalisierte.[37] Die extremen Ungleichheiten der Welt waren primär zwischenstaatliche Ungleichheiten, im Vergleich zu denen innerstaatliche Ungleichheiten weniger auffällig waren. Dieses einigermaßen stabile Muster löst sich derzeit unter dem Zugriff der Globalisierung auf. Die in ihrer Handlungsfähigkeit geschwächten Wohlfahrtsstaaten der westlichen Welt können die relative Gleichheit nach innen, die ihre wesentliche Leistung war, nicht mehr garantieren. Es kommt zur weltweiten Neuverteilung der Exklusionsmuster, und das erzeugt eine neue Auffälligkeit der Exklusion in jenen Ländern, die bisher damit weniger Erfahrungen hatten. Die französische Entwicklung der letzten zwanzig Jahre und die Dramatisierung dieser Entwicklung in der Selbstbeschreibung Frankreichs ist dafür ein gutes Beispiel.[38] Wenn man die gerade angedeutete Diagnose nun erneut auf die Frage der räumlichen Differenzierung des Gesellschaftssystems bezieht, wird sofort sichtbar, daß sich auch in Hinsicht auf Exklusionen ein Muster der Strukturbildung der Gesellschaft von der räumlichen Dimension ablöst. Das soziale Faktum der Exklusion ist in der Gegenwart nicht mehr mit bestimmten Regionen oder Territorien der Welt identisch. Exklusionen kommen jetzt vielmehr in allen Regionen oder Territorien der Welt vor, und sie verlieren im Gegenzug in anderen Regionen, die bisher massiv davon betroffen waren, an Bedeutung. Erst innerhalb von Regionen der Weltgesellschaft kann deshalb die Diagnose greifen, daß Exklusion mit räumlicher Differenzierung einhergeht. Und die Zonen, die dafür zur Verfügung stehen, sind oft sehr schmal. Wenn die massivsten Phänomene des Ausschlusses heute vielfach in den Zentren der Metropolen der westlichen Welt vor den Augen aller stattfinden, dann sind dafür nicht mehr die moralisch-religiösen Motive verantwortlich, die in älteren Gesellschaften geltend gemacht wurden, um einen Bedarf für die fortdauernde Sichtbarkeit von Armut im Zentrum der Stadt zu begründen.[39] Vielmehr ist der Grund darin zu sehen,

---

37 Vgl. näher Stichweh 1994; 1998; Bommes/Halfmann 1994.
38 Siehe nur statt vieler Paugam 1996.
39 Vgl. aber – eine seit der Antike bekannte Semantik wiederaufnehmend – den Kommentar des Düsseldorfer Superintendenten Günter Strömer zu einer Initiative der Anlieger der Königsallee, die einen Wachdienst gegen die zu-

daß ein Mangel an verfügbaren Optionen für räumliche Differenzierung eine Invisibilisierung des Problems nicht mehr erlaubt.

Ich will dafür noch ein Beispiel anführen. In Los Angeles sind in einem Quartier, das eng mit den Zentren geschäftlicher Aktivität vernetzt ist, farbige Markierungen auf dem Bürgersteig bestimmter Straßen angebracht, die die Zonen ausgrenzen, in denen es wohnungslosen Personen erlaubt ist, abends Pappkartons auszubreiten, um in diesen zu schlafen.[40] Man kann dies kaum noch räumliche Differenzierung nennen, zumal früh am Morgen, zu einem Zeitpunkt, wo die meisten Menschen noch schlafen, ein Transporter die so markierten Straßen abfährt und die Pappkartons einsammelt und entsorgt. Die wohnungslosen Personen haben dann das Problem, sich im Lauf des Tages einen neuen Pappkarton beschaffen zu müssen. Man sieht auch an diesem Beispiel die Verschiebung von Problemlösungen vom Raum in die Zeit: eine zeitliche Differenzierung (Abend bis frühe Morgenstunden) ergänzt hier die nur noch residual durchführbare räumliche Differenzierung.[41] Für diese Verschiebung oder Ergänzung lassen sich leicht andere Beispiele finden (die nächtliche Zurverfügungstellung von Metrostationen für Obdachlose, die erneut eine rechtzeitige Räumung am frühen Morgen verlangt). Der Grund dafür ist in der Begrenztheit des Raums, der für Differenzierungen zur Verfügung steht, zu vermuten. Ich will diesen Teil meiner Überlegungen mit einer zu einem ähnlichen Befund kommenden Passage aus einem Buch des Geographen Benno Werlen schließen, der sich gegen Harveys Vorschlag wendet, statt von Globalisierung von »uneven geographical development« zu sprechen. Dieser Vorschlag, so Werlen »… hat den Nachteil, daß … die radikalsten und auffälligsten sozialen Ungleichheiten wesentlich weniger in räumlicher Form auszumachen sind als in rein sozial-ökonomischer Hinsicht. So sind eher krasse Reichtumsgefälle auf engstem Raum

nehmende Präsenz von Bettlern einsetzen will: »In unserer Wohlstandsgesellschaft erlauben wir uns Armut, also müssen wir sie auch sichtbar erhalten.« (FAZ-Magazin, 22. 7. 1994, S. 4).
40 Terry 1997.
41 Siehe dazu interessant mit der Metapher der »Night as Frontier« Melbin 1978.

als Hauptproblemaspekt der Zukunft zu erwarten – unabhängig davon, ob in der sogenannten Ersten oder Dritten Welt.«[42]

II

Der zweite hier zu behandelnde Leitbegriff ist der der *Region*. Das Verhältnis zur Systemtheorie sieht hier noch einmal anders aus als im Fall des Raumbegriffs. Während im Fall des Raumbegriffs beispielsweise bei Luhmann eine explizite begriffliche Anstrengung zu entdecken ist, die die Begründung zu liefern versucht, warum Raum keine zentrale Dimension der Theoriebildung ist, kommt das Wort *Region* außer in informellen Verwendungen so gut wie gar nicht vor. *Region*,[43] so könnte man den Befund mit Blick auf Luhmann resümieren, ist offensichtlich kein theoretischer Begriff der Soziologie, sondern ein Wort, für das ein alltagssprachliches Verständnis genügt, das dann auch gelegentliche informelle Verwendungen des Wortes in der Soziologie mitträgt.

Es gibt allerdings eine begriffliche Alternative, die in einer ersten Annäherung mit dem Begriff der *Region* verwandt zu sein scheint. Ich denke an die Unterscheidung *Zentrum/Peripherie*. Das ist bekanntlich von Edward Shils über Immanuel Wallerstein bis zu Niklas Luhmann eine zentrale theoretische Kategorie funktionalistischer Soziologie.[44] Diese Kategorie wiederum unterhält ein interessantes Verhältnis zum Begriff des Raums. Zentrum/Peripherie-Differenzierungen haben immer mit Distanz und mit Einflüssen, die gerade der Distanz und nicht der Nähe geschuldet sind, zu tun. Diese Distanzen können rein soziale Distanzen ohne jede räumliche Implikation sein, so daß sie in der Interaktion unter Anwesenden oder gerade auch in der Vermeidung der Interaktion trotz Anwesenheit der Beteiligten wirksam sein können. Zentrum/Peripherie-Differenzierungen können andererseits extreme räumliche Distanzen überspannen, sie sind einer der frühen Mechanismen der Zerstörung oder der Annihilierung des Raums in

42 Werlen 1987, S. 233, Fn. 103.
43 Siehe auch Luhmann 1997, S. 806-812.
44 Shils 1961; Wallerstein 1974; Luhmann 1997, Kap. 4, V.

älteren Gesellschaften,[45] die über die telekommunikativen Möglichkeiten der modernen Gesellschaft noch nicht verfügten. Wallerstein hatte hier die vorstellbaren Wirkungsmechanismen durch Erfindung des Begriffs der Semiperipherie erweitert:[46] Semiperipherien nehmen offensichtlich Vermittlungsfunktionen zwischen Zentren und Peripherien wahr, deren soziale und räumliche Distanzen sich anderenfalls als zu groß erweisen könnten. Luhmann hat nach anfänglichem Zögern Zentrum/Peripherie als vierte Differenzierungsform (neben Segmentation, Stratifikation und funktionaler Differenzierung) eingeführt und damit Vergleichsmöglichkeiten eröffnet, die einer Theorie, die nur in Zentrum/Peripherie-Beziehungen denkt, verschlossen bleiben.

Was aber haben Zentrum/Peripherie-Differenzierungen mit regionalen Differenzierungen zu tun? Wenn man mit Regionalität das Phänomen der relativen Selbständigkeit einer räumlich abgrenzbaren Einheit, eine relative Selbstgenügsamkeit auf der Basis lokaler und regionaler Eigenschaften meint, dann fällt unmittelbar auf, daß Regionalität und Zentrum/Peripherie-Differenzierungen alternative Strukturbildungen beschreiben. Funktionierende regionale Differenzierungen setzen offensichtlich voraus, daß sie nicht von dominanten Zentrum/Peripherie-Differenzierungen überlagert werden. Europa ist nur dann eine funktionierende Region der Weltwirtschaft oder der Weltwissenschaft, wenn nicht alle innereuropäischen Beziehungen durch die Dominanz der Beziehungen zu einem außereuropäischen Zentrum mediatisiert werden.[47] Damit aber wird ein mir interessant scheinendes Forschungsprogramm sichtbar. Zentrum/Peripherie ist offensichtlich ein Globalisierungsbegriff der alten Welt. Seine Zentralstellung in Wallersteins Weltsystemtheorie spiegelt dies auf anschauliche Weise. Wenn Interaktion über große räumliche Distanzen sehr voraussetzungsvoll und unwahrscheinlich ist und daher nur selten vorkommt, müssen sehr große soziale und sachliche Differenzen zugrunde liegen, damit es überhaupt zu Interaktionen über Distanz kommt. Es muß um

---

45 Zur Formel der *Zerstörung des Raums* aus sehr verschiedenen Perspektiven John 1994 und Cairncross 1997.
46 Zu *Semiperipherie* interessant auch White 1992, S. 154-155.
47 Vgl. dazu Stichweh 1998a.

große Reichtumsunterschiede, große politische und militärische Macht, außergewöhnliche Weisheit und Gnadenausstattung gehen, damit globale Interaktion, wenn auch nur in einzelnen seltenen Fällen motiviert werden kann. In der Weltgesellschaft der Gegenwart ist die Situation umgekehrt. Die *Vernetzung von Globalem und Lokalem* vollzieht sich – darin stimmen Systemtheorie und beispielsweise Anthony Giddens überein – im einzelnen kommunikativen Akt; und zwar *in jedem einzelnen kommunikativen Akt*. Theoretische Begriffe wie *disembedding*, Anschlußfähigkeit und symbolisch generalisierte Kommunikationsmedien sind konzeptuelle Ressourcen, die dies näher auszuarbeiten erlauben.

Wenn dies sich aber so verhält, spricht alles für einen Trend der *Dezentralisierung in den Funktionssystemen der modernen Gesellschaft*, der funktionssysteminterne Zentrum/Peripherie-Differenzierungen langsam erodieren läßt. Erst das aber wäre die Voraussetzung für die Entstehung regionaler Differenzierungen, die in verschiedenen Funktionssystemen möglicherweise je verschiedene Grenzen für die jeweiligen Regionen erzeugen würden. Bei dieser Entstehung von Regionen würde es sich um die Stabilisierung und den Ausbau kleiner Differenzen auf der Basis räumlicher und kommunikativer Nähe, kultureller und sprachlicher Kontiguität handeln. Wenn ein Begriff wie *Europa* in einer Soziologie, die dem Faktum der Weltgesellschaft angemessen Rechnung trägt, überhaupt noch einen Sinn machen kann, dann würde er hier seinen Platz finden. Europäische Wissenschaft wäre damit ein neu- und wiederentstehendes regionales Phänomen vor dem Hintergrund reaktivierbarer kultureller Gemeinsamkeiten *und* eines entstehenden politischen Kontextes der Förderung, begünstigt durch die Bedingungen relativer räumlicher Nähe und einen Wirtschaftsraum, der ähnlich wie die Politik einen Kontext regionaler struktureller Kopplung definieren würde.[48]

---

48 Zum Zusammenhang von wirtschaftlicher Förderung von Forschung in Universitäten und räumlicher Nähe der Wirtschaftsorganisationen zu diesen Universitäten Mansfield/Lee 1996.

III

Ich komme jetzt zu dem dritten Leitbegriff dieses Textes: *Stadt*. Erneut fällt, wenn man sich beispielsweise das Werk Niklas Luhmanns ansieht, der Grad der Nichterwähnung des Phänomens auf. Auch hier scheint es eine implizite Diagnose zu geben, die besagt, daß die Stadt keine zentrale Dimension der Strukturbildung in der Weltgesellschaft mehr ist. Konträr dazu drängt sich jedem Soziologen die Chicago-Tradition als ein ganz auf die Analyse der Stadt konzentriertes und dennoch universalistisch gemeintes Unterfangen auf. Was erklärt diese enormen Unterschiede zwischen verschiedenen Soziologien? Wenn wir auf die Chicago-Tradition blicken, wird ein interessantes Verhältnis zu unseren drei Leitbegriffen sichtbar.

Erstens: Eine intensive Befassung mit dem Raum, und zwar in beiden von uns ausgearbeiteten Hinsichten: im Sinne einer Ökologie des Sozialen, die sich auch im Fall der Chicago-Tradition an bei der Biologie entlehnten Vorstellungen (in diesem Fall einer frühen Ökologie der Zwischenkriegszeit) zu orientieren versuchte, ohne daß hier dauerhafte Resultate erzielt worden wären.[49] Andererseits Raum im Sinne der Eigenkonstitution sozialer Räume in der Stadt unter Benutzung physischer Markierungen, räumlicher Distanzen etc. Kürzlich noch hat Andrew Abbott eine Reaktivierung des von ihm postulierten theoretischen Programms der Chicago-Schule versucht, das er in polemischer Abgrenzung gegen das Variablendenken der empirischen Sozialforschung im Sinne eines Kontextualismus deutet, der jedes soziale Geschehen in einen räumlichen oder zeitlichen Kontext stellt und Varianzen in diesen kontextuellen Einbettungen untersucht.[50]

Zweitens: Eine Nichtbefassung mit dem Phänomen der Region. Städte werden nicht als in ein regionales Umfeld eingebettet erlebt und analysiert.

Drittens: Ein emphatisches Verhältnis zur Stadt, die als das schlechthinnige Laboratorium der Moderne verstanden

---

49 Zumindest nicht in dem Sinne, daß der Begriff der Ökologie (ecology) in der Soziologie einen definiten Sinn erhalten hätte. Siehe dazu Gaziano 1996 und Abbott 1997.

50 Abbott 1997; siehe auch Abbott 1995.

wird:[51] Die Stadt ist der Ort des Vollzugs sozialer Differenzierung;[52] der Zielpunkt der Mobilität und Migration; der Ort der Durchmischung der Ethnien und des Umgangs mit dem Fremden, an dem sich die spezifisch modernen Muster des Umgangs mit dem Fremden herausbilden: Unpersönlichkeit und Indifferenz als Konstituentien der Moderne.

Wenn man sich diese dreistellige Bilanz vergegenwärtigt, drängt sich eine Schlußfolgerung auf: Die Fokussierung der Stadt betrifft offensichtlich die Städte als Zentrum in Zentrum/Peripherie-Differenzierungen. Das Gegenüber oder das Gegenbild der Stadt sind die ländlichen Regionen des amerikanischen Südens, aus denen sich in dem Zeitraum, in dem die Chicago-Soziologie entworfen wird, der vermutlich folgenreichste Migrationsvorgang der amerikanischen Geschichte vollzieht: Die millionenfache Wanderung schwarzer Amerikaner in die Metropolen des amerikanischen Ostens und mittleren Westens.[53]

Diese historische Konstellation als Kontext einer soziologischen Diagnose scheint mir unwiederholbar. Sie ist an Zentrum/Peripherie-Differenzierungen gebunden; sie thematisiert und sie theoretisiert eine spezifische gesellschaftliche Zentralität der Stadt, die unter Gegenwartsbedingungen, die durch Globalisierung – und d. h. meinem Eindruck nach unter anderem durch Dezentralisierung in allen Funktionssystemen – geprägt ist, nicht mehr wiederkehren kann. Natürlich gibt es Interaktionsverdichtungen in Funktionssystemen. Die *City of London* oder *Silicon Valley* sind Phänomene dieses Typs. In beiden Fällen geht es um die Konzentration von Expertise und Kapital, um lokale Kontakterleichterungen für *communities* von Spezialisten, die gleichzeitig globale kommunikative Vernetzungen aufweisen und hochgradig inklusiv für *newcomers* sind.[54] Im einen Fall, dem der *City of London*,[55] werden dafür die Infrastrukturen einer alten europäischen Stadt genutzt. Im

51 Vgl. dazu Lindner 1990; Park 1952, insb. Kap. 4.
52 Besonders überzeugend gezeigt bei Rosen 1944.
53 Siehe dazu interessant Lemann 1992.
54 Dazu bemerkenswert Micklethwait 1997, der den Erfolg von *Silicon Valley* schlüssig auf zwei Bedingungen zurückführt: Toleranz für Immigration und Toleranz für Mißerfolg.
55 Vgl. dazu die Thesen von Sassen 1994.

anderen Fall, *Silicon Valley*, haben wir es nicht mehr mit traditionellen städtischen Strukturen zu tun. Die Penetration des einzelnen kommunikativen Akts durch globale Zusammenhänge gilt ortsunabhängig; die Soziologie der urbanen Agglomeration und ihrer Probleme ist heute nur noch ein Spezialgebiet der Soziologie. Die Stadt kann nicht mehr als definierend für Modernität verstanden werden. Die eigentliche Entwicklungsdynamik der Stadt wird seit Jahrzehnten durch Suburbanisierung bestimmt – einen globalen Trend, für den es kaum Ausnahmen zu geben scheint.[56] Dies ist aber nur ein anderer Name für den Prozeß der Dezentralisierung in Funktionssystemen. Er verwandelt Städte in Regionen, oder, wie die amerikanische Terminologie sagt, in *metropolitan areas*.[57] Er löst auch die Dominanz des einen Geschäftszentrums in der Stadt auf und pluralisiert innerhalb der Stadt die funktionssystembestimmten Zentren. Im amerikanischen Fall folgt daraus die bemerkenswerte und im Grunde unerklärte Konsequenz, daß ausgerechnet im Kern der Stadt, im einstigen Laboratorium der Moderne, das entstehen kann, was die deutlichsten Ähnlichkeiten mit einem räumlich separierten Exklusionsbereich aufweist. Gerade in den USA hat es deshalb immer wieder polemische oder auch ernstgemeinte Vorschläge gegeben, die Innenstädte aufzugeben und sie zu verlassen. Die Vorstellung war offensichtlich die, daß das autopoietische Kommunikationssystem Gesellschaft danach einigermaßen ungestört weiterläuft.

Literatur

Abbott, Andrew, »Things of Boundaries«, in: *Social Research* 62 (1995), S. 857-882.
Abbott, Andrew, »Of Time and Space: The Contemporary Relevance of the Chicago School«, in: *Social Forces* 75 (1997), S. 1149-1182.

56 Hierzu und zum folgenden interessant Mills/Lubuele 1997.
57 Neuerdings findet man auch das Wort »city regions« als Bezeichnung einer neuen Siedlungsform – siehe »They can yet be resurrected«, The Economist, 10. 1. 1998, S. 15-18.

Baker, Wayne E., »The Social Structure of a National Securities Market«, in: *American Journal of Sociology* 89 (1984), S. 775-811.

Bell, Daniel, »The World and the United States in 2013«, in: *Daedalus* 116 (1987), H. 3, S. 1-31.

Bommes, Michael / Halfmann, Jost, »Migration und Inklusion. Spannungen zwischen Nationalstaat und Wohlfahrtsstaat«, in: *Kölner Zeitschrift für Soziologie und Sozialpsychologie* 46 (1994), S. 406-424.

Cairncross, Frances, »A Connected World. A Survey of Telecommunications«, in: *The Economist*, 13. September 1997, S. 42ff.

Campbell, Donald T. »Levels of Organization, Downward Causation, and the Selection – Theory Approach to Evolutionary Epistemology«, in: *Theories of the Evolution of Knowing*, hg. v. Gary Greenberg / Ethel Tobach, Hillsdale N. J. 1990, S. 1-17.

Diamond, Jared, *The Rise and Fall of the Third Chimpanzee*, London 1991.

Diamond, Jared, *Guns, Germs, and Steel. The Fates of Human Societies*, New York 1997.

Friedman, Jonathan, *Cultural Identity and Global Process*, London 1994.

Gaziano, Emanuel, »Ecological Metaphors as Scientific Boundary Work: Innovation and Authority in Interwar Sociology and Biology«, in: *American Journal of Sociology* 101 (1996), S. 874-907.

Giddens, Anthony, *The Consequences of Modernity*, Cambridge 1990.

Hochberg, Leonard, »The English Civil War in Geographical Perspective«, in: *Journal of Interdisciplinary History* 14 (1984), S. 729-750.

Jamison, Andrew, » National Political Cultures and the Exchange of Knowledge: The Case of Systems Ecology«, in: *Denationalizing Science. The Contexts of International Scientific Practice*, hg. v. Elisabeth Crawford et al., Dordrecht 1993, S. 87-208.

Jammer, Max, *Concepts of Space. The History of Theories of Space in Physics*, Cambridge/Mass. 1969.

John, Richard R., »American Historians and the Concept of the Communications Revolution«, in: *Information Acumen. The Understanding and Use of Knowledge in Modern Business*, hg. v. Lisa Bud-Frierman, London und New York 1994, S. 98-110.

Lemann, Nicholas, *The Promised Land. The Great Black Migration and How It Changed America*, New York 1992.

Lindner, Rolf, *Die Entdeckung der Stadtkultur. Soziologie aus der Erfahrung der Reportage*, Frankfurt/M. 1990.

Luhmann, Niklas, »Sinn als Grundbegriff der Soziologie«, in: Jürgen Habermas / Niklas Luhmann, *Theorie der Gesellschaft oder So-*

zialtechnologie – Was leistet die Systemforschung?, Frankfurt/M. 1971, S. 25-100.

Luhmann, Niklas, *Soziale Systeme: Grundriß einer allgemeinen Theorie*, Frankfurt/M. 1984.

Luhmann, Niklas, *Die Kunst der Gesellschaft*, Frankfurt/M. 1995.

Luhmann, Niklas, *Die Gesellschaft der Gesellschaft*, 2 Bde., Frankfurt/M. 1997.

McGregor, Alan/McConnachie, Margaret, »Social Exclusion, Urban Regeneration and Economic Reintegration«, in: *Urban Studies* 32 (1995), S. 1587-1600.

Mansfield, Edwin/Lee, Jeong-Yeon, »The Modern University: Contributor to Industrial Innovation and Recipient of Industrial R&D Support«, in: *Research Policy* 25 (1996), S. 1047-1058.

Maturana, Humberto R., *Erkennen: Die Organisation und Verkörperung von Wirklichkeit*, Braunschweig 1985, 2. Aufl.

Melbin, Murray, »Night as Frontier«, in: *American Sociological Review* 43 (1978), S. 3-22.

Micklethwait, John, »Future perfect? A Survey of Silicon Valley«, in: *The Economist*, 29. März 1997, S. 24ff.

Mills, Edwin S./Lubuele, Luan Sendé, »Inner Cities«, in: *Journal of Economic Literature* 35 (1997), S. 727-756.

Park, Robert Ezra, *Human Communities. The City and Human Ecology*, Glencoe/Ill. 1952.

Paugam, Serge (Hg.), *L'exclusion. L'état des savoirs*, Paris 1976.

Rosen, George, *The Specialization of Medicine with Special Reference to Ophthalmology*, New York 1944.

Sachs, Jeffrey, »The Limits of Convergence. Nature, Nurture and Growth«, in: *The Economist*, 14. Juni 1997, S. 19-20, 24.

Sassen, Saskia, *Cities in a World Economy*, Thousand Oaks 1994.

Shils, Edward, »Centre and Periphery«, in: *The Logic of Personal Knowledge. Essays Presented to Michael Polanyi on his Seventieth Birthday, 11 March 1961*, London 1961, S. 117-130.

Simmel, Georg, *Soziologie. Untersuchungen über die Formen der Vergesellschaftung* (= Gesamtausgabe, Bd. 11), Frankfurt/M. 1992 (=1908).

Sperber, Dan, *Explaining Culture. A Naturalistic Approach,* Oxford 1996.

Stichweh, Rudolf, »Der Fremde – Zur Evolution der Weltgesellschaft«, in: *Rechtshistorisches Journal* 11 (1992), S. 295-316.

Stichweh, Rudolf, »Nation und Weltgesellschaft«, in: *Das Prinzip Nation in modernen Gesellschaften. Länderdiagnosen und theoretische Perspektiven*, hg. v. Bernd Estel/Tilman Mayer, Opladen 1994, S. 83-96 (in diesem Band: Kap. 3).

Stichweh, Rudolf, »Der Fremde – Zur Soziologie der Indifferenz«, in:

Furcht und Faszination. Facetten der Fremdheit, hg. v. Herfried Münkler, Berlin 1997, S. 45-64.

Stichweh, Rudolf, »Inklusion/Exklusion, funktionale Differenzierung und die Theorie der Weltgesellschaft«, in: *Soziale Systeme* 3 (1997), S. 123-136 (=1997a).

Stichweh, Rudolf, »Migration, nationale Wohlfahrtsstaaten und die Entstehung der Weltgesellschaft«, in: Michael Bommes / Jost Halfmann (Hg.); *Migration in nationalen Wohlfahrtsstaaten*, Osnabrück 1998, S. 49-61 (in diesem Band: Kap. 4).

Stichweh, Rudolf, »Globalisierung der Wissenschaft und die Region Europa«, in: Gert Schmidt / Rainer Trinczek (Hg.), *Globalisierung. Ökonomische und soziale Herausforderungen am Ende des zwanzigsten Jahrhunderts*, Baden-Baden 1999, S. 275-292 (=1998a); (in diesem Band: Kap. 6).

Talmy, Leonard, *How Language Structures Space* (= Berkeley Cognitive Science Report No. 4), Berkeley 1983.

Terry, Don, »In Los Angeles, Redevelopment Plans May Hem in Skid Row«, in: *New York Times*, 23. Oktober 1997, S. A 1, A 12.

Vitousek, Peter M. et al., »Human Domination of Earth's Ecosystems«, in: *Science* 277 (1997), S. 494-499.

Wallerstein, Immanuel, *The Modern World-System. Capitalist Agriculture and the Origins of the European World-Economy in the Sixteenth Century*, New York 1974.

Wellman, Barry / Carrington, Peter J. / Hall, Alan, »Networks as personal communities«, in: *Social structures: a network approach*, hg. v. Barry Wellman / S. D. Berkowitz, Cambridge 1988, S. 130-184.

Werlen, Benno, *Sozialgeographie alltäglicher Regionalisierungen. Bd. 1.: Zur Ontologie von Gesellschaft und Raum*, Stuttgart 1995.

Werlen, Benno, *Sozialgeographie alltäglicher Regionalisierungen. Bd. 2.: Globalisierung, Region und Regionalisierung*, Stuttgart 1997.

White, Harrison C., »Where Do Markets Come From?«, in: *American Journal of Sociology* 87 (1981), S. 517-547.

White, Harrison C., *Identity and Control: A Structural Theory of Social Action*, Princeton, N. J., 1992.

Ungleichzeitigkeit in der Weltgesellschaft
Zur Unterscheidung
von Tradition und Moderne[1]

I Globale Gleichzeitigkeit, Zeitzonen, Homogenisierung des Tages

Jeder Ort der Erde ist von jedem anderen aus ohne wahrnehmbaren Zeitverlust kommunikativ erreichbar. Das ist eine dramatische Implikation der Verfügbarkeit moderner elektronischer Kommunikationsmedien und gilt für telefonische Kommunikation, Radio und Fernsehen (soweit sie über Satelliten vermittelt werden) und für internetbasierte Kommunikation. Für die Weltgesellschaft, jenes seit Niklas Luhmann über *kommunikative Erreichbarkeit* definierte System, heißt dies, daß alles, was in ihm geschieht, gleichzeitig geschieht. Das ruht auf bestimmten physikalischen Voraussetzungen: Die Lichtgeschwindigkeit ist sehr groß, und sie ist eine Invariante; die Erde als der vorläufige physische Ort der Gesellschaft, die wir Weltgesellschaft nennen, ist im Vergleich zur Lichtgeschwindigkeit sehr klein, was eine nahezu instantane Transmission von Kommunikationen erlaubt. Hinzu kommen technologische Prämissen, die gerade schon erwähnt wurden: Verbreitungsmedien für Kommunikation, die als elektronische Medien eine globale Gleichzeitigkeit in der Erreichbarkeit von Adressen und in den Möglichkeiten des Anschließens an Kommunikationen sichern. Außerdem Speichermedien wie beispielsweise Bücher und Bibliotheken, Festplatten, CD-ROMs, DVDs und viele andere mehr, die auch für ungleichzeitige Mitteilungsakte – beispielsweise die Schriften von Plato, Erasmus und Luhmann – globale Gleichzeitigkeit in ihrer Funktion als anschlußfähige Kommunikationen ermöglichen. Der Transfer von alten Texten auf neue Speichermedien nimmt diesen Texten einen Teil der Fremdheit und Distanz, die ihnen im Me-

---

1 Revidierte Fassung eines Beitrags für die Tagung »Ungleichzeitigkeit in der Gesellschaft. Moderne versus Tradition in der Gegenwart«, Hans Böckler Stiftung, Reimlingen, 16. Mai 1999.

dium des Buches, solange man in Bibliotheken mit alten Büchern arbeitete, noch anhaftete.[2]

Die Erfahrung von Marathon, daß über ein Ereignis, das sich im erweiterten Stadtgebiet Athens abgespielt hatte, nur unter dem heroischen Einsatz eines Menschenlebens einigermaßen rechtzeitig informiert werden konnte, und daß das Fortschreiten der Zeit im Zentrum Athens gewissermaßen sistiert war, bis der Läufer sein Ziel erreicht hatte, ist heute radikal unzeitgemäß, so sehr der Lauf von Marathon nach Athen andererseits eines der globalen Symbole eines weltweit institutionalisierten zugespitzten Leistungswillens von Individuen geworden ist. Heute aber findet jeder Marathonlauf, wenn er denn ein signifikantes Ereignis ist, weltweit gleichzeitig statt, d. h. er ist in jedem seiner Momente mit anderen Weltereignissen potentiell synchronisiert. Der Ereignisstrom anderenorts muß nicht stillstehen, um auf den Ausgang dieses Ereignisses zu warten.

Eine Form und vielleicht die letzte Form, in der Asynchronizität in der Weltgesellschaft der Gegenwart von fortdauernder und zunehmender Relevanz ist, ist die *Differenz der Zeitzonen*. Der Hintergrund ist erneut physikalisch. Die Erde ist ein Rotationsellipsoid, sie dreht sich unter dem Einfluß der Gravitation um ihre eigene Achse, und das erzeugt die Differenz von Tag und Nacht und damit, weil man Zeit an die biologischen Rhythmen der die Weltgesellschaft bestimmenden Spezies anschließt, die Differenz der Zeitzonen. Auch dies aber ist eine Differenz, die von der Kommunikation vor allem aufgenommen wird, um sie zunehmend zu neutralisieren.

Zunächst einmal *informiert* die Kommunikation über diese Differenz. In dem Maße, in dem globale Kommunikation und globales Reisen an Bedeutung gewinnen, wird auch das Einberechnen der Differenzen von Zeitzonen wichtiger. Organizer und Uhren tragen dem zunehmend Rechnung. Vor allem aber geraten die Funktionssysteme unter Druck, in denen die allen Systemen eigene Ereignisbasierung zugespitzt in der Form auftritt, daß entweder unmittelbares Anschließen für den Handlungserfolg entscheidend ist (Finanzmärkte), oder der synchrone Mitvollzug des Ereignisses dessen Wert und Erleb-

---

2 Das hängt auch davon ab, ob man diese Texte in Sprache und Schreibweise modernisiert.

nisqualität bestimmt (Sport) oder schließlich die Ereignisse besonders schnell veralten (Nachrichten der Massenmedien in ihrem Informationswert).[3] Es gibt verschiedene Möglichkeiten der Reaktion auf diese Probleme. Man kann die Zahl der Druckorte und Ausgaben für eine Zeitung vermehren[4] und die Internet-Präsenz der Tageszeitung als Verlängerung ihrer Druckausgabe behandeln; man kann das Sportereignis geographisch so plazieren, daß es in der Nähe – und Nähe meint hier nicht mehr räumliche, sondern zeitliche Nähe – *seines* Publikums stattfindet; und schließlich bietet sich die Lösung an, die sich in der gegenwärtigen Entwicklung der Finanzmärkte abzeichnet: man dehnt den relevanten Ereigniszusammenhang – in diesem Fall den Handel mit Aktien, Anleihen, Devisen und Derivaten – auf 24 Stunden aus, so daß jeder Ort der Welt mit Bezug auf Ereignisse an jedem anderen jederzeit Anschlußkommunikationen wählen kann.

Im Banken- und Finanzsektor setzt sich für diese Umstellungen der Begriff des *Zeitzonenbanking* durch. Gemeint ist damit, daß sich die global operierenden Finanzhäuser auf jeweils einen Finanzplatz in Europa, Nordamerika und Asien konzentrieren und von dort aus zu jedem Zeitpunkt auf die relevanten Entwicklungen der anderen Finanzmärkte reagieren können. Damit verstärkt sich die Konkurrenz zwischen den wichtigen Finanzplätzen innerhalb derselben Zeitzone, also z. B. zwischen London und Frankfurt,[5] weil für bestimmte Geschäfte und Tätigkeiten die Präsenz an einem dieser Plätze genügt. Die sich abzeichnende Fusion der Börsen in London und Frankfurt gehorcht dieser Logik, und sie vollzieht sich unter dem Druck eines Konkurrenten (Nasdaq), der im Begriff ist, seine Etablierung in allen drei Zeitzonen zu vollziehen.

Aus der globalen, alle Zeitzonen einbeziehenden Etablierung von Organisationen entstehen in der Folge vor allem Koordinationsbedarfe. Niklas Luhmann hat dies mit der These zu

---

3 FAZ-Leser können dies mit einem Blick auf die erste Seite verifizieren, die man gelegentlich mit dem Eindruck liest, daß sie zwei bis drei Stunden zu früh gedruckt worden ist.

4 Es ist oft darauf hingewiesen worden, daß die weitgehende Abwesenheit einer nationalen Presse in den USA mit der Größe des Landes und damit der Differenz der Zeitzonen zu tun hat.

5 Siehe FAZ 1999.

erfaßen versucht, daß für das Zeitmaß in der modernen Gesellschaft das Prinzip »organische Solidarität« charakteristisch sei.[6] Aus einer Tages- oder kalendarischen Zeit folgten nicht mehr normative Bindungen hinsichtlich dessen, was zu dieser Zeit für jedermann zu tun wäre (dies wäre »mechanische Solidarität«), statt dessen resultierten schnell zunehmende Erfordernisse der Organisation und der Verabredung. Schon 1903 hat Simmel dieses Synchronisationsproblem als Schlüsselfrage für moderne Großstädte beschrieben: »Wenn alle Uhren in Berlin plötzlich in verschiedener Richtung falschgehen würden, auch nur um den Spielraum einer Stunde, so wäre sein ganzes wirtschaftliches und sonstiges Verkehrsleben auf lange hinaus zerrüttet.«[7] Synchronisation kann dann unter Gegenwartsbedingungen für die lokalen *branch offices* multinationaler Organisationen bedeuten, daß ein Druck entsteht, in gewissem Umfang 24 Stunden operationsfähig zu sein, da anderenfalls Ungleichzeitigkeit innerorganisatorisch Probleme erzeugen könnte.[8]

Was sich in diesen Mustern abzeichnet, ist eine zeitliche Homogenisierung des Tages, die die ganzen 24 Stunden einbezieht, aus denen der Tag besteht. Tag/Nacht-Differenzen verlieren als Formen der Strukturbildung in den Systemen an Bedeutung. Man hält nachts Bibliotheken auf, öffnet Einzelhandelsgeschäfte und ermöglicht Banktransaktionen. Die Ereignisse des Sports werden einerseits in günstige Zeitzonen plaziert, andererseits gelingt es ihnen, wenn sie nur spannungsreich genug sind, in den Nachtstunden ein Publikum aus Hunderten von Millionen vor den Bildschirmen zu versammeln. Vor einiger Zeit hat ein Soziologe für diesen Umbruch den suggestiven Aufsatztitel »Night as Frontier« gewählt,[9] an dem vor allem einleuchtet, daß er den Transfer räumlicher in zeitliche Metaphern sichtbar macht. Die Grenze der menschlichen Zivilisation ist nicht mehr eine räumliche Grenze, die immer weiter (z. B. in den amerikanischen Westen) verschoben wird. Sie ist vielmehr eine zeitliche Grenze, die für das Kontinuieren bestimmter Tätigkeiten immer größere Teile auch der

6 Luhmann 1990, S. 123.
7 Simmel 1903, S. 120.
8 Siehe dazu Presser 1999.
9 Melbin 1978.

Nacht einbezieht. Ein anderes interessantes Indiz für dieses Verschieben der Grenze des Sozialen aus der räumlichen in die zeitliche Dimension bietet die Beobachtung, daß auch die Unterscheidung von Inklusion und Exklusion und damit die Entstehung von Zonen oder Bereichen der Exklusion in der Gegenwartsgesellschaft häufig mit zeitlichen Zyklen der Nutzung des Raums zusammenhängt.[10] Gerade in städtischen Regionen, in denen tagsüber eine extreme Verdichtung des Verkehrs und der Kommunikation zu beobachten ist, vollzieht sich im Laufe des Abends manchmal eine Übernahme des Raums durch Personen, die in vielfältigen Hinsichten dem Phänomen der Exklusion zugerechnet werden können.

II ›Tradition und Moderne‹ als Form von Ungleichzeitigkeit

Das bisherige Argument hat zahlreiche Mechanismen des Kleinarbeitens und der Absorption von Ungleichzeitigkeit im System der modernen Gesellschaft aufgezeigt. Demgegenüber kann die Unterscheidung von *Tradition* und *Moderne* als ein Argument für einen stabilen Bestand von Ungleichzeitigkeit in der Gegenwart ausgelegt werden. Das setzt natürlich voraus, daß man von Tradition und Moderne nicht mehr im Sinn eines Epochenbruchs, der sich an einer Schwelle der Gesellschaftsgeschichte ereignet hat, spricht. Statt dessen werden Tradition und Moderne als koexistierende Zustände in der Gesellschaft der Gegenwart verstanden.[11]

Man kann mit Bezug auf dieses Verständnis fast von einer geologischen Sicht der Gesellschaft sprechen. Strukturwandel in Gesellschaft wird wie ein Prozeß der Ablagerung und der Überlagerung von Schichten aufgefaßt. Ältere Schichten werden von neueren Schichten überlagert. Oder sie werden in einer anderen Metapher, die allerdings eher evolutionsbiologisch als geologisch ist, in Nischen aufbewahrt und dort kontinuiert. In jedem Fall aber sind sie in der Folge von vermittelterer und indirekterer Relevanz. Es ist offensichtlich,

10 Vgl. Stichweh 1998.
11 Siehe etwa Rueschemeyer 1976.

daß in Modellen dieses Typs eine Gleichzeitigkeit des Ungleichzeitigen behauptet wird.

Zwei Bedenken möchte ich gegen diese Überlegungen vorbringen. Das erste ist empirischer und relativ pragmatischer Art. Der vermutete Schichtenaufbau der Gesellschaft stößt auf das Problem, daß die Zurechnungsentscheidung nicht leichtfällt, welches denn eigentlich die älteren und welches die neueren Schichten sind. Man kann dies an Beispielen erläutern: Scheinbare Protagonisten von Modernität wie Banken oder Universitäten erweisen sich bei näherem Hinsehen als besonders beharrungsfähige Institutionen. Universitäten wie Oxford, Heidelberg oder Harvard oder Banken wie der »Monte Paschi di Siena« gehören zu den ältesten Institutionen, die es auf den jeweiligen Kontinenten überhaupt gibt, während scheinbare Traditionsgaranten wie der islamische Fundamentalismus oder jene *traditionelle* palästinensische Kluft, mit der Jasir Arafat berühmt geworden ist, von den jeweiligen Protagonisten gerade erst in demonstrativer Absicht erfunden worden sind. Einer geologischen Deutung eines Schichtenaufbaus der Gesellschaft steht offensichtlich das seit Hobsbawm/Ranger viel diskutierte Phänomen der »Erfindung von Traditionen« im Wege.[12]

Ein zweiter prinzipiellerer und theoretisch zu nennender Einwand würde statt von der »Erfindung von Traditionen« vielleicht eher von der »Autopoiesis von Traditionen« sprechen. Damit ist folgendes gemeint: Wenn wir einen kommunikationsbasierten Begriff von Gesellschaft unterstellen, kann man sich Institutionen nicht länger als Schichtenablagerungen einer abgelaufenen, in ihnen aber gewissermaßen immer noch präsenten Geschichte vorstellen. Diese Deutung ist zwar instruktiv, und sie ist nicht einfach falsch, aber sie muß ergänzt werden durch die Überlegung, daß unter Bedingungen der Kommunikationsbasierung Institutionen prinzipiell davon abhängen, daß sie in kommunikativen Akten fortlaufend reproduziert werden – und diese Voraussetzung gilt für *moderne* Institutionen wie für *traditionelle* Institutionen gleichermaßen. In einer kommunikations- und ereignisbasierten Gesellschaft läßt sich für moderne wie für traditionelle Arrangements behaupten, daß sie von Moment zu Moment zu zerfallen

12 Hobsbawm/Ranger 1983.

drohen und daß sie deshalb durch unablässige Akte der Reproduktion gegen Zerfall geschützt werden müssen.[13] In dieser Hinsicht sind also traditionelle wie moderne institutionelle Arrangements prinzipiell gleichzeitig, d. h. sie unterscheiden sich in der sie bestimmenden Form der Zeitlichkeit nicht.

Was folgt daraus für die Unterscheidung von Tradition und Moderne? Diese Unterscheidung ist offensichtlich ein Beobachterbegriff. Ein Beobachter entscheidet sich, bestimmte institutionelle Arrangements *traditionell* zu nennen und ihnen gegenüber andere als *modern* auszuzeichnen. Die Frage der Wertung bleibt dabei prinzipiell offen. Man kann eine positive oder negative Wertung auf der einen oder auf der anderen Seite der Unterscheidung setzen. Diese Sachverhalte einer kontingenten Zurechnung und Wertung in der Unterscheidung von Tradition und Moderne sind es, die die Rede von der *Erfindung von Traditionen* rechtfertigen, während die andere hier vorgeschlagene Formel, die der *Autopoiesis von Traditionen,* deutlich macht, wie Traditionen in die Gleichzeitigkeit aller Komponenten des Systems inkorporiert werden, dadurch als Traditionen ununterscheidbar werden und erst wieder erfunden werden müssen.

Ein wichtiger Unterschied, der die Unterscheidung von Tradition und Moderne kreuzt, ist vermutlich die Unterscheidung von Selbstbeobachtung und Fremdbeobachtung. Die Auszeichnung von etwas als Tradition dient, soweit es sich um Selbstbeobachtung handelt, oft der Legitimation des Systems. Man versucht etwas, das umstritten ist, eine auf Zeit und Geschichte gegründete Legitimation zu verschaffen. Demgegenüber optiert die Fremdbeobachtung vielfach für Kritik. Man nennt eine Praxis oder Institution traditionell und impliziert damit, daß sie ihre inhärente Rechtfertigung verloren hat. In dem Maße, in dem man die Beobachterabhängigkeit der Unterscheidung von Tradition und Moderne betont und damit hervorhebt, daß sowohl *Traditionalität* wie *Modernität* eine Zuschreibung ist, die ein Beobachter *erfindet,* der damit bestimmte Beobachtungsinteressen zum Ausdruck bringt, wird deutlich, daß diese Unterscheidung zwar wissenssoziologisch interessant ist, daß ihr analytischer Wert aber gerade dadurch begrenzt wird.

13 Siehe dazu Luhmann 1979.

III Evolutionstheorie, Diversität und zeitliche Sequenzen

Aus der Überlegung des letzten Abschnitts ergibt sich der Vorschlag, die Unterscheidung von Tradition und Moderne aufzugeben, aber an dem Interesse festzuhalten, das als Motivlage hinter ihr steht: dem Interesse an *Diversität*, einer Diversität, die nicht mehr durch Gleichzeitigkeit des Ungleichzeitigen gesichert werden kann, die vielmehr in der Form der Gleichzeitigkeit einer Diversität von Möglichkeiten etabliert werden muß. Dieses Interesse an Diversität, an der Erhaltung sachlicher und sozialer Verschiedenheit der Welt, wäre zu koppeln mit einem Interesse an einer Theorie, die zeitliche Sequenzen einzuberechnen erlaubt.

Der Kandidat für ein solches Verständnis ist offensichtlich Evolutionstheorie. Evolutionstheorie ruht in einer Interpretation, die im letzten Jahrzehnt unter anderem von Donald T. Campbell und Niklas Luhmann vertreten worden ist,[14] auf der Unterscheidung mehrerer evolutionärer Mechanismen auf. Als Mechanismen werden typischerweise genannt: *Variation* als ein Mechanismus, der für die ungeplante Entstehung von Neuheit verantwortlich ist; *Selektion* als ein Mechanismus, der bestimmte Neuheiten positiv verstärkt und andere nicht wiederaufnimmt oder sogar explizit zurückweist; *Stabilisierung* als derjenige Mechanismus, der das System von den positiv selegierten Variationen aus neu bestimmt, also die reziproke Anpassung zwischen Variationen und erhaltenen Strukturen regelt. Wichtig ist die Frage der *Trennbarkeit der Mechanismen*. Es darf nicht allein der Sachverhalt, daß eine Sache *neu* ist, dafür genügen, daß sie sich dann auch durchsetzt. Ein so verfaßtes System besäße keinen Selektionsmechanismus und eigentlich besäße es auch keine Strukturen. Nur in einem System, das voneinander trennbare Mechanismen aufweist, kann überhaupt von *Evolution* in dem Sinne die Rede sein, daß relativ zufällige Variationen von diesem System für Strukturaufbau und Strukturumbau genutzt werden.[15]

14 Campbell 1988; Luhmann 1997, Kap. 3.
15 Dieses Verständnis war vor allem für Luhmanns Evolutionstheorie immer entscheidend.

Die evolutionären Mechanismen operieren prinzipiell gleichzeitig. In einem komplexen System findet immer gleichzeitig Variation, Selektion und Stabilisierung statt. Gerade da es sich um verschiedene Mechanismen handelt, muß der eine nicht auf die Beendigung des Operierens des anderen warten. Andererseits sind die Mechanismen auch hintereinandergeschaltet und insofern zeitlich gegeneinander versetzt. Selektion und Stabilisierung können für einen Sinnvorschlag oder für eine genetische Mutation erst dann relevant werden, wenn diese als Variationen vorgekommen sind. Schließlich sind die Mechanismen zirkulär miteinander vernetzt. Sie bilden also keine Hierarchie, an deren Spitze der abschließende Vorgang der Stabilisierung stünde. Jeder der Mechanismen wird zur Voraussetzung für das Operieren der anderen. Insbesondere ist die retroaktive Wirkung zu betonen, die Stabilisierungsvorgänge auf Variationen ausüben.[16] Stabilisierungen lassen im Grade der Neuanpassung der Strukturen des Systems gleichzeitig sichtbar werden, wo noch Änderungsbedarfe und Änderungschancen vorliegen, und sie stimulieren insofern die experimentelle, von Rechtfertigungszusammenhängen für Neuheit abgekoppelte Wirkungsweise von Variationsmechanismen.[17]

Wie sieht das Verhältnis von Evolutionstheorie und Diversität aus? Diversität hängt offensichtlich davon ab, daß ein System nicht übermäßig zentralisiert ist. Ein systemintern mehrfach wiederholtes *decoupling* verschiedener struktureller Komponenten oder ein generell geltendes *loose coupling* im System ist dafür eine wichtige Bedingung.[18] Evolutionstheorie, so wie wir sie gerade beschrieben haben, zeichnet sich aber offensichtlich dadurch aus, daß sie eine Mehrzahl von Trennlinien im System sichtbar werden läßt. Evolutionäre Mechanismen sind durch Autonomie ihres Operierens im Verhältnis zueinander definiert. Sie sind zwar hintereinandergeschaltet, aber nicht untereinander hierarchisiert. Jede Stabilität, die sie hervorbringen, ist lokal und in keiner Weise dauerhaft etabliert. Insofern kann man die Aussage wagen: Soweit überhaupt von Evolution die Rede sein kann, ist es dieser Sachverhalt der

---

16 Besonders gut hat dies Weick 1979 herausgearbeitet.
17 Siehe am Beispiel des Wissenschaftssystems Stichweh 1996.
18 Zu *decoupling* Meyer/Scott 1983; zu *loose coupling* Firestone 1985.

Evolution, der Diversität garantiert, und Evolution tut dies nicht in der Form der Gleichzeitigkeit des Ungleichzeitigen, sondern in der Form multipler temporaler Sequenzen von Strukturänderungen, die man mit evolutionstheoretischen Denkmitteln beschreiben kann.

IV Evolution in der Weltgesellschaft

Die Frage nach Diversität in der Weltgesellschaft der Gegenwart wird sich nicht mehr in der Form beantworten lassen, daß man auf den Unterschied von Tradition und Moderne als Garanten der Gleichzeitigkeit des Ungleichzeitigen verweisen kann. Die Beobachtung der modernen Welt bietet uns nicht mehr vor allem Information über die Verschiedenheit der Zeitpunkte, zu denen voneinander verschiedene Weltzustände erstmals etabliert worden sind. Statt dessen stellt sich die Frage nach den Bedingungen der Möglichkeit von Diversität in der Weltgesellschaft als Frage nach der Möglichkeit globaler Evolution.

Die Antwort auf diese letzte Frage ist alles andere als evident. Weltgesellschaft meint den Sachverhalt, daß Gesellschaft nur noch einmal vorkommt. Damit ist eine Bedingung für Evolution entfallen, die fast die gesamte Geschichte der Menschheit bestimmt hat. Der größte Teil der Geschichte menschlicher Gesellschaften war dadurch bestimmt, daß es immer viele Gesellschaften gab, so daß Fehlentwicklungen und Engpässe in jeder einzelnen dieser Gesellschaften dadurch in ihren Folgen gemildert wurden, daß sich anderswo andere Entwicklungen vollzogen, die, sofern sie sich als bestandsgünstige Lösungen erwiesen, auch für langsame Diffusionsprozesse in Frage kamen. Mit dem Entfallen dieser Bedingung einer Vielzahl von Gesellschaftssystemen liegt die Furcht nahe, daß es in der gegenwärtigen Welt zu wenig autonome Variations-/Selektionsspielräume geben könnte, oder – in den oben verwendeten Termini – zu wenig »decoupling« und zu wenig »loose coupling«.

Gibt es funktionale Äquivalente für den Sachverhalt der Multiplizität von Gesellschaften und den ihrer soziokulturellen Isolation gegeneinander? Zwei Antworten drängen sich auf. Die erste wird auf *funktionale Differenzierung* verweisen. Funktionale Differenzierung bringt globale Makrosysteme für sachthematische Spezialisierungen hervor. Das hat den doppelten Effekt, daß Evolution sich erstens von der Ebene des Gesellschaftssystems auf die Ebene seiner einzelnen Funktionssysteme verschiebt und daß zweitens innerhalb dieser globalen Makrosysteme die Bedingungen für hinreichende Trennung ihrer je verschiedenen evolutionären Mechanismen entstehen, was in den Funktionssystemen den Raum freigibt für schnelle evolutionäre Umbauten ihrer Strukturen. *Loose coupling* der Mechanismen im Verhältnis zueinander und *decoupling* der Funktionssysteme voneinander werden dann die Voraussetzungen für die Produktion von Diversität. Die Tatsache, daß das Operieren der Funktionssysteme nicht von Moment zu Moment synchronisiert wird, obwohl es selbstverständlich gleichzeitig stattfindet, erzeugt parallel dazu eine Art von Ungleichzeitigkeit.

Das zweite funktionale Äquivalent zur Multiplizität von Gesellschaften/Isolation kann man *Regionalisierung* nennen, und es ist erneut eine Form der internen Differenzierung der modernen Gesellschaft. Regionalisierung ist vermutlich die Kehrseite des *decoupling* der Funktionssysteme. In ihrem operativen Prozessieren sind voneinander strikt getrennte Funktionssysteme andererseits in manchen Fällen miteinander *strukturell gekoppelt*.[19] Strukturelle Kopplung ändert nichts an der Geschlossenheit der Systeme, meint vielmehr den Sachverhalt einer lokalen Kontiguität zweier Systeme, die der Grund dafür ist, daß Ereignisse im einen dieser Systeme häufig als Störung im jeweils anderen System registriert werden und interne Anpassungen auslösen. Für strukturelle Kopplungen zwischen Funktionssystemen aber scheint plausibel, daß es sich bei ihnen um lokal/regional variierende Phänomene handelt, daß beispielsweise die strukturelle Kopplung von Politik und Recht in verschiedenen Regionen der Welt unterschiedliche Formen annimmt. Insofern liegt es nahe, die Entstehung von Regionen in verschiedenen Weltgegenden aus variierenden strukturellen Kopplungen unter Funktionssystemen zu erklären. Regionen wirken dann wie evolutionäre Nischen in evoluierenden Funktionssystemen, und insofern sind sie ne-

19 Siehe zu struktureller Kopplung Maturana 1985; Luhmann 1993, Kap. 10.

ben den Funktionssystemen eine zweite wahrscheinliche Quelle von Diversität und von Perzeptionen von Ungleichzeitigkeit in der Weltgesellschaft. Erneut läßt sich diese teilweise als Ungleichzeitigkeit perzipierte Diversität von Regionen nicht mehr auf den Unterschied von Tradition und Moderne zurechnen.

Literatur

Campbell, Donald T., *Methodology and Epistemology for Social Science*, Chicago 1988.

FAZ, »Auslandsbanken verlagern wichtige Geschäfte nach London«, in: *Frankfurter Allgemeine Zeitung*, 2. August 1999, S. 15-16.

Firestone, William A., »The Study of Loose Coupling: Problems, Progress, and Prospects«, in: *Research in Sociology of Education and Socialization* 5 (1985), S. 3-30.

Hobsbawm, Eric / Ranger, Terence (Hg.), *The Invention of Traditions*, Cambridge 1983.

Luhmann, Niklas (1979), »Zeit und Handlung – Eine vergessene Theorie«, in: *Soziologische Aufklärung 3. Soziales System, Gesellschaft, Organisation*, Opladen 1981, S. 101-125.

Luhmann, Niklas, »Gleichzeitigkeit und Synchronisation«, in: *Soziologische Aufklärung, Bd. 5*, Opladen 1990, 1. Aufl., S. 95-130.

Luhmann, Niklas, *Das Recht der Gesellschaft*, Frankfurt/M. 1993.

Luhmann, Niklas, *Die Gesellschaft der Gesellschaft*, Bd. 1-2, Frankfurt/M. 1997.

Maturana, Humberto R., *Erkennen: Die Organisation und Verkörperung von Wirklichkeit*, Braunschweig 1985, 2. Aufl.

Melbin, Murray, »Night as Frontier«, in: *American Sociological Review* 43 (1978), S. 3-22.

Meyer, John W. / Scott, W. Richard, *Organizational Environments: Ritual and Rationality,* Beverly Hills 1983.

Presser, Harriet B., »Toward a 24-Hour Economy«, in: *Science* 284 (1999), S. 1778-1779.

Rueschemeyer, Dietrich, »Partial Modernization«, in: *Explorations in General Theory in Social Science. Essays in Honor of Talcott Parsons. Bd. II.*, hg. v. Jan J. Loubser et al., New York und London 1976, S. 756-772.

Simmel, Georg, »Die Großstädte und das Geistesleben«, in: *Aufsätze und Abhandlungen, 1901-1908, Bd. 1,* Frankfurt/M. 1995, S. 116-131.

Stichweh, Rudolf, »Variationsmechanismen im Wissenschaftssystem der Moderne«, in: *Soziale Systeme* 2 (1996), S. 73-89.

Stichweh, Rudolf, »Raum, Region und Stadt in der Systemtheorie«, in: *Soziale Systeme* 4 (1998), S. 341-358 [in diesem Band: Kap. 10].

Weick, Karl E., *The Social Psychology of Organizing,* Reading, Mass., 1979, 2. Aufl.

Adresse und Lokalisierung in einem globalen Kommunikationssystem

I

In der Weltgesellschaft der Gegenwart, die auf Kommunikationen basiert, die global füreinander erreichbar sind, fungieren Kommunikationsmedien als Instrumente der Globalisierung von Kommunikation. Das ist etwas, was von Niklas Luhmann mit aller Deutlichkeit herausgearbeitet worden ist. Kommunikationsmedien leisten, so Luhmann, die Transformation unwahrscheinlicher in wahrscheinliche Kommunikation.[1] Es ist unwahrscheinlich, daß jemand etwas Anderes oder einen Anderen versteht. Darauf reagieren die symbolischen Generalisierungen, auf denen das Kommunikationsmedium Sprache ruht. Diese versuchen eine Gleichsinnigkeit des Verstehens bei den Beteiligten zu induzieren. Es ist weiterhin unwahrscheinlich, daß soziale Andere durch die in einer differenzierten Gesellschaft zunehmend spezifischen kommunikativen Sinnzumutungen angesprochen oder überhaupt erreicht werden. Darauf reagieren die Verbreitungsmedien wie Schrift, Buchdruck und viele andere, die den Einzugsbereich erreichbarer Anderer in der Zeit und im Raum extrem ausdehnen. Und es ist drittens unwahrscheinlich, daß jene jetzt erreichbaren zunehmend fernen Anderen allein durch Kommunikation beeinflußt werden sollten. Darauf reagieren die Erfolgsmedien wie Macht, Liebe und Geld, die in die Kommunikationen persuasive Effekte oder Pressionen einbauen, die die Wahrscheinlichkeit der Übernahme des angetragenen Sinnes erhöhen. Vom ersten Augenblick an besteht die Logik medial vermittelter Kommunikation darin, daß sie über die Unmittelbarkeit der körperlichen Koordination weniger Beteiligter hinauszugehen erlaubt und Zusammenhänge einrichtet, die die Globalisierung von Kommunikation vorantreiben.
Gleichzeitig mit der Entstehung von Kommunikationsmedien entsteht der Bedarf für Adressen als Mechanismen der Lokali-

---

1 Luhmann 1984, Kap. 4, VII.

sierung in einem globalen Kommunikationssystem. Adressen konstituieren lokale Punkte der Zurechnung von Kommunikation.[2] Sie erlauben es festzulegen, wer etwas gesagt hat, wer damit gemeint war und wen man künftig in einer Angelegenheit ansprechen möchte. Als Form für Adressen kommen zunächst Namen in Frage. Namen oder Eigennamen sind die einfachste Form der Adressenbildung. Einerseits lokalisieren sie die Kommunikation; andererseits nehmen sie von vornherein an der Globalisierung von Kommunikation teil, weil sie es erlauben, situationsübergreifend, ungeachtet zeitlicher und räumlicher Distanzen an eine frühere Kommunikation anzuschließen oder diese frühere Kommunikation gegenüber anderen Namensträgern mit Bezug auf den Namen des seinerzeitigen Gegenüber zu repräsentieren. Namen sind gleichzeitig Orte der Sinnbildung. An ihnen lagern sich Erfahrungen mit Kommunikation an, und in dieser Form wirken sie auf kommunikative Selektionen in gegenwärtigen Situationen ein.

Wie elementar Namen für die Bewältigung als riskant empfundener doppelter Kontingenz sind, kann man in anthropologischen Studien zur Behandlung von Fremden bei relativ isoliert lebenden Populationen sehen. In einer amerikanischen Untersuchung, einem Buch von Lyn Lofland, finde ich ein schönes Beispiel der Selbstthematisierung doppelter Kontingenz mit Bezug auf Namen. Dort wird als eine charakteristische Kommunikationseröffnung zitiert: »What did you say your name was?«[3] In Wirklichkeit war in dieser Situation noch gar nichts gesagt worden, aber das Risiko des Anfangens wird dadurch überwunden, daß die normativ gemeinte Unterstellung eingeführt wird, daß der Andere bereits gesprochen hat und daß dasjenige, was er gesagt hat, die Nennung seines Namens war. Mit dem nächsten Zug, der eventuellen Nennung seines Namens, kann der Fremde dann entscheiden, ob er an der vorgeschlagenen Entproblematisierung der Kommunikation mitwirken will.

Man kann Namen also nennen und auf Nennung des Namens des Anderen drängen. Daneben gibt es aber auch in älteren Gesellschaften Institutionen expliziter Gastfreundschaft, die dem Fremden die Nennung seines Namens gerade erspa-

2 Vgl. zu Adressen Fuchs 1997.
3 Lofland 1973, S 7.

ren. Man hält die Ungewißheit aus, die darin besteht, daß man mit einem Fremden zusammen ist, der nur dies, ein Fremder ist und bleibt, und erst im Augenblick der Abreise – wir alle kennen dies aus der Odyssee[4] – folgt die Frage: Wer bist Du? Wohin führt Dich Dein Weg? Mittels des jetzt erfragten Namens wird die lokale Kommunikation wiedereingebettet in die globalen Zusammenhänge, in die sie, da es eine Kommunikation mit Fremden war, faktisch gehört und in die sie in der zukünftigen Erinnerung, die sich jetzt zu bilden beginnt, gehören wird. Es gibt in der Kommunikation also zwei privilegierte Orte für die Nennung des Namens: die Kommunikationseröffnung, in der die Nennung die Fremdheit des Anderen um ein Weniges reduziert,[5] und den Kommunikationsabschluß, bei dem die Nennung des Namens aus der abgelaufenen Kommunikation einen referierbaren und zitierbaren Ereigniszusammenhang macht.

Das Verfügen über Namen ist ein Indiz dafür, daß es sich um Kommunikation handelt und nicht nur um Signalaustausch, in dem es keine Mechanismen der Zurechnung von Selektionen und damit keine Mechanismen des »disembedding« von Sinn gibt. Insofern sind Namen ein Indiz für Kultur. Ein englischer Sinologe im 19. Jahrhundert notiert, daß er vielfach mit Chinesen gesprochen habe, die völlig überrascht waren, daß sich auch die Europäer wechselseitig auf der Basis von Eigennamen kennen und daß sie diese zudem nutzen können, um Verwandtschaftszusammenhänge zu ordnen.[6] Eine Kultur der Kommunikation in diesem Sinn hatten sie bei diesen Fremden nicht erwartet.

Aus Eigennamen entstehen im Lauf der soziokulturellen Evolution komplexe Adressen, in die immer neue Informationen eingehen: eine Stadt, ein Land, eine Straße, eine Hausnummer, ein Arbeitsplatz, eine Telefonnummer, eine email-Adresse, eine Homepage, und anderes mehr. Erving Goffman behandelt die strategische Relevanz von Namen in der Kommunikation deshalb unter dem treffenden Titel der »access information«.[7] Wenn man den Namen des Anderen einmal weiß,

---

4 Siehe dazu Philippe Gauthier 1973 und Baslez 1984.
5 Siehe ein interessantes literarisches Beispiel in Auster 1987, S. 72-73.
6 Sahlins 1988, S. 445, Fn. 25, zit. T. T. Meadows.
7 Vgl. zu »access information« Gardner 1995, S. 121-132.

eröffnet dies den Zugang zu immer neuen Schichten der Adresse, mit den Chancen und Gefahren, die darin liegen. Die verschiedenen Komponenten einer solchen komplexen Adresse können einander als Zugangspunkte in gewissem Umfang vertreten: Man kann unter bestimmten Umständen, die rechtlich umstritten sein können, Telefonnummern nutzen, um Eigennamen zu recherchieren; wenn einen ein Unfallgegner hinsichtlich Namen und Versicherung getäuscht hat, gibt es immerhin noch das Automobil-Kennzeichen als verwertbare »access information«. Wenn man dieses Thema verfolgt, zeigt sich ein interessanter Effekt von Informationstechnologien auf die Adressenordnung der modernen Gesellschaft. Der Eigenname verliert den privilegierten Status im Zugang zu einer komplexen Adresse. Die Adresse ist von jeder ihrer Komponenten aus recherchierbar. Man kann die Effekte dieser Umstellung beispielsweise in der Kommunikation mit »call centers« studieren. Diese weigern sich beharrlich, den angebotenen Eigennamen zur Kenntnis zu nehmen, weil dieser keine eindeutige Identifizierung erlaubt. An die Stelle des Eigennamens treten Zugangsnummern, Kundennummern und ähnliche Indizes. Sobald die Identifizierung auf diese Weise gelungen ist, wird man aber, als sei man persönlich bekannt, mit einem gewissen Überraschungseffekt mit dem Eigennamen begrüßt und das kommunikative Gegenüber weiß dann – abhängig von der Leistungsfähigkeit seiner Software – tatsächlich relativ viel über den Anrufer.

II

So spannend das Nachzeichnen langfristiger Entwicklungslinien im Zusammenhang von Evolution der Kommunikationsmedien und Adressenordnung der Gesellschaft ist, wird dieser Text sich im Folgenden auf das gerade schon angedeutete Leitthema konzentrieren: Wie sieht die Form der Adressenbildung und die Adressenordnung in der Weltgesellschaft der Gegenwart aus, die kommunikativ zunehmend auf der Basis von elektronisch gestützten Kommunikationsmedien realisiert wird.

Ich muß zunächst noch eine Bemerkung machen, die weit

im Vorfeld der modernen Gesellschaft liegt. Oben wurde der Zusammenhang der Zuweisung eines Namens und im Anschluß daran der Bildung einer komplexeren Adresse betont. Was in jedem Fall zu Name und Adresse hinzukommt, ist die Personalisierung des Anderen. Dieser wird mit Eigenschaften und Verhaltensweisen ausgestattet, die als einigermaßen konstant unterstellt werden und die in dieser Form die Bildung hinreichend konstanter Erwartungen gegenüber dem Anderen erlauben. Erwartungsbildung ist die eigentliche Leistung der Personalisierung. Zu betonen ist gleichzeitig, daß die personalisierten kommunikativen Adressen in keiner Weise zwangsläufig Menschen sein müssen. Gerade die sozialanthropologischen Studien zum Konzept der Person zeigen, daß in segmentären Gesellschaftssystemen viele andere Entitäten außer Menschen für Adressenbildung und Personalisierung in Frage kommen: Geister, Ahnen, heilige Tiere, z. B. Krokodile, eventuell auch pflanzliche Objekte, wenn sie religiösen Status genießen.[8]

In der modernen Gesellschaft lockert sich der enge Zusammenhang von Adressenbildung und Personalisierung. Der Grund dafür liegt in der Unterscheidung von persönlichen und unpersönlichen Beziehungen, die in vieler Hinsicht die alte Unterscheidung von Freunden und Feinden ablöst. Freunde waren mit Name und Adresse bekannt und in der Beobachtung personalisiert; Feinde hatten eher eine kollektive Adresse, und für die Erwartungsbildung ihnen gegenüber war Personalisierung entbehrlich. Wie Luhmann heute noch mit Bezug auf Exklusionsbereiche wahrzunehmen glaubt: man beobachtete sie als Körper und nicht als Person.[9] In dem Maße aber, in dem unpersönliche Beziehungen, z. B. rein geschäftliche – oder auch: rein sexuelle – Beziehungen, selbstverständlicher und risikoärmer werden, löst sich die Adressenordnung von dem Erfordernis höchstpersönlicher Kenntnis. *Bekanntschaft* wird dann zu einem Schlüsselphänomen der modernen Gesellschaft. Man verfügt über einen komplexen *set* von Adressen, ein Netzwerk von Bekannten, und dieses fungiert als die moderne Form von Sozialkapital, aber der Grad der persönlichen Vertrautheit mit diesen Bekannten variiert sehr stark. Be-

8 Vgl. dazu Meyer Fortes 1987.
9 Siehe Luhmann, Inklusion und Exklusion, S. 262-263.

kanntschaftsnetzwerke können ziemlich groß sein; daß jeder von uns ungefähr 1000 Personen zu seinen Bekannten zählt, ist auf der Basis der vorhandenen Forschung einigermaßen verläßlich zu erwarten, und in der AIDS-Forschung sind auch individuelle Bekanntschaftsnetzwerke von bis zu 6000 Personen dokumentiert.[10] Bekanntschaftsnetzwerke sind Adressenzusammenhänge; für diese Adressen benötigt man ein Aufzeichnungsmedium, beispielsweise ein Buch oder einen Computer, das man immer mit sich führen sollte. Während die einzelne Adresse den mit ihr Gemeinten zweifelsfrei lokalisiert, gibt es für das Netzwerk als Ganzes keinerlei Bedingung eines irgendwie als lokal zu charakterisierenden Zusammenhangs der Adressen untereinander.[11] Das ist im übrigen auch die spezifische Typik des hier verwendeten *Netzwerkbegriffs*. Netzwerk ist ein ziemlich neuer Begriff, der auf auffällige Weise sowohl ein Teil hochgradig technischer Theorie- und Methodensprachen wie ein geläufiger Terminus der Selbstbeschreibung der Alltagswelt geworden ist: Und in beiden noch so heterogenen Kontexten scheint der Netzwerkbegriff ungefähr denselben Sachverhalt der Herauslösung relevanter sozialer Beziehungen aus Bedingungen sozialräumlicher Nähe zueinander zu meinen. Bemerkenswert ist weiterhin, daß dasselbe Wort *Netzwerk* auch die technischen Infrastrukturen dieser neuen sozialen Adressenordnung beschreibt. Darin realisiert sich eine seltene Konvergenz der Beschreibungssprachen für die technischen Voraussetzungen von Kommunikation, für die alltagsweltliche Formulierung der sich dabei einstellenden Erfahrungswelt und für die sozialtheoretische Analyse der neuen Typen von Systembildungen.

Wie sieht der Zusammenhang von technischen – insbesondere elektronischen – Medien der Kommunikation, Adressenordnung und Lokalisierung genauer aus? Eine erste auffällige Beobachtung ist, daß gerade globale Kommunikationszusammenhänge und globale Kommunikationsmedien auf ausgefeilten Adressenordnungen ruhen, die zunehmend mit einer Indi-

10 Edward O. Laumann 1989, S. 1186, schätzt den Umfang von Bekanntschaftsnetzwerken auf 2-6000 Personen; Barry Wellman 1992, S. 76, nennt eine Zahl von 1500 informellen *ties* für den durchschnittlichen Amerikaner.
11 Mit anderen Worten: es muß kein *lokales clustering* der Adressen geben. Siehe zum Zusammenhang von *lokalem clustering* und *globalen Eigenschaften* eines Netzwerks Duncan J. Watts 1999.

vidualisierung, wenn auch vielleicht nicht Personalisierung der Adressierung einhergehen. Man kann dies als ein Indiz gegen verbreitete Befürchtungen kommunikativer Homogenisierung in einem System der Weltgesellschaft verstehen. Adressen sind zwar formal homogen, email-Adressen oder Telefonnummern müssen eine formal identische Struktur aufweisen, um global fungieren zu können, aber daraus folgt keine Homogenisierung oder Entindividualisierung der Kommunikation.

Ich will dies zunächst an einem Beispiel aus der wirtschaftlichen Kommunikation illustrieren, bevor ich allgemeinere Schlüsse ziehe. Es gibt auf Wertpapiermärkten eine bemerkenswerte Tendenz zur Rückkehr der *Namensaktie*, d. h. der einem individuellen Eigentümer zuzurechnenden Aktie, die mit dem Namen ihres Eigentümers in das Aktienbuch der jeweiligen Gesellschaft eingetragen werden muß. Namensaktien galten lange als ein Relikt des 19. Jahrhunderts, als ein Phänomen einer lokal vernetzten Honoratiorenwelt, in der man auch mit seinem Eigennamen bei seiner Gesellschaft bekannt sein wollte. Man konnte dann unter anderem das prinzipiell öffentliche Aktienbuch einsehen und dort feststellen, ob »gute« Adressen eingetragen waren, und konnte seine Investitionsentscheidung auch davon abhängig machen. Die Rückkehr dieser Form »Namensaktie« überrascht in einer Situation, in der einerseits die Eigentümerstruktur von Aktiengesellschaften typischerweise eine globale und nicht mehr eine nationale Verteilung von Adressen aufweist und in der außerdem die Zeiträume, für die Aktien typischerweise in der Hand desselben Eigentümers verbleiben, kürzer werden. Daß es dennoch zu dieser Wiederbelebung einer schon abgelöst scheinenden Form kommt, ruht u. a. auf informationstechnischen und kommunikationstechnischen Erfindungen. Erstens wird der ehedem aufwendige und kostspielige Eintrag in das Aktienbuch unter Bedingungen moderner Datentechnik handhabbarer; und zweitens entsteht offensichtlich ein Bedarf bei Unternehmen, ihre »shareholder« mit deren Adresse zu kennen und mit ihnen kommunizieren zu können, wofür sich Fax und email als vergleichsweise leistungsfähige Kommunikationstechniken anbieten. Beide Medien haben den Vorteil, daß man viele Adressen gleichzeitig in sie eingeben kann, daß es sich bei jeder dieser Adressen aber um eine einzelne Adresse handelt. Eine weitere bemerkenswerte Implikation der Tendenz zur Namensaktie ist, daß intermediäre Instanzen als Vermittler globaler Kommunikation entbehrlich scheinen. Gemeint sind in diesem Fall Depotbanken als die klassischen lokalen Instanzen, die ihre Kunden »kannten« und über die jeder Kontakt zwischen einzelnen Aktionären und dem Unternehmen, dessen Aktionäre sie sind, kanalisiert wurde. An die Stelle einer solchen intermediären Instanz tritt jetzt eine unmittelbare Vernetzung zwischen einem global tätigen und eine globale Eigentümerverteilung aufweisenden Unternehmen und der Unzahl seiner Aktionäre mit ihren je lokalen Adressen. Globale Kommunikation ohne die Erfahrung unüberbrückbarer Distanzen und d. h. ohne das Angewiesensein auf diese Kommunikation vermittelnden intermediären Instanzen ist eine der auffälligsten Innovationen in der Geschichte elektronischer Medien.

Medien für globale Kommunikation scheinen also verträglich mit, ja sie scheinen sogar angewiesen zu sein auf die selektive Handhabung globaler Adressenverzeichnisse, und sie erlauben eine präzise Adressierbarkeit beliebiger Kommunikationen als eine ihrer wichtigsten Errungenschaften. Präzise Adressierung geht immer einher mit einer Lokalisierung des Adressaten, aber diese Lokalisierung meint nun nicht mehr das Auffinden des Adressaten an einer spezifischen und identisch bleibenden Stelle im Raum. Die *Ortsunabhängigkeit von Adressen* ist die Innovation, die hier hervorzuheben ist. Diese ist bei Medien wie Brief und Telefon noch nicht gegeben, obwohl es Möglichkeiten der Umleitung von Briefen und Telefongesprächen gibt, die aber eine Umleitung an eine andere lokale Adresse ist. Für Medien wie Mobiltelefonie und email hingegen gilt, daß die Erreichbarkeit des Adressaten unabhängig von seiner Bewegung im Raum gesichert werden kann. Globale Konstanz der Adresse bei präziser Lokalisierbarkeit des Adressaten – und zwar an beliebigen Stellen im Raum – ist die strukturelle Leistung. Der Begriff des Lokalen einerseits und die Topographie und Ökologie von physischen Räumen lösen sich hier voneinander. Zunehmend sieht man dies auch den Adressen an – oder, genauer gesagt, zunehmend sieht man Ihnen nichts mehr an, außer daß sie eineindeutige Adressierung und präzise Lokalisierung leisten. Während die uns vertrauten email-Adressen wie »uni-....de« immerhin noch eine institutionelle und eine nationale Zugehörigkeit verraten, kann man email-Adressen wie »hotmail.com« oder »yahoo.com« keine räumliche oder institutionelle Information mehr entnehmen. Auffällig ist auch, daß in der Tendenz die funktionale Zurechnung von Adressen ihre territoriale Identifizierbarkeit verdrängt. Im Internet und in der email-Kommunikation werden territoriale Zuordnungen wie ».de« für Deutschland oder ».no« für Norwegen in vielen Fällen durch funktionale Kürzel wie »edu« oder »com« oder »org« oder »net« substituiert, also durch funktional definierte sogenannte »top level domains«. Hier zeigt sich, wie funktionale Differenzierung als die primäre Form der Differenzierung des Gesellschaftssystems auch die Adressenordnung globaler Kommunikationssysteme durchdringt.

Neben die gerade behauptete Ortsunabhängigkeit von Adressen tritt nun eine eventuelle *Medienunabhängigkeit von Adressen.* Gemeint ist damit, daß Adressen über die Grenzen verschiedener Kommunikationsmedien hinweg funktionieren. Man wählt eine Telefonnummer, aber man will kein Gespräch führen, vielmehr die an eine email-Adresse gerichteten Nachrichten abrufen. Die Voraussetzung dafür ist Digitalisierung, d. h. der Transfer von Information in eine medienunabhängige Codierung. Natürlich gibt es hier vorläufig technische Grenzen der Medienunabhängigkeit. Die email erscheint dann beispielsweise auf dem Display des Mobiltelefons, d. h. als Text in einer eigentlich unzumutbaren Darstellungsform und nicht in der dem Medium Telefon angemessenen Form einer gesprochenen Mitteilung.

Ein weiterer auffälliger Trend ist die erneute Verwischung der Grenzen zwischen verschiedenen Kategorien von Adressen. Adressen von Personen und Adressen von Computern unterscheiden sich im Internet nicht. Computer können sich daran gewöhnen, hinter bestimmten anderen Computern Personen zu vermuten, diese mit ihrem Eigennamen zu begrüßen und ihnen Vorschläge beispielsweise hinsichtlich ihres Einkaufsverhaltens auf der Basis früher in der Kommunikation dokumentierter Präferenzen zu machen. In manchem wirkt dies wie eine Rückkehr zur Situation segmentär differenzierter Gesellschaftssysteme, wie eine Abkehr von der Humanisierung in der Adressenbildung, die die meisten komplexen Gesellschaften gekennzeichnet hat. Aber noch gilt, daß wir Computer nicht mittels der Unterscheidung von Information und Mitteilung beobachten, daß wir beim Abfragen von Informationen beispielsweise aus einer Datenbank keine Situation doppelter Kontingenz unterstellen. Gleichzeitig wird die Technik der Adressierung in immer feinere Leistungsbereiche hineingetrieben. Die Technik des »packet-switching«, die im Internet im Unterschied zur Telefonie gewählt worden ist,[12] verlangt, daß auch Kleinsteinheiten der Kommunikation immer mit einer äußerst präzisen Adressierung versehen sind, die ihnen bei gleichzeitiger Irrelevanz des gewählten Weges eine präzise Lokalisierung des adressierten Zieles erlaubt.

Ein letzter Punkt, der hier betont werden sollte, ist erneut ökonomischer Art. Er betrifft die wachsende ökonomische Bedeutung von Adressen im System der modernen Gesellschaft. Für Zeitungs- und Zeitschriftenunternehmen war immer schon bekannt, daß ihr Wert in erheblichem Maße in den Adreßkarteien besteht, über die sie verfügen. Dies hat sich weit über diesen Fall hinaus verallgemeinert. Die Adreßkartei eines Versandhauses, der Verteiler einer Kunstgalerie, die Adreßlisten eines »direct mailers«, der in den USA einen großen Teil der Wahlkampfmittel für eine Partei organisiert, der fast gelehrte Ernst, mit dem Marketing-Spezialisten bei Unternehmen wie AOL Tag für Tag Adreßlisten studieren, dies alles sind Indizien für die enorme ökonomische Bedeutung von Adressen. Dabei geht es in diesen Fällen interessanterweise nicht um Netzwerke, die wohlsortierte Adreßliste besteht in Kommunikationszusammenhängen dieses Typs gerade aus Leuten, die untereinander keinerlei Verbindungen aufweisen. Das einzige, was sie verbindet, ist *Kategorienzugehörigkeit*. Es gibt einen Typus des Verhaltens, den alle diese Leute schon einmal an den Tag gelegt haben, aber ohne notwendigerweise voneinander zu wissen. Sie sind in ironisch verwendeten Marxschen Termini eine Klasse *an sich*, aber sie werden nie eine Klasse *für sich* sein, und gerade das macht sie für den Adreßspezialisten interessant. Er kann ihnen ein Verhalten nahelegen, zu dem sie auf der Basis früheren Verhaltens disponiert sind, gegen das sie sich aber nicht wehren können, weil sie untereinander nicht vernetzt sind.

12 Roberts 1978, S. 1307-1313.

Das Ziel dieses Textes war es, einige Aspekte der Adressen-ordnung der modernen Gesellschaft offenzulegen. Niklas Luhmann hat gegen Handlungstheorie und für Kommunika-tionstheorie wiederholt mit dem Verweis auf die sechs Milliar-den Subjekte, die es in der Umwelt der Gesellschaft gebe, argumentiert. Das überfordere die Möglichkeiten der Zurech-nung, auf die eine handlungsbasierte Auslegung der Gesell-schaft angewiesen sei. Dem ist heute zumindest soviel hinzu-zufügen, daß es der Kommunikation durchaus gelingen mag, einen nicht kleinen Teil dieser 6 Milliarden Subjekte mit indi-vidualisierten Adressen auszustatten und sie auf diese Weise als Zielpunkte für globale und funktional spezifizierte Kom-munikationen zu benutzen. Daß dabei nicht alle potentiellen Adressen erfaßt werden, vielmehr zwangsläufig Exklusionen auftreten, kann eigentlich nicht überraschen. Aus dieser Über-legung folgt ersichtlich kein Argument für Handlungstheorie. Aber es folgt das Interesse am Studium der Adressenordnung und der Mechanismen der Lokalisierung in einem globalen Kommunikationssystem.

Literatur

Auster, Paul, *New York Trilogy,* London und Boston 1987.

Baslez, Marie-Françoise, *L'Étranger dans la Grèce Antique,* Paris 1984.

Fortes, Meyer, *Religion, Morality and the Person: Essays on Tallensi Religion,* Cambridge 1987.

Fuchs, Peter, »Adressabilität als Grundbegriff der soziologischen Sy-stemtheorie«, in: *Soziale Systeme* 3 (1997), S. 57-79.

Gauthier, Philippe, »Notes sur l'étranger et l'hospitalité en Grèce et à Rome«, in: *Ancient Society* 4 (1973), S. 1-21.

Gardner, Carol Brooks, *Passing by. Gender and Public Harassment,* Berkeley 1995.

Laumann, Edward O., »Monitoring the AIDS Epidemic in the United States: A Network Approach«, in: *Science* 244 (1989), S. 1186-1189.

Lofland, Lyn H., *A World of Strangers. Order and Action in Urban Public Space,* New York 1973.

Luhmann, Niklas, *Soziale Systeme: Grundriß einer allgemeinen Theorie,* Frankfurt/M. 1984.

Luhmann, Niklas, »Inklusion und Exklusion«, in: ders., *Soziologische Aufklärung 6*, Opladen 1995, S. 237-264.

Roberts, Lawrence G., »The Evolution of Packet Switching«, in: *Proceedings of the IEEE 66* (1978), S. 1307-1313.

Sahlins, Marshall, »Cosmologies of Capitalism: The Trans-Pacific Sector of ›The World-System‹«, in: *Culture / Power / History. A Reader in Contemporary Social Theory,* hg. v. Nicholas B. Dirks / Geoff Eley / Sherry B. Ortner, Princeton 1988, S. 412-455.

Watts, Duncan J., *Small Worlds. The Dynamics of Networks between Order and Randomness*, Princeton 1999.

Wellman, Barry, »Men in Networks. Private Communities, Domestic Friendships«, in: *Men's Friendships*, hg. v. Peter M. Nardi, Newbury Park 1992, S. 74-114.

Konstruktivismus und die Theorie
der Weltgesellschaft

I

Die Theorie der Weltgesellschaft scheint ein idealer Kandidat für eine objektivistische, rein in Termini von sozialen Strukturen ausgeführte Theorie. Für eine Theorie dieses Typs sind verschiedene Varianten vorstellbar. Eine Möglichkeit wird gut exemplifiziert in einer Passage, die ich in einem Vortrag des kanadischen Religionssoziologen John H. Simpson finde: »Human action as a system is now viewed as co-terminous with the physical globe.«[1] Dasselbe Argument ist bereits am Jahrhundertanfang nachzuweisen. So bei Leonard T. Hobhouse in »Morals in evolution« von 1906: »humanity is rapidly becoming, physically speaking, a single society«.[2] Die in diesen Zitaten vorgeschlagene Interpretation impliziert, daß die Grenzen der Sozialwelt mit einer schwer überschreitbaren Grenze der physischen Welt – mit der des Globus oder der Erde – zusammenfallen. Die unter diesen Umständen vorstellbare soziale Gemeinschaft ist keine »imagined community«, keine von Sinnzusammenhängen abhängige Konstruktion. Allenfalls handelt es sich um eine Schicksalsgemeinschaft auf der Basis physischer Zusammenhänge und physischer »constraints«. »Menschheit« ließe sich insofern auch als Spezies denken, die sich von anderen Spezies dadurch unterscheidet, daß ihre ökologische Nische die aller anderen Spezies einschließt. Je nach Theoriepräferenz und Blickrichtung wird man mit Bezug auf diese Interpretationen von einer geophysikalischen oder von einer ökologischen oder von einer naturhistorischen Fassung des Weltbegriffs sprechen.

Eine zweite strukturalistische Variante findet man in den Weltsystemtheorien im Anschluß an Immanuel Wallerstein.[3] Diese setzen konzeptuell auf strukturelle Interdependenz und

1 Simpson 1996, S. 115.
2 Hobhouse 1906, S. 331.
3 Siehe Wallerstein 1991.

232

strukturelle Asymmetrie, Vernetzung und Abhängigkeit, Austausch und ungleichen Tausch, also das klassische Instrumentarium einer strukturellen Soziologie, die in diesem Fall in der Form einer reinen Makrosoziologie ausgeführt wird. Während bei Wallerstein der Bezug auf ein historisch nur einmal und nur in der modernen Gesellschaft (seit dem 16. Jahrhundert) entstehendes System bestimmend ist, finden sich in den letzten Jahren häufig Historisierungen, die auf der Basis früherer Vernetzungen und Kontakte Weltsysteme bereits für vergangene Jahrtausende annehmen.[4] Mein Eindruck ist, daß dies in manchen Fällen zu einer völligen Entleerung des Konzepts *Weltsystem* führt, da bereits ein gelegentlicher Kontakt zwischen sonst gegeneinander geschlossenen gesellschaftlichen Systemen für den Weltsystemcharakter zu genügen scheint. Eine interessantere und formalere Variante – bezogen auf die Weltgesellschaft der Gegenwart – formulieren Roland Robertson und Jo Ann Chirico. Danach ist die Weltgesellschaft unserer Tage vor allem durch das Faktum bestimmt, daß die einzelnen Einheiten im System der Weltgesellschaft einem strukturellen Zwang unterliegen, häufiger aufeinander Bezug zu nehmen oder einander in Rechnung zu stellen, und daß eben dies ein sich weltweit durchsetzender Zwang wird.[5] In dieser Fassung fehlt die Engführung auf Zentrum/Peripherie als Leitunterscheidung der Weltsystemtheorien und an die Stelle dieser Leitunterscheidung tritt der Gesichtspunkt der Intensivierung der Interaktion und jene Effekte auf der Ebene der Handlungsplanungen und Erwartungen, die mit einer Intensivierung der Interaktion einhergehen.

Ich möchte eine dritte strukturalistische Variante einer Theorie der Weltgesellschaft skizzieren, die aber bisher niemand ausgearbeitet hat. Sie stützt sich auf Entwicklungen in Soziometrie und Netzwerktheorie und auf ein Phänomen, das man »small world phenomenon« genannt hat.[6] Gemeint ist zunächst die allen bekannte Erfahrung, daß man eine völlig fremde Person trifft und sich bald herausstellt, daß diese der Freund eines Freundes oder der Bekannte eines Bekannten ist. An überraschende Beobachtungen dieses Typs kann man eine

4 Siehe etwa Frank/Gills 1993.
5 Robertson/Chirico 1985.
6 Siehe Kochen 1989.

Forschungstechnik anschließen, die sich für *Bekannte von Be-*
kannten von Bekannten interessiert. Im Resultat findet man
dabei heraus, daß bereits nach wenigen Schritten sehr große
Zahlen von Personen über indirekte »ties« miteinander vernetzt sind.[7] Ich will dem hier nicht näher nachgehen, aber es ist
deutlich, daß sich von diesem Ausgangspunkt her eine Theorie
der Weltgesellschaft formulieren ließe, die ihrem Ursprung
nach eher mikrosoziologisch zu nennen wäre.

Die Grenzen der physischen Welt als die Letztgrenzen so-
zialen Handelns; die strukturelle Vernetzung von Makrosyste-
men auf der Basis symmetrischen oder asymmetrischen Tauschs
unter ihnen und schließlich die welteröffnende Funktion von
Netzwerk-»ties«, dies sind drei denkbare strukturelle Modelle
jenes Systems, das man sinnvoll »Weltgesellschaft« nennen
sollte. Welche Alternativen dazu sind zu sehen?

Ich will die Beantwortung dieser Frage mit einem Beispiel
beginnen. Wenn in bestimmten amerikanischen Ballsportar-
ten, wie beispielsweise dem Baseball, die Endrunde der nord-
amerikanischen Profiliga erreicht ist, dann heißt diese Endrunde »World Series«, also »Weltmeisterschaft«. Europäer,
wenn sie dies bemerken, reagieren gern mit einem amüsierten
Erstaunen. Welches ist der Anspruch, der mit dieser Namen-
gebung erhoben wird? Behauptet wird offensichtlich, daß, was
auch immer irgendwo in der Welt im Baseball geschehen mag,
in dem Sinne in diese »World Series« inkludiert ist, daß es kein
konkurrenzfähiges oder gar überlegenes Leistungsniveau verkörpern kann und daß es insofern in seinen Orientierungen
hinsichtlich Leistungsstandards eine Orientierung am amerikanischen Baseball wählen müßte. Dies ist natürlich nicht im
Sinne einer realen, strukturellen Inklusion gemeint, die ja ir-
gendwelche Partizipationsmöglichkeiten – und sei es in unte-
ren Ligen – vorsehen müßte. An die Stelle einer solchen strukturellen Inklusion tritt vielmehr eine projektive Inklusion, die
als sinnhafte Operation von der Perspektive des amerikanischen Baseball aus vollzogen wird und als eine solche nicht davon abhängt, wie das so Definierte, aber im Außen Verblie-
bene, seinerseits reagiert. Diese Operation ist darin den Ste-
reotypen verwandt, daß sie nicht darauf angelegt ist, auf eine

7 Siehe dazu interessant White 1992, S. 70 ff.

Reaktion des von ihr Definierten zu warten oder sich gar von dieser Reaktion abhängig zu machen.[8]

Ein bemerkenswertes Beispiel für eine vergleichbare Art von Weltkonstitution findet sich in einem ethnographischen Text von Christian Vogt beschrieben.[9] Es geht dabei um eine kleine *Gesellschaft*, die Batek, eine nomadische Sammler- und Jägerpopulation aus 400 Menschen in einem Urwaldgebiet im Zentrum der malaiischen Halbinsel. Diese kontinuiert auf die hartnäckigste Weise Lebenspraktiken (ökonomische und kultische Praktiken), die in der sich schnell verändernden Umwelt Malaysias unter Druck geraten sind, und sie tut dies, indem sie den eigenen Handlungen eine weit über die eigene Gruppe hinausreichende Weltbedeutsamkeit zuschreibt, die sie nicht davon abhängig macht, ob diese Überzeugungen von anderen, nicht dieser Gesellschaft angehörigen Menschen geteilt werden und ob diese anderen Menschen von diesen Überzeugungen überhaupt wissen.[10]

Welt – das erhellt aus diesen Beispielen – ist offensichtlich noch anders zu verstehen als im Sinne physischer oder sozial-struktureller »constraints«, die sich vorläufig oder dauerhaft als unüberschreitbar erweisen. Welt wird projektiv konstituiert; sie übergreift die Differenz von Innen und Außen, Eigen und Fremd, System und Umwelt. Welt ist in einem Sinne, der von der Phänomenologie und von Niklas Luhmann vielfach beschrieben worden ist, ein Horizontbegriff, was impliziert,

8 So versteht Schütz 1944, S. 503, Stereotypie.
9 Vogt 1998.
10 Die Batek, das wird bei Vogt nachdrücklich deutlich, sind mit der umgebenden Gesellschaft durch eine negative Rückkopplung verbunden. Im Weltbild der Batek erscheint die Abholzung der Wälder als Ursache der Wahrscheinlichkeit, daß der Schamane am Grunde jenes Ozeans, in den die Weltscheibe eingebettet ist, sich wegen der Erwärmung der Welt unwohl fühlen wird und sich deshalb fortbewegt, was dazu führen wird, daß die Weltscheibe, die mit diesem Schamanen durch Blutgefäße verbunden ist, im Ozean kentert und untergeht. Nur jene Schamanen, die den Batek zugehören, können den Schamanen am Grunde des Ozeans von der Fortbewegung abhalten, sofern sie nicht ihre Macht dadurch verlieren, daß die Batek ihre Lebensweise aufgeben. Das aber heißt, daß je mehr sich die malaiische Umwelt der Batek »modernisiert«, desto traditioneller müssen die »Batek« werden, um die Welt für sich und auch für jene zu retten, die davon gar nicht wissen. Auch eine solche idiosynkratische Weltdeutung ist also heute mit der Dynamik der Weltgesellschaft eng verbunden (und sei es durch negative Rückkopplung).

daß eine solche als Horizont verstandene Welt jedes Erleben und Handeln unablässig begleitet. Welt kann nicht ausgeschöpft, nicht durch vollständige Aufzählung aller ihrer Teile erfaßt werden. Im Versuch der Annäherung an die Welt als Horizont weicht dieser zurück; es entsteht ein neues Außen, das prinzipiell nicht ein Außen der Welt sein kann. Zwei Begriffe, an denen man dies gleichfalls gut verdeutlichen kann, sind »Weltbild« und »Weltanschauung«. In beiden Fällen ist der Sachverhalt, der gemeint ist, der, daß ein Sinnsystem, das seiner inneren Logik nach nicht zwangsläufig durch eine totalisierende Interpretation ergänzt werden muß, in dem Augenblick eine Weltbildfunktion dazuerwirbt, in dem es interpretativ in Richtungen überschritten wird, die den Bereich des gesicherten, festhaltbaren Sinns transzendieren.[11] Man kann diese Logik des projektiven Überschreitens gut studieren an den in Deutschland im 19. und im 20. Jahrhundert immer wieder stattfindenden Diskussionen über das Weltbild der Wissenschaft oder das Weltbild einzelner wissenschaftlicher Disziplinen. Physikalische Weltbilder beispielsweise konnten dann vom Elektromagnetismus oder von der Atomistik oder von der Energetik aus formuliert werden, und in allen Fällen wurde das gesicherte Wissen in die Richtung nicht mehr ohne weiteres feststellbarer – vor allem aber nicht abzählbarer – Sachverhalte überschritten.[12]

Was bedeuten diese Überlegungen zum Weltbegriff und zur projektiven Konstruktion einer Welt von einem je gegebenen Sinnsystem aus für die Frage nach der Weltgesellschaft? Eine erste Implikation ist für eine strukturalistische Perspektive sicherlich überraschend und kontraintuitiv. Es scheint einiges dafür zu sprechen, daß man beispielsweise den Batek das Attribut »Weltgesellschaft« zuerkennen muß. Nicht nur nennen sie sich selbst – und dies in einem exklusiven Sinn – »Menschen«, sondern sie beanspruchen auch für Operationen, die für ihre Gesellschaft konstitutiv sind, eine kausale und symbolische Bedeutung, die jede innen/außen-Differenz ihrer Gesellschaft überschreitet, so daß diese Operationen das Schick-

11 Vgl. dazu interessant Dumont 1991, für den dies ein Teil der »deutschen Ideologie« ist.
12 Vgl. einige Überlegungen in Stichweh 1984; ders. 1994, insb. S. 151-153, 218-221.

sal derjenigen einschließen, die andererseits in der Auffassung der Batek nicht im eigentlichen Sinne Menschen sind. Dasselbe Argument gilt für den amerikanischen Fall – Baseball –, obwohl man hier eine funktionssystembezogene Restriktion einführen muß, da es ja nur um die Konstitution der Welt eines bestimmten Komplexes von Sportarten geht. Genereller aber muß man das Argument offensichtlich für andere Gesellschaften wiederholen: Es spricht vieles für die Vermutung, daß *alle Gesellschaften Weltgesellschaften* sind, daß sie sich alle durch die projektive Konstitution eines Welthorizontes auszeichnen, der alles einschließt, was andererseits durch System/Umwelt-Unterscheidungen des Gesellschaftssystems ausgeschlossen wird. Wo Gesellschaften diese Bedingung nicht erfüllen, wo sie sich gewissermaßen bescheiden und sich als Teil eines größeren Ganzen beschreiben, dort sind sie eben keine Gesellschaften, sondern nur Subsysteme von Gesellschaften, die in ein größeres Gesellschaftssystem integriert sind, das dann wiederum Weltgesellschaft ist.

Der Gesellschaftsbegriff und der Begriff der Weltgesellschaft scheinen also zusammenzufallen. Das ist insofern eine eigentlich unerwünschte Konsequenz, als ich eingangs gegen bestimmte Tendenzen der Weltsystemtheorie die These eingemahnt hatte, daß die Weltgesellschaft historisch gesehen eine Singularität ist, daß sie nur einmal und erst in der Moderne entsteht und daß noch gar nicht abzusehen ist, ob es jenseits der autopoietischen Kontinuität und jenseits des denkbaren Endes dieses Systems der Weltgesellschaft je wieder ein anderes Gesellschaftssystem geben wird. Wie aber soll es möglich sein, diese beiden Argumentationstendenzen miteinander zu harmonisieren, wenn man nicht umstandslos die gerade erarbeitete Einsicht eines phänomenologisch-konstruktivistischen Weltbegriffs wieder aufgeben will?

II

Meine Vermutung ist, daß es für die Lösung des gerade identifizierten Problems, das ein sowohl theoretisches wie empirisches Problem zu sein scheint, eines *strukturellen Gesellschaftsbegriffs* neben einem *phänomenologischen Weltbegriff*

237

bedarf. Wie aber führt man diese beiden Begriffe zusammen? Das kann nicht in der Form der Eklektik geschehen, wenn ich Eklektik als eine beliebige Addition zweier inhärent unverbundener Theorietraditionen verstehe. Es wäre wichtig, daß der strukturelle Begriff der Gesellschaft basale Einheiten des Gesellschaftssystems identifiziert, die zugleich für die phänomenologische Konstitution von Welt entscheidend sind. Ich sehe in der gegenwärtigen Theorielandschaft zwei einigermaßen ausgearbeitete Lösungen des Problems: *die neoinstitutionalistische und die systemtheoretische.*

Die neoinstitutionalistische Perspektive möchte ich in der Version vorstellen, die mir heute die überzeugendste scheint und die auch den unmittelbarsten Bezug auf die Theorie der Weltgesellschaft aufweist. Ich denke dabei an die Arbeiten von John Meyer, John Boli, George Thomas, Francisco Ramirez und anderen an der *Stanford University* (und anderen Universitäten).[13] Meyer und seine Koautoren beginnen mit einer Leitunterscheidung von Austauschtheorie und Kulturtheorie. Sie kritisieren die vorherrschende Reduktion des Sozialen auf Austauschprozesse unter Akteuren, die auch der Rational Choice Perspektive zugrunde liege, und sie tun dies mit dem Argument, daß diese Austauschperspektive präkonstituierte Akteure annehme, deren Genese sie nicht abzuleiten imstande sei.[14] An die Stelle dieser Theorie setzen sie einen Sozialkonstruktivismus, der kulturelle Prozesse postuliert, in denen sich die Konstruktion von Akteuren allererst vollzieht, so daß diese kulturellen Prozesse als Voraussetzung jedes denkbaren Tauschs unter Akteuren fungieren. Der Tauschprozeß muß sich auf die Konstruktionsleistungen verlassen, die die in einen Tausch eintretenden sozialen Einheiten für den Tausch präparieren. Die Ebene der Weltgesellschaft wird erreicht, indem der Neoinstitutionalismus für die Gegenwartsgesellschaft weltweite Diffusionsprozesse postuliert, die dazu führen, daß Typen oder Kategorien von Akteuren und die an sie gerichteten Erwartungen heute weltweit in einer ähnlichen Form auftreten.[15] So bemerkenswert diese Diffusionstheorie für Katego-

13 Siehe unter anderem Thomas et al. 1987; Meyer et al. 1992; Boli/Thomas 1997; Meyer et al. 1997.
14 Siehe Meyer/Boli/Thomas 1987, S. 13; Meyer 1987, S. 42-43.
15 Siehe Strang/Meyer 1993.

rien von standardisierten Akteuren und für standardisierte Erwartungen, die lokal mit einem Element von Differenz angereichert werden können, als eine Theorie der Weltgesellschaft ist, sehe ich doch eine entscheidende Schwäche im Neoinstitutionalismus. Er löst meinem Eindruck nach das oben spezifizierte Problem des Zusammenhangs von struktureller und phänomenologischer Konstitution der Weltgesellschaft deshalb nicht, weil die kulturellen Konstruktionsprozesse, von denen die Autoren ausgehen, in ihrer operativen Form unterbestimmt bleiben. Sie erreichen nie den Grad an Bestimmtheit und Technizität, der für die von ihnen kritisierte Austauschtheorie lange schon selbstverständlich ist, und es ist nicht leicht ersichtlich, was als die basale oder elementare Einheit eines Prozesses kultureller Konstruktion fungieren könnte.

Wie löst die Systemtheorie dasselbe Problem? Wie bezieht sie einen strukturellen Gesellschaftsbegriff auf einen phänomenologischen Weltbegriff – und gelingt ihr dies in ein und derselben Theoriesprache? Es ist nicht schwer zu sehen, daß für die Beantwortung dieser Frage dem Kommunikationsbegriff eine Schlüsselstellung zukommt.[16] »Kommunikation« wird in der Systemtheorie als Antwort auf die Frage, was eigentlich als basale Operation jeder Gesellschaft in Frage kommt, vorgeschlagen. Gleichzeitig beantwortet »Kommunikation« die Frage nach der strukturellen Einheit der Gesellschaft. Von struktureller Einheit kann die Rede sein, wenn alle Kommunikationen füreinander erreichbar sind. Das ist natürlich nicht im Sinne einer direkten Erreichbarkeit, einer Unmittelbarkeit einer jeden Kommunikation für eine jede andere gemeint. Eher steckt darin eine noch nicht hinreichend explizierte »small world-Annahme«, die eine indirekte Erreichbarkeit über hinreichend viele Zwischenschritte annimmt. Bemerkenswert ist weiterhin am Kommunikationsbegriff, daß er den Akt der Weltkonstitution mitzuplausibilisieren erlaubt. Kommunikation wird als sinnhaft verstanden. Sinn meint, daß in jeder Kommunikation immer Verweisungen auf derzeit nicht realisierte Möglichkeiten transportiert werden, daß immer Unterscheidungen in zeitlicher, sachlicher und sozialer Hinsicht benutzt werden, die aktualisierten von potentialisiertem Sinn unterscheiden. An Sinnverweisungen aber schließt

16 Siehe dazu insbesondere Luhmann 1984 und 1995.

ein »und-so-weiter« zusätzlicher Möglichkeiten an, die weitere Möglichkeitshorizonte sowohl der realisierten als auch der jetzt nicht realisierten Möglichkeiten andeuten. *In diesen Zusammenhängen von Möglichkeitshorizonten von Möglichkeitshorizonten liegt gewissermaßen eine aktuale Präsenz der Unendlichkeit der Welt vor.* Diese Realisierung von struktureller Einheit über Anschließbarkeit vieler anderer Kommunikationen und einem gleichzeitig realisierten Verweis auf Welt ist im Prinzip an jeder einzelnen Kommunikation ablesbar.

Man kann dann in einem weiteren Argumentationsschritt einen Sondertypus von Kommunikationen einführen, die als Kommunikationen Welt explizit thematisieren und auf diese Weise explizit konstituieren. Dies kann die Form einer Spezialsemantik annehmen, in der eine Gesellschaft ihren Weltbegriff artikuliert und systematisiert. Das ändert aber nichts daran, daß es ein und derselbe Operationstyp ist, nämlich Kommunikation, der für die Realisierung struktureller Einheit und für das Weltverhältnis einer Gesellschaft zuständig ist.

Es wird jetzt die Möglichkeit einer Antwort auf das vorhin ungelöst bleibende Problem sichtbar. Sollte man von der Singularität nur einer Weltgesellschaft als in der Moderne eigentlich erst des 20. Jahrhunderts emergentes System sprechen oder sind alle historischen Gesellschaften Weltgesellschaften? Offensichtlich ist auf je verschiedene Weise beides richtig.

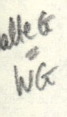

Zunächst einmal scheint plausibel, daß alle historischen Gesellschaften Weltgesellschaften sind. Sie realisieren eine strukturelle Einheit auf der Basis der in ihnen vorkommenden und miteinander vernetzten Kommunikationen. Natürlich gibt es Kommunikation auch außerhalb ihrer, und dies unabhängig von der Frage, ob die jeweiligen Gesellschaften den Menschen außerhalb ihrer Kommunikationsfähigkeit zuerkennen oder ob sie diese als Barbaren behandeln, denen allenfalls ein Stammeln zuzutrauen ist, an dem man Information und Mitteilung nicht mehr verläßlich wird unterscheiden können. Und alle diese Gesellschaften realisieren zusätzlich die projektive Einheit eines Welthorizonts, der ein jedes Außen der jeweiligen Gesellschaft, sei es nun sozial oder nicht sozial, interpretativ integriert. Man wird weiterhin vermuten können, daß alle Gesellschaften außer zur Realisierung struktureller Einheit auch zur operativen Schließung tendieren, d. h. dazu, daß sie Sozialzusammenhängen außerhalb ihrer allenfalls eine verminderte Fähigkeit zur Kommunikation zuschreiben. Wo sie diese Prämisse aufgeben, ist anzunehmen, daß sie auch ihren Weltentwurf modifizieren müssen, daß sie das Verhältnis von innen und außen einer neuen Bestimmung zuführen müssen.

Was ist dann noch neu an der Weltgesellschaft der Gegenwart? Die Antwort ist verblüffend einfach: *Gesellschaft oder Weltgesellschaft kommt nur noch einmal vor.* Es gibt keine anderen Gesellschaften oder Weltgesellschaften neben ihr. Es existiert außerhalb dieses einen Systems der Weltgesellschaft keine Kommunikation. Das System, das die strukturelle Einheit der Kommunikation realisiert und das sie zur projektiven Einheit eines Welthorizonts verlängert, ist ein und dasselbe System und insofern ist die Weltgesellschaft der Gegenwart eine historische Singularität.

Einige Qualifizierungen sind hier am Platz. Zunächst einmal ist der Prozeß, von dem ich hier spreche, nicht abgeschlossen. Neben der einen Weltgesellschaft existieren vermutlich noch einige Hundert Stammesgesellschaften, für die man nur mit Einschränkungen sagen kann, daß sie auf der Basis von Kommunikation in die Weltgesellschaft integriert sind. Allein für Neuguinea wird von einer Zahl von fast eintausend Sprachen berichtet, die wechselseitig füreinander unverständlich sind, und dies auf einem Gebiet, das ungefähr der Größe von Texas entspricht.[17] So interessant dieses Phänomen ist, ist andererseits zu konzedieren, daß es ein residuales, weil verschwindendes Phänomen ist. Ein interessanter Übergangsfall scheinen die Batek. Einerseits sind sie in vielfältiger Weise in die Sozialzusammenhänge Malaysias als einer Region der Weltgesellschaft integriert:[18] Ökonomischer Tausch; ihre Betroffenheit durch Prozesse der Waldrodung; Versuche, sie zu motivieren, ihre Lebensweise aufzugeben; Versuche der Islamisierung. Andererseits gibt es unübersehbare Restriktionen hinsichtlich einer denkbaren Anschlußfähigkeit, die für Kom-

17 Diamond 1991, S. 231. Andererseits ist die Rapidität der Integration frappierend. Stämme, die Anfang der dreißiger Jahre völlig unerwartet im Hochland Neuguineas *entdeckt* wurden, waren mit einzelnen ihrer Mitglieder schon zehn Jahre später auf der Seite Australiens im Zweiten Weltkrieg involviert. Trifft man Überlebende jener Zeit, kann es sein, daß sie ihre Weltkriegsauszeichnungen tragen. Siehe Connolly/Anderson 1988, S. 4.
18 Siehe erneut Vogt 1998.

munikationen zwischen ihnen und ihrer sozialen Umwelt gelten. Es scheint wahrscheinlich, daß Kommunikationen, die die Batek mit ihrer malaiischen Umwelt verknüpfen, zu einer Kumulation von Mißverstehen führen werden. Aber auch das ist Kommunikation und vor allem wird es sich als Konflikt zeigen. Insofern scheinen wir hier einem Phänomen des Übergangs zwischen zwei Weltgesellschaften und der wahrscheinlichen Absorption oder Destruktion der einen Weltgesellschaft durch eine andere zuzusehen.

Die zweite Qualifizierung betrifft einen naheliegenden Einwand. Man könnte gegen die These, die Weltgesellschaft komme in der Gegenwart nur noch einmal vor, vorbringen, dies sei der Tendenz nach ein Charakteristikum aller Weltgesellschaften gewesen, daß sie eine kommunikationsfähige Umwelt außerhalb ihrer bestritten hätten. An dieser Stelle drängt sich ein Hinweis auf gegenwärtig viel Interesse auf sich ziehende Diskussionen auf. So wird heute in verschiedenen Kontexten über die Rechte von Tieren und den Grad von Kommunikationsfähigkeit, die wir ihnen zuschreiben sollen, gestritten.[19] Ein anderer Diskurs widmet sich dem von Bruno Latour ins Spiel gebrachten Vorschlag, (materiellen) Objekten als Aktanten einen sozialen Status im Gesellschaftssystem zuzuerkennen.[20] Meine Vermutung ist, daß diese Einwände die Diskussionslage nicht wesentlich verändern. Es hat in allen Gesellschaften Ambiguitäten hinsichtlich der Frage gegeben, welche Entitäten als kommunikative Adressen in Frage kommen: Geister, Tiere, Ahnen und viele andere Kandidaten mehr.[21] Es wird insofern nicht verwundern, daß ein Gesellschaftssystem, für das erstmals ernsthaft zu gelten scheint, daß es keine Kommunikation mehr außerhalb seiner gibt, sich um so insistenter fragt, ob nicht vielleicht doch bisher unberücksichtigte und eigentlich berücksichtigungsfähige Adressen existieren.[22] Aber diese Lage ändert nichts daran, daß es heute nur noch ein einziges Gesellschaftssystem gibt, das sich solche Fragen stellen kann.

19 Siehe bemerkenswert Cheney/Seyfarth 1990.
20 Siehe Latour 1995.
21 Vgl. Stichweh 1994a; Fuchs 1996.
22 Insofern wird auch gerade aus der Sicht der Weltgesellschaft das Interesse an extraterrestrischer Intelligenz plausibel.

Ich will am Ende noch eine Bemerkung zu den Vorteilen der skizzierten systemtheoretischen Version gegenüber dem Neo-institutionalismus machen. Ein Unterschied liegt auf der Hand. Der Neoinstitutionalismus ist auf Dualisierungen angewiesen: Austauschvorgänge unter Akteuren vs. Prozesse der kulturellen Konstruktion dieser Akteure, wobei diese im übrigen in ihrer präzisen Operationsweise unklar bleiben. Demgegenüber weist die Systemtheorie den Vorteil eines *operativen Konstruktivismus* auf, der eine elementare Basisoperation Kommunikation einführt, die Dualisierungen verzichtbar macht und sichtbar werden läßt, wie Effekte der strukturellen Integration des Gesellschaftssystems und zugleich dessen projektive Überschreitung in Richtung auf einen Weltbegriff auf der Grundlage ein und derselben Basisoperation Kommunikation erklärt werden können.

Literatur

Boli, John / Thomas, George M., »World Culture in the World Polity: A Century of International Non-Governmental Organization«, in: *American Sociological Review* 62 (1997), S. 171-190.

Cheney, Dorothy L. / Seyfarth, Robert M., *How Monkeys See the World. Inside the Mind of Another Species*, Chicago und London 1990.

Connolly, Bob / Anderson, Robin, *First Contact*, London 1988.

Diamond, Jared, *The Rise and Fall of the Third Chimpanzee*, London 1991.

Dumont, Louis, *Homo Aequalis, II. L'idéologie allemande. France – Allemagne et retour*, Paris 1991.

Frank, André Gunder / Gills, Barry K., *The World System: 500 Years or 5000?*, London 1993.

Fuchs, Peter, »Die archaische Second-Order Society. Paralipomena zur Konstruktion der Grenze der Gesellschaft«, in: *Soziale Systeme* 2 (1996), S. 113-130.

Hobhouse, Leonard T., *Morals in Evolution. A Study of Comparative Ethics*, Bd. 1, New York 1906.

Kochen, Manfred (Hg.), *The Small World*, Norwood N.J. 1989.

Latour, Bruno, *Wir sind nie modern gewesen. Versuch einer symmetrischen Anthropologie*, Berlin 1995.

Luhmann, Niklas (1984), *Soziale Systeme. Grundriß einer allgemeinen Theorie*, Frankfurt/M. 1984.

Luhmann, Niklas, *Soziologische Aufklärung 6. Die Soziologie und der Mensch*, Opladen 1995.

Meyer, John M., »The World Polity and the Authority of the Nation State«, in: George M. Thomas et al., *Institutional Structure. Constituting State, Society, and the Individual*, Newbury Park 1987, S. 41-70.

Meyer, John W. et al., *School Knowledge for the Masses: World Models and National Primary Curricular Categories in the Twentieth Century*, Washington D.C. und London 1992.

Meyer, John W. et al., »World Society and the Nation-State«, in: *American Journal of Sociology* 103 (1997), S. 144-181.

Meyer, John W. / Boli, John / Thomas, George M., »Ontology and Rationalization in the Western Cultural Account«, in: George M. Thomas et al., *Institutional Structure. Constituting State, Society, and the Individual*, Newbury Park 1987, S. 12-37.

Robertson, Roland / Chirico, Jo Ann, »Humanity, Globalization and Worldwide Religious Resurgence: A Theoretical Exploration«, in: *Sociological Analysis* 46 (1985), S. 219-242.

Schütz, Alfred, »The Stranger: An Essay in Social Psychology«, in: *American Journal of Sociology* 49 (1944), S. 499-507.

Simpson, John H., »›The Great Reversal‹: Selves, Communities, and the Global System«, in: *Sociology of Religion* 57 (1996), S. 115-125.

Stichweh, Rudolf, *Zur Entstehung des modernen Systems wissenschaftlicher Disziplinen. Physik in Deutschland 1740-1890*, Frankfurt/M. 1984.

Stichweh, Rudolf, *Wissenschaft, Universität, Professionen: Soziologische Analysen*, Frankfurt/M. 1994.

Stichweh, Rudolf, »Fremde, Barbaren und Menschen. Vorüberlegungen zu einer Soziologie der ›Menschheit‹«, in: Peter Fuchs / Andreas Göbel (Hg.), *Der Mensch – das Medium der Gesellschaft?*, Frankfurt/M. 1994, S. 72-91 (=1994a).

Strang, David / Meyer, John W., »Institutional Conditions for Diffusion«, in: *Theory and Society* 22 (1993), S. 487-511.

Thomas, George M. et al., *Institutional Structure. Constituting State, Society, and the Individual*, Newbury Park 1987.

Vogt, Christian, »Die Batek im Lichte der Kulturtheorie«, in: *Festschrift für Klaus E. Müller* (i.E.), 1998.

Wallerstein, Immanuel, *Geopolitics and Geoculture. Essays on the Changing World-System*, Cambridge und Paris 1991.

White, Harrison C., *Identity and Control: A Structural Theory of Social Action*, Princeton, N.J., 1992.

Zur Genese der Weltgesellschaft
Innovationen und Mechanismen

I Genese der Weltgesellschaft

Die These der Weltgesellschaft besagt, daß es in der Gegenwart nur noch ein einziges Gesellschaftssystem gibt. Bereits in dieser einfachen Formulierung stecken eine Reihe ungelöster Probleme und umstrittener Positionen. Zunächst einmal bedeutet sie, daß der Name *Gesellschaft* nur noch einmal vergeben werden kann. Traditionelle regionale und auch territoriale Systeme wie Deutschland, die Vereinigten Staaten, Norwegen oder Pakistan, die in politischer oder vielleicht auch in kultureller Hinsicht noch abgrenzbar sein mögen, würden wir nicht mehr Gesellschaften nennen, auch Europa ist keine Gesellschaft. Nur noch das eine weltweite System erfüllt die Definitionsbedingungen des Gesellschaftsbegriffs. Das verlangt auch terminologisch eine erhebliche Anstrengung. Ich kenne keinen Soziologen, der einerseits von der Prämisse der Weltgesellschaft ausgeht und dem andererseits nicht dennoch gelegentlich der Lapsus unterliefe, von einer französischen, spanischen oder indischen Gesellschaft zu sprechen. Andererseits habe ich noch nie die Formulierung *die luxemburgische Gesellschaft* gehört. Das verrät, wie problematisch der territorialstaatlich gedachte Gesellschaftsbegriff immer schon war, weil er stillschweigend die Erwartung *einer bestimmten Größenordnung* in sich aufnahm, die er andererseits nicht hätte rechtfertigen können.

Eine zweite Frage ist, ob wir das Wort *Gesellschaft* überhaupt noch verwenden sollten. Friedrich Tenbruck und nach ihm andere haben gegen die Fortsetzung dieser begrifflichen Tradition plädiert, offensichtlich, weil sie eine Semantik präferierten, die sich enger an klassische institutionelle Termini wie *Staat*, *Regierung* und *Organisation/Korporation* anlehnte.[1] Meinem Eindruck nach würde der Verzicht auf das Wort *Gesellschaft* nur bedeuten, daß wir einem semantisch geprägten

1 Vgl. dazu jetzt Firsching 1998.

Konservativismus anheimfielen, der zentrale Phänomene der Sozialwelt nicht mehr würde benennen können. Demgegenüber ist die Luhmannsche Lösung vorzuziehen, *Gesellschaft über Kommunikation und über kommunikative Erreichbarkeit zu definieren.* Das ist von unübertroffener Einfachheit und zwingt zu der Konklusion, daß *nur noch die Weltgesellschaft als das einzige auf der Basis der Operation Kommunikation selbst operativ geschlossene System für die Anwendung des Gesellschaftsbegriffs in Frage kommt.*[2]

Das führt unmittelbar hin auf ein drittes Problem oder einen dritten Einwand. Dieser würde besagen, daß die Weltgesellschaft viel zu inhomogen sei, daß sie viel zu sehr durch Ungleichheiten und andere Differenzbildungen gekennzeichnet sei, als daß man sie eine Gesellschaft nennen dürfe. Nun ist aber auch das, was man früher »Gesellschaft« nannte, territoriale Systeme vom Typus Deutschland, Frankreich oder USA, alles andere als homogen und durch Gleichheit charakterisiert, so daß die Folgerung aus diesem Einwand nicht sein kann, den Gesellschaftsbegriff auf Weltebene zu verwerfen. Statt dessen sollte man der Theorie der Weltgesellschaft die Frage aufgeben, wie die Weltgesellschaft diese Ungleichheiten und Inhomogenitäten produziert und reproduziert. Man braucht an dieser Stelle nur darauf zu verweisen, daß Immanuel Wallerstein, neben Luhmann vermutlich der einflußreichste Theoretiker der Weltgesellschaft, Phänomene der Erzeugung und der Reproduktion von Ungleichheit ins Zentrum seines Entwurfs stellt.[3]

Wenn man die drei angedeuteten Problemlösungen – Verabschiedung des territorialstaatlich und kulturell bestimmten Gesellschaftsbegriffs; kommunikationstheoretische Fundierung der Gesellschaftstheorie, Verständnis der Weltgesellschaft als System der Reproduktion von Inhomogenitäten und Ungleichheiten – akzeptiert, drängt sich sofort eine vierte Frage auf: Wann eigentlich beginnt die Geschichte der Weltgesellschaft?

Drei sehr verschiedene Antworten finden sich in der gegenwärtigen Literatur. Die erste dieser Antworten verknüpft sich typischerweise mit dem heute viel verwendeten Globalisierungsbegriff. Sie sieht die Weltgesellschaft als ein gerade jetzt

2 Luhmann 1997.
3 Wallerstein 1974; 1991.

entstehendes System, das der Welt nach dem Zweiten Weltkrieg angehört oder noch rezenteren Ursprungs ist. Ich denke, daß Deutungen dieses Typs an der historischen Forschung scheitern werden, die beispielsweise zeigt, daß die globale Vernetzung von Wirtschaft um 1900 der globalen Vernetzung von Wirtschaft um 1980 in nichts nachsteht (Außenhandelsströme, Direktinvestitionen).[4]

Eine zweite repräsentative Antwort auf die Frage nach der Geschichte der Weltgesellschaft verdankt sich Immanuel Wallerstein.[5] Wallerstein verweist auf das sogenannte *lange sechzehnte Jahrhundert* (1450-1640), weil zu diesem Zeitpunkt der immer schon beobachtbare Handel zwischen den großen Weltregionen durch Muster weltweiter Arbeitsteilung ersetzt worden sei. Das verbindet sich mit der These, daß aus diesem Umbruch historisch erstmals eine *world-economy* hervorgegangen sei, die nicht mehr durch ein *world-empire*, als eine politische Systembildung, eingefangen worden sei. In einer strukturellen Perspektive bedeutete die Emergenz des *modernen Weltsystems* also eine fortdauernde Divergenz der Grenzen der Politik und des Wirtschaftssystems.

Eine dritte und erneut radikal divergierende Antwort findet sich in der neomarxistischen Literatur, die an Immanuel Wallerstein und André Gunder Frank anschließt. In dieser Literatur wird der Anfang der Weltgesellschaft oder des Weltsystems immer weiter zurückverlegt, weil gelegentlicher Kontakt und gelegentliche kausale Einwirkung zwischen Kultur- und Wirtschaftsräumen für die Existenz eines Weltsystems genügen soll. »The World System. 500 years or 5000?« ist der bezeichnende Titel eines vor einigen Jahren erschienenen Buches aus diesem Diskussionszusammenhang.[6] Ich halte diese Deutung für unzutreffend, weil sie die ökologische Interaktion zwischen Gesellschaften, die Tatsache, daß eine Gesellschaft temporär oder dauerhaft zu einer relevanten Umwelt für andere Gesellschaftssysteme wird, mit Prozessen der Strukturbildung in *einem* Gesellschaftssystem verwechselt.

Wie sieht die systemtheoretische Antwort auf diese Frage nach der Geschichte oder dem Beginn der Weltgesellschaft

4 Vgl. Hirst/Thompson 1992.
5 Wallerstein 1974, Kap. 2.
6 Frank/Gills 1993.

aus? Diese wird zunächst einmal konzedieren, daß es über Jahrtausende der Menschheitsgeschichte mehrere Gesellschaftssysteme nebeneinander gab. Da die meisten dieser Gesellschaften Stammesgesellschaften waren, ist vermutlich von Tausenden von Gesellschaftssystemen auszugehen. Noch für das siebzehnte Jahrhundert macht es keinen Sinn, Europa und China als Teil ein und derselben Gesellschaft zu behandeln. Zwar gab es gelegentliche Kommunikation, die in einem dieser Systeme produziert und im anderen verstanden oder mißverstanden wurde, aber diese Kommunikation blieb relativ folgenlos und änderte nichts daran, daß diese Gesellschaftssysteme fast immer operativ gegeneinander geschlossen waren. Gleichzeitig würde sich am chinesischen Fall demonstrieren lassen, daß wir hier im 17. Jahrhundert einer Situation zusehen, in der die Zeichen des unmittelbar bevorstehenden Umbruchs bereits beobachtbar sind. Für den Jesuitenorden, einen der frühen globalen Akteure, waren Orte in China und Orte in Europa vermutlich schon im 17. Jahrhundert Orte auf einer globalen Landkarte, die keine Unterscheidung verschiedener Gesellschaftssysteme vorsah. Nur eine solche Weltkonstruktion ermöglichte den flexiblen weltweiten Einsatz von Personal, der für den Jesuitenorden charakteristisch war. In nuce läßt sich an diesem Beispiel die Bedeutung antizipieren, die Organisationen später für die Durchsetzung der Weltgesellschaft zukommt.

Bevor ich die Frage nach dem Beginn der Weltgesellschaft noch etwas genauer zu beantworten versuche, möchte ich einen anderen aus der Sicht soziologischer Systemtheorie wichtigen Punkt betonen. Solange es mehrere oder sogar viele Gesellschaftssysteme auf der Welt gibt, kann in struktureller Hinsicht von Weltgesellschaft keine Rede sein. Andererseits konstituieren alle diese Gesellschaften für sich eine vollständige *Welt*. Sie schließen alles, was außer ihnen in der Welt noch vorkommt, in ihre Weltinterpretation ein, also auch andere Gesellschaftssysteme, sofern sie von diesen wissen. Es ist bezeichnend, daß sie den Mitgliedern anderer Gesellschaftssysteme oft die Fähigkeit zur Kommunikation absprechen, sie also als *Barbaren* behandeln, oder für sie Namen erfinden, die implizieren, daß es sich bei ihnen nicht um Menschen handelt.[7]

7 Vgl. zu China und Griechenland Bauer 1980; Hartog 1991.

Phänomenologisch gesehen, also unter dem Gesichtspunkt des Weltentwurfs, den Gesellschaften für sich realisieren, scheinen nahezu alle Gesellschaften Weltgesellschaften zu sein, die keine anderen Gesellschaften neben sich vorsehen. Es ist eine interessante empirische Frage, wie oft es historisch eigentlich Gesellschaften gegeben hat, die in der Lage waren, neben sich noch andere Gesellschaftssysteme zu denken *und* diese Beziehung als relativ symmetrisch zu beschreiben.

Es folgt also, daß wir bis in die frühe Neuzeit eine Situation beobachten, in der es strukturell immer *viele* Gesellschaften gab, deren jede in phänomenologischer Hinsicht einen Weltentwurf realisierte, der sie in der Selbstbeschreibung als Weltgesellschaft qualifiziert.[8] Die Einzigartigkeit der Weltgesellschaft der Moderne besteht dann darin, daß strukturelle Realität und phänomenologischer Weltentwurf zur Deckung kommen, daß diejenige Gesellschaft, die in ihrem Weltentwurf alles nur irgendwie Vorkommende als Nah- und Fernrelevanzen auf sich bezieht, auch *tatsächlich die einzige Gesellschaft ist, die auf der Erde noch existiert.*

Wann beginnt die Geschichte dieser Weltgesellschaft? Gibt es überhaupt eine sinnvolle Antwort auf diese Frage? Wallersteins Antwort war ja: Das Weltsystem beginnt in dem Augenblick, den er im 16. Jahrhundert verortet, in dem Handel nicht mehr auf zufälligen Differenzen aufruht, sondern Arbeitsteilung induziert, also strukturelle Veränderungen in den beteiligten Gesellschaften hervorruft.[9] Ich finde die Antwort nicht falsch, sehe aber keinen Grund, die Reduktion auf Ökonomie mitzumachen. Eine generellere Antwort müßte meines Erachtens lauten: Die Weltgesellschaft beginnt in dem Augenblick, in dem eines der Gesellschaftssysteme nicht mehr akzeptiert, daß es neben ihm noch andere Gesellschaftssysteme gibt *und* dieses Gesellschaftssystem zusätzlich über die Instrumente und Ressourcen verfügt, diese Nichtakzeptation in strukturelle Realität umzuformen. Das ist historisch nur einmal passiert: In dem im 15./16. Jahrhundert beginnenden Prozeß der Expansion der europäisch-atlantischen Gesellschaft, der über Kolonialisierung und andere Weisen des Zugriffs das Ganze der verbleibenden Welt in das eigene Gesellschaftssystem in-

8 Vgl. dazu Stichweh 1999.
9 Wallerstein 1974.

korporierte. Es gibt danach kein Wirtschaften, keine Erziehung, keine Religion und kein Wissen mehr, das sich dauerhaft außerhalb dieses Weltsystems halten könnte.

Die These eines spezifisch expansiven Potentials des europäisch-atlantischen Gesellschaftssystems ruht auf Voraussetzungen, die die Kontrolle natürlicher Ressourcen, Techniken (für die Kontrolle von Ressourcen)[10] und kulturelle Werte betreffen. Es ist wichtig, dies im Blick zu behalten, auch wenn hier keine ausführliche Analyse dieses Sachverhalts möglich ist. Hinsichtlich des Einflusses kultureller Werte hat Talcott Parsons in den sechziger und siebziger Jahren einen wichtigen Vorschlag gemacht. Er schrieb der europäisch-atlantischen Gesellschaft ein Wertmuster zu, das er *instrumentellen Aktivismus* nannte.[11] Dies ist ein Wertmuster, das aus zwei hauptsächlichen Komponenten besteht: *instrumentell* meint eine generalisierte Einstellung gegenüber sachlichen wie sozialen Gehalten der Welt, die so aufgefaßt werden, daß sie um der Selbstrealisierung der Gesellschaft und ihrer Individuen willen da sind – *Aktivismus* meint einen institutionalisierten Wert, der ein jedes Individuum verpflichtet, an diesem Prozeß der Selbstrealisierung von Gesellschaft und Individualität zu partizipieren. Soweit diese Diagnose realistisch ist, erlaubt sie etwas zu der Erklärung der Singularität des modernen Weltsystems beizutragen.[12]

II Innovationen

Die Theorie der Weltgesellschaft ist die Theorie dieses seit dem 15./16. Jahrhundert entstehenden Systems, und sie setzt u. a. voraus, daß man die Geschichte dieses Systems schreibt. Im folgenden wird sich dieser Aufsatz aber auf zwei andere Aspekte konzentrieren, die zentral für die Theorie der Weltgesellschaft sind. Zunächst werde ich einige *Innovationen* identifizieren, denen besondere Bedeutung für Prozesse der Struk-

---

10 Dazu exzellent Diamond 1997.
11 Siehe repräsentative Formulierungen in Parsons/Platt 1973, S. 40-45; Parsons 1973.
12 Vgl. dazu Stichweh 1991, Kap. VII, »Das Wertsystem frühmoderner europäischer Gesellschaft«.

turbildung in der Weltgesellschaft zukommt (II). Der Text wird drei dieser Innovationen besonders hervorheben. Es handelt sich aber um eine offene Liste von Innovationen, die um weitere Beispiele erweitert werden kann. Im nächsten Teil (III) wird das Argument sich dann auf *Prozesse/Mechanismen* konzentrieren, für die die Vermutung gilt, daß sie kausal relevant für die *Dynamik* der Weltgesellschaft sind.

1. *Funktionale Differenzierung.* Man kann Wallerstein hinsichtlich der Vermutung zustimmen, daß das moderne Weltsystem in dem Augenblick beginnt, in dem aus Handel, d. h. gelegentlichem Kontakt separat bleibender Systeme, Arbeitsteilung, d. h. strukturelle Differenzierung *eines* Systems hervorgeht. Nur muß das Argument auch hier viel genereller gefaßt werden. Für Weltgesellschaft scheint charakteristisch zu sein, daß sie sich in dem Maße realisiert, in dem die Kommunikation zwischen bis dahin getrennten Gesellschaften als Beschleunigungsfaktor in die Ausdifferenzierung von Funktionssystemen eingreift, die nur noch als globale Systeme zu beschreiben sind.

Man kann dies im 16. bis 18. Jahrhundert am Beispiel der Ausdifferenzierung des Wissenschaftssystems unter dem Verarbeitungsdruck eines zunehmend global anfallenden Wissens studieren.[13] Oder im 19. und 20. Jahrhundert am Beispiel der Ausdifferenzierung der modernen Kunst unter dem Druck der sichtbar werdenden Vielfalt der künstlerischen Artefakte aus den verschiedenen Kulturräumen. Diese These kann man vermutlich durch die verschiedenen Funktionssysteme hindurch plausibel machen. In jedem Fall gilt: Funktionale Differenzierung ist die Primärdifferenzierung der Weltgesellschaft, die in jedem einzelnen Fall – Politik, Recht, Wirtschaft, Religion, Wissenschaft – ein Funktionssystem hervorbringt, das einen zugleich spezifischen und globalen Kommunikationszusammenhang realisiert.

2. *Organisationen.* Es ist bereits am Beispiel der Jesuiten in China in anekdotischer Form sichtbar geworden, welche Bedeutung Organisationen bei der Realisierung der Weltgesellschaft zukommen kann. Schon die Korporationen der europäischen frühen Neuzeit – also Universitäten, geistliche Orden, Städte und Korporationen von Fremden wie Handels-

13 Vgl. Stichweh 1984, insb. Kap. 1.

kompanien oder studentische Nationen – waren Fremdkörper in ihrer ständischen Umwelt, die die Spezialisierung auf sach-thematische Schwerpunkte als Innovationsimpuls in ihre gesellschaftliche Umwelt einbrachten.[14] Das wiederholt sich im 19. und 20. Jahrhundert mit freien Assoziationen (Vereinsbildungen) und Organisationen.[15] In allen Fällen handelt es sich um Mitgliedschaftsverbände, die durch die innerorganisatorische Beweglichkeit von Personal, durch die Fähigkeit zur Etablierung von Filialen und Dependancen an vielen anderen Orten, durch den vergleichsweise unproblematischen Kommunikationsfluß in der Organisation und die relative Leichtigkeit eines innerorganisatorischen Wissenstransfers erhebliche Globalisierungseffekte entfalten können, für die sich jeweils die Frage stellt, ob sie in die Organisation eingeschlossen werden oder in die gesellschaftliche Umwelt hineinwirken. Eine Theorie der Weltgesellschaft muß deshalb auch eine Theorie der eng mit ihr verflochtenen Karriere der formalen Organisation sein. Formale Organisationen sind eine der seit dem Mittelalter entstehenden innovativen Strukturen, die die Dynamik der Weltgesellschaft ermöglichen.[16]

Dabei sind vor allem zwei neue Organisationstypen für die Realisierung der Weltgesellschaft – und das schließt unter anderem auch die Vernetzung der Dritten Welt mit der Weltgesellschaft ein – wichtig. Das eine sind die multinationalen Unternehmen der Wirtschaft, die viel stärker als die Außenhandelsströme und die Kapitaltransfers und neben der strukturellen Transformation der Finanzmärkte der eigentliche Motor der Globalisierung des Wirtschaftssystems sind. Das deutet im übrigen darauf hin, daß die Globalisierung der Wirtschaft zu erheblichen Anteilen ein Wissensprozeß ist, weil das multinationale Unternehmen in der Dynamik seiner Expansion offensichtlich vor allem von organisationsinternen Technologie- und Wissenstransfers abhängt. Man kann sogar sagen, daß die Fähigkeit zur Internalisierung von Wis-

14 Vgl. Stichweh 1991, Kap. II.
15 Vgl. zu *freier Assoziation* als Prinzip der Strukturbildung in der modernen Gesellschaft Parsons 1971; Stichweh 2000.
16 Vgl. als ein einflußreiches und zugleich problematisches Beispiel Coleman 1990, Teil IV, der seine Theorie der modernen Gesellschaft nahezu ausschließlich mittels der Unterscheidung von *korporativen Akteuren* (= formalen Organisationen) und *natürlichen Personen* konstruiert.

senstransfers die eigentliche *raison d'être* des multinationalen Unternehmens ist.[17]

Der andere auffällige und im 20. Jahrhundert neue Organisationstyp ist die sogenannte Nichtregierungsorganisation (NRO oder NGO). Auch das ist eine bemerkenswerte Erfindung, nämlich die eines sich aus der Einbindung in die Grenzen von Staaten herauslösenden Interessenverbandes. Das Themenspektrum kann extrem divers sein und von der Betreuung von Gefangenen über Medizinerverbände, die in Krisenregionen der Welt operieren, bis zur wissenschaftlichen Erforschung des anthropogenen Klimawandels reichen. Gerade in Regionen mit einem schwachen Staat, zu denen große Teile der Dritten Welt gehören, ist die Einfluß- und die Penetrationsfähigkeit dieser beiden Typen global operierender Organisationen auffällig. Das schnelle Wachstum in der Zahl von MNUs ist bekannt. Aber dasselbe gilt für NGOs. Schon 1992 hat ein Autor 23 000 internationale Nichtregierungsorganisationen gezählt.[18]

3. *Kommunikationstechniken.* Eine dritte zentrale Komponente der Weltgesellschaft sind Kommunikationstechniken. Diese Deutung liegt nahe, wenn man Gesellschaft über Kommunikation definiert, und umgekehrt kann man die auffällige Bedeutung von Kommunikationstechniken in der Entwicklung der modernen Gesellschaft als empirische Stützung eines kommunikationsbezogenen Gesellschaftsbegriffs reklamieren.

Die Erfindung des Buchdrucks geschieht in Europa gleichzeitig mit dem Beginn der Expansion des europäisch-atlantischen Gesellschaftssystems. Man kann es als ein Indiz einer sich nur langsam vollziehenden Entstehung der Weltgesellschaft lesen, daß nach der Erfindung des Buchdrucks vier Jahrhunderte lang keine kommunikationstechnische Erfindung von vergleichbarer Relevanz zu beobachten war. Die Beschleunigung von Kommunikation, die Penetration des Raumes durch kommunikative Vernetzungen ist in diesen vier Jahrhunderten ganz auf die Entwicklung der Verkehrstechniken angewiesen, die sich gleichfalls nur sehr langsam vollzieht. Kommunikationen werden mit den gleichen Techniken trans-

17 Siehe näher Stichweh 1999a.
18 Ghils 1992, S. 419.

portiert, mit deren Hilfe sich auch Menschen fortbewegen, und in diesen Techniken gibt es erst im 19. und 20. Jahrhundert bedeutsame Innovationen. Die Erfindung der Telegrafie im 19. Jahrhundert und die schnelle Sequenz neuer telekommunikativer Techniken des 20. Jahrhunderts vom Telefon bis zur computervermittelten Kommunikation bedeutet in dieser Hinsicht einen radikalen Umbruch. Ein Aspekt, der vor allem von Hermann Lübbe betont worden ist, ist die Lösung der Telekommunikation von den Verkehrstechniken.[19] Die Verbreitung von Kommunikation ist dann nicht mehr auf die Nutzung der für den Transport von Menschen und Gütern geschaffenen Verkehrswege angewiesen. Das erzeugt die Zerstörung des Raums, von der Historiker wie John Albion[20] und Soziologen wie Anthony Giddens sprechen.[21] Große räumliche Distanzen ziehen nicht mehr zwangsläufig Ungleichzeitigkeiten nach sich, sie sind vielmehr mit der globalen Gleichzeitigkeit von Ereignissen kompatibel.

III Mechanismen

Ich habe bisher drei institutionelle *Erfindungen* oder *Innovationen* genannt, die für die Entstehung der Weltgesellschaft eine große Rolle spielen: *Funktionssysteme, Organisationen, Telekommunikation*. Wer immer eine Geschichte und Theorie der Weltgesellschaft schreiben will, wird die Geschichte und Theorie dieser drei Erfindungen schreiben müssen. Damit ist dann aber noch nicht alles gesagt. Mein Eindruck ist, daß wir zusätzliche Annahmen brauchen, um die Dynamik der Entstehung der Weltgesellschaft verstehen zu können. Diese zusätzlichen Annahmen betreffen etwas, was man als *Mechanismen* oder *Prozesse* bezeichnen könnte. Drei dieser Mechanismen werden im folgenden vorgestellt und diskutiert.

Den ersten dieser Mechanismen nenne ich *globale Diffusion* oder *globale Diffusion institutioneller Muster*. Seine Voraussetzung ist die Häufigkeit und Intensität der Beobachtungs-

19 Lübbe 1996.
20 John 1994.
21 Giddens 1990.

verhältnisse im System der modernen Gesellschaft. Ob wir auf der Ebene von Individuen, von Organisationen oder von sozialen Systemen überhaupt argumentieren, in jedem Fall beobachten die jeweils relevanten Einheiten einander mit zunehmender Häufigkeit und Intensität, darin gestützt durch die Möglichkeiten der Verbreitung von Kommunikation. Beobachtungen erfolgen auf der Ebene kategorialer Zugehörigkeit und kategorialer Selbstzurechnung: Staaten beobachten Staaten, Zentralbanken andere Zentralbanken, fundamentalistische Sekten andere fundamentalistische Sekten und Individuen schließlich andere menschliche Lebewesen mit demselben Anspruch auf Individualität. Wenn die soziologische Netzwerktheorie einen *antikategorialen Imperativ* formuliert und damit die These meint, daß Kategorienzugehörigkeit als soziale Variable keine Erklärungskraft besitzt,[22] dann übersieht sie diese Ebene der Selbstbeobachtung, auf der eine Identifikation mit einer sozialen Kategorie zustande kommen kann und dann eventuell Vergleichsprozesse mit anderen steuert.[23] Es ist dieser Mechanismus, der die schnelle Diffusion von Neuerungen im System der Weltgesellschaft wahrscheinlich macht. Staaten übernehmen die Wohlfahrtsprogramme, die Strukturen des Schulsystems und viele andere institutionelle *features* von anderen Staaten, und sei es nur, weil sie als ihrerseits vollständige Staaten gesehen werden wollen. Individuen kopieren Vorlagen für Individualität. Darin mag man einen Widerspruch sehen. Wie schließlich soll Individualität ausgerechnet durch eine Kopie gesichert werden? Wenn die Erwartungsstruktur für Individuen Einzigartigkeit vorsieht und wenn Individuen in der Introspektion diese nicht entdecken können, bleibt nur der Rückgriff auf einen sozialen Vorrat von Mustern für Individualität.

Der Mechanismus *globale Diffusion* institutioneller Muster, der theoretisch vor allem im amerikanischen Neoinstitutionalismus ausgearbeitet worden ist,[24] erklärt Homogenisierungsprozesse im System der Weltgesellschaft. Er sagt nicht unbedingt eine weltweite Angleichung an einen einzigen institutionellen Standard voraus, weil mit Übernahmeprozessen

22 Siehe dazu Wellman/Berkowitz 1988; Emirbayer/Goodwin 1994.
23 Siehe dazu auch Strang/Meyer 1993.
24 Als Übersicht Powell/DiMaggio 1991; Brinton/Nee 1998.

immer auch der Bedarf entstehen wird, in einigen Hinsichten anders als die anderen sein zu wollen. Aber auch für den Bedarf für Individualisierung und Differenzbildung im weltweiten Kopieren von Mustern steht erneut nur ein begrenzter Vorrat von ihrerseits globalen Mustern zur Verfügung. Insofern wird die Theorie der Weltgesellschaft keine weltweite Standardisierung prognostizieren, aber doch Limitationen, die durch ein Repertoire gesetzt werden, das im Prinzip als weltweites Repertoire verfügbar ist.

Die Reichweite dieser These relativer globaler Homogenisierung wird durch die Reichweite des zugehörigen theoretischen Modells – globale Diffusion institutioneller Muster – begrenzt. Das ist eine Limitation, die oft nicht mitreflektiert wird, was zu falschen Vorstellungen über eine als zwingend gedachte Logik der Weltgesellschaft führt. Eine zweite Frage ist, wieviel an Interaktion und wechselseitiger Beobachtung eigentlich für das Funktionieren dieses Mechanismus erforderlich ist. Hier wird die Antwort lauten: relativ wenig. Sobald weltweit bestimmte kulturelle Prämissen etabliert sind, also beispielsweise eine Positivwertung für Modernität, können bestimmte Modelle ohne großen Aufwand diffundieren, wenn sie der Verdacht begleitet, daß sie prototypisch für Modernität sind. Darin liegt auch die Chance von globalen Mythen, die ohne viel reale Interaktion zustande kommen, so daß es möglich ist, daß sie, obwohl sie eigentlich niemand praktizieren kann, dennoch eine globale Etablierung auf der Ebene geltender Erwartungen erleben.

Ich möchte an dieser Stelle den zweiten Mechanismus einführen, der mir für eine Beschreibung und Erklärung der Dynamik der Weltgesellschaft erforderlich scheint. Diesen nenne ich *globale Interrelation* oder *globale Vernetzung*. Sein theoretisches Fundament ist breiter als im Fall des Modells globale Diffusion. Während letzteres heute vor allem im Neoinstitutionalismus verankert ist, kann man sich für das Modell globale Interrelation auf Netzwerktheorien, Systemtheorie oder auch auf die Globalisierungstheorie eines Anthony Giddens berufen. Bei globaler Diffusion geht es um Beobachtungs- und Vergleichsbeziehungen zwischen Einheiten, die durch große Distanzen voneinander getrennt sein können. Direkter Kontakt zwischen den Einheiten ist nicht erforderlich. Um eine physi-

kalische Metapher zu verwenden: Wir haben es hier gewissermaßen mit einer *Fernwirkungstheorie* zu tun.

Ganz anders im Fall globale Interrelation oder globale Vernetzung.[25] Fokussiert wird in dieser Theorie zunächst der einzelne kommunikative Akt in seiner Einbettung in andere kommunikative Akte oder – in der Sprache der Netzwerktheorie –
der einzelne *Netzwerk-tie* in seiner Einbettung in andere
Netzwerk-ties. Die Verbindung von Globalem und Lokalem
vollzieht sich also lokal, im einzelnen kommunikativen Ereignis oder in der einzelnen einigermaßen stabilen Verbindung
zwischen zwei Netzwerkknoten. Globalität wird hergestellt
durch die Vernetzung kommunikativer Ereignisse oder die
Vernetzung von *ties*. In Anknüpfung an die vorhin verwendete
Metapher könnte man in diesem Fall von einer *Nahwirkungstheorie* sprechen, die eine lokale Fortpflanzung global wirksam werdender Wirkungen postuliert.

Ich möchte diese Nahwirkungstheorie mit Hilfe zweier
Hypothesen näher erläutern. Beide Hypothesen beziehe ich
auf Systemtheorie und Netzwerktheorie als zwei in den hier
interessierenden Hinsichten verwandte Theorien. Die erste
Hypothese nenne ich die *Und-so-weiter-Hypothese*. Diese besagt, daß der für die Theorie der Weltgesellschaft entscheidende Sachverhalt nicht ist, daß die einzelne Interaktion
enorme räumliche und zeitliche Distanzen überspannt. Es geht
also nicht darum, daß mit großer Häufigkeit interkontinentale
Ferngespräche geführt werden oder Fernreisen unternommen
werden, obwohl leicht belegbar ist, daß auch in diesen Hinsichten die Wachstumsraten enorm sind.[26] Der für mein Argument an dieser Stelle entscheidende Punkt ist aber, daß in jeder
einzelnen Interaktion ein *Und-so-weiter* anderer Kontakte der
Teilnehmer präsent ist. Erst dies eröffnet die Möglichkeit weltweiter Verflechtungen, eine Möglichkeit, die wiederum als Selektivitätsbewußtsein in der einzelnen Interaktion relevant
wird und auf diese Weise in die Interaktionssteuerung eingreift. In der Netzwerktheorie ist eine verwandte Hypothese
unter dem Namen *small world*-Hypothese bekannt.[27] Gemeint
ist damit zunächst die allen bekannte Erfahrung, daß man eine

25 Vgl. zum folgenden Stichweh 1995; 1996.
26 Siehe dazu Inkeles 1975.
27 Siehe Kochen 1989 und kürzlich sehr interessant Watts 1999.

völlig fremde Person trifft und sich bald herausstellt, daß diese der Freund eines Freundes oder der Bekannte eines Bekannten ist. An überraschende Beobachtungen dieses Typs kann man eine Forschungstechnik anschließen, die sich für Bekannte von Bekannten von Bekannten interessiert. Im Resultat findet man bei Forschungen, die so vorgehen, heraus, daß bereits nach wenigen Schritten sehr große Zahlen von Personen – man ist schnell bei Millionen von Personen – über indirekte »ties« miteinander vernetzt sind. Einer der entscheidenden Punkte für die Theoriebildung über *small worlds* ist, daß diese nur existieren können, wenn die *Verbundenheit in einem Netzwerk unabhängig von einer externen Längenskala ist.*[28]

Man kann an diese soziometrischen und netzwerkanalytischen Vorgehensweisen die Frage richten, worin genau ihre soziologische Relevanz besteht. Schließlich sind sehr schnell bei einem solchen Prozedere die meisten *ties* indirekte *ties* – jemand ist der Freund eines Freundes, ohne daß man selbst ihn je gesprochen oder gesehen hätte – und diese indirekten *ties* werden kaum je aktiviert, und in vielen Fällen würde der faktisch unternommene Versuch, indirekte *ties* in direkte *ties* umzuwandeln, auch auf eine überraschte bis ablehnende Reaktion stoßen, so daß die Erfolgswahrscheinlichkeit sehr ungewiß wäre. Aber auch diesem Einwand mag entgegengehalten werden, daß er nicht hinreichend reflektiert, daß *globale Interrelation (global interconnectedness)* kein Phänomen der Interaktionsordnung ist und in keinem Fall in eine interaktionelle Realität transformiert werden kann. Eine *small world* funktioniert vielleicht gerade deshalb als die effektive Infrastruktur *globaler Interrelation*, weil sie unter keinen Umständen in ein *globales Interaktionssystem* transformiert werden könnte.[29]

Worauf dieser Einwand verweist, ist, daß sowohl die *und-so-weiter-Hypothese* wie auch das *small world phenomenon* auf eine ergänzende und zweite Hypothese angewiesen sind, in der spezifischer die Sonderbedingungen der modernen Gesellschaft hervortreten. Diese zweite Hypothese wird hier *Dekontextualisierungsthese* genannt. Gemeint ist damit die Be-

28 Dazu Watts 1999; 1999a.
29 Zu dem hier unterstellten Verständnis von Interaktionssystemen (Wechselseitigkeit der Wahrnehmung, *response presence*) siehe Goffman 1983; Luhmann 1975.

hauptung, daß die Verlängerung der *und-so-weiter*-Ketten nur durch den Rückgriff auf in der Interaktion präsente Abstraktionen möglich ist, die die Interaktion aus diffusen Verflechtungen mit anderen lokal an sich gegebenen Relevanzen herauslösen. Was kommt als Abstraktion in diesem Sinne in Frage? Zu denken ist zunächst einmal an funktionale Spezifikation, d. h. die Hintergrunderfahrung, daß man sich in einem bestimmten Funktionssystem der modernen Gesellschaft bewegt, die viele andere Relevanzen, obwohl hier und jetzt lokal präsent, als irrelevant ausblenden läßt. Hinzu kommen die generalisierten Symbole der Kommunikationsmedien – also Geld, Wahrheit, Macht – die die Hintergrunderfahrung eines bestimmten Funktionssystems durch die konkrete Präsenz ihrer binär codierten Relevanz stärken.

Viele andere Phänomene treten an dieser Stelle hinzu. Bei Anthony Giddens heißt Dekontextualisierung *disembedding*,[30] und die Beispiele, die er anführt, sind Expertensysteme, Vertrauen, Professionen und *symbolic tokens*, womit erneut das symbolisch generalisierte Kommunikationsmedium Geld und analoge Phänomene gemeint sind. Dies sind gleichfalls Erscheinungen einer durch funktionale Spezifikation ermöglichten Generalisierung von Symbolen.

Was steht in der Netzwerktheorie an der Stelle dieser Dekontextualisierungsthese? Mein Eindruck ist, daß der *Netzwerkbegriff* selbst hier placiert werden muß. Netzwerk ist offensichtlich ein Dekontextualisierungsbegriff. Er löst ältere soziologische Begriffe für Phänomene mittlerer Reichweite, wie beispielsweise den *Gruppenbegriff* und den der *Gemeinschaft* (*community*) ab. Der Grund dafür ist, daß er der Tatsache Rechnung trägt, daß relevante und eventuell wiederholbare Kommunikation aus Bedingungen räumlicher Nähe und interaktioneller Kopräsenz herausgelöst wird. Man kann dies gut in Barry Wellmans Studien über Formen der Gemeinschaft bei East Yorkers, gemeint ist ein bestimmter Stadtbezirk in Toronto, sehen.[31] Zunächst einmal fehlen, so die Beobachtung Wellmans, in East York alle klassischen Anzeichen für städtische Vergemeinschaftung: die Straßen sind leer; man geht nicht zum Nachbarn über die Straße; öffentliche Räume und Plätze

---

30 Giddens 1990, S. 21-29.
31 Wellman/Carrington/Hall 1988; Wellman 1992.

sind entweder inexistent oder verlassen. Beobachtet man aber community auf der Basis von Netzwerk-*ties*, dann beobachtet man funktionierende Muster symmetrischen und asymmetrischen Tauschs unter wiederholt miteinander Kontakt aufnehmenden Zugehörigen des Netzwerks. Diese funktionieren im übrigen für verschiedene Typen von Ressourcen wiederum sehr verschieden. Aus Studien dieses Typs drängt sich die Frage auf, ob nicht das Phänomen Netzwerk in die Liste der strukturellen Innovationen, die das Profil der Weltgesellschaft ausmachen, aufgenommen werden sollte. Der Netzwerkbegriff würde dann nicht nur auf eine universalistische Methode und Theorie innerhalb der Disziplin Soziologie verweisen, er würde auch die Prominenz einer neuen Form der Strukturbildung in der Weltgesellschaft anzeigen. Diese verdrängt ältere Formen der Strukturbildung wie die Gruppe oder die Gemeinschaft, und sie wäre zu definieren über quantitative Limitationen ihrer Größe (vielleicht 1000 Teilnehmer) und über die Unbegrenztheit im Raum. Ein Indikator für die Validität dieses Arguments ist die gegenwärtige Prominenz des Netzwerkbegriffs nicht nur als eines *wissenschaftlichen Begriffs*, sondern zugleich als eines prominenten Terminus in der Selbstbeschreibung der Gegenwartsgesellschaft.[32]

Ich möchte an dieser Stelle meine Darstellung des zweiten Mechanismus in der Entstehung der Weltgesellschaft nicht weiter detaillieren. Ich denke, es ist sichtbar geworden, daß man zu einem sehr anderen Bild der Weltgesellschaft kommt, wenn man statt der globalen Diffusion institutioneller Muster Phänomene globaler Vernetzung in den Vordergrund stellt. Einerseits wird den Vernetzungen durch die ordnungsbildenden Abstraktionen der Funktionssysteme eine vereinheitlichende Struktur auferlegt; andererseits wird man bei von Ereignis zu Ereignis, von Kommunikation zu Kommunikation, von *tie* zu *tie* fortschreitenden Wirkungen mit überraschenden

---

32 Eine interessante Fallstudie bietet das gegenwärtige Kartellverfahren gegen *Microsoft*. In diesem wird zum erstenmal in der amerikanischen Rechtsprechungsgeschichte die juristische Theorie der *network effects* in den Entscheidungsgründen des Richters zitiert (siehe Wolffe 1999). Mit dem Begriff der Netzwerkeffekte ist gemeint, daß ein Produkt bereits von zahlreichen Käufern erworben worden ist und in der Folge die anderen bisher nur potentiellen Käufer wegen ihrer Netzwerkabhängigkeit von der ersten Gruppe von Konsumenten dasselbe Produkt erwerben müssen.

Veränderungen und Diskontinuitäten rechnen können, die nicht – wie dies für den ersten Mechanismus der Fall ist – durch einen schmalen *set* von in der Diffusion erfolgreichen Modellen renormalisiert werden.

Es gibt einen dritten Mechanismus, den ich für die Entstehung des Systems der Weltgesellschaft als wichtig erachte. Ich nenne ihn *Dezentralisierung in Funktionssystemen.* Erneut tritt die überragende Bedeutung der Ausdifferenzierung von Funktionssystemen hervor, und zusätzlich wird ein Prozeß behauptet, der sich spezifisch *innerhalb* der Funktionssysteme abspielt. Dabei ist wiederum eine klassische Theoriefigur der Soziologie beteiligt. In diesem Fall ist es die Zentrum/Peripherie-Unterscheidung.[33] Zentrum/Peripherie meint ja immer Asymmetrien der Ressourcenausstattung zwischen Zentren und Peripherien, die zum Grund der Bildung eines Sozialsystems und zur bestimmenden Prämisse der Interaktion zwischen Zentrum und Peripherie werden. Wallerstein hat mit Hilfe dieser Leitunterscheidung, die er durch den Begriff der Semiperipherie ergänzt hat, seine Weltsystemtheorie konstruiert.

Da Wallerstein sich immer vor allem für die historische Rekonstruktion der Weltgesellschaft interessiert hat, scheint mir seine Präferenz für die Unterscheidung Zentrum/Peripherie eine diesem Sachverhalt angemessene Wahl. Zentrum/Peripherie ist meinem Eindruck nach ein Globalisierungsbegriff der vormodernen Welt. Er greift dort, wo globale Interaktion an sich noch unwahrscheinlich ist und sehr große Differenzen als Voraussetzung fungieren müssen, damit es vereinzelt dann doch zu globalen Interaktionen kommt. Es sind unter diesen Umständen große Differenzen von Macht, Weisheit, religiöser Gnadenausstattung und ökonomischen Ressourcen erforderlich, die zur strukturellen Prämisse für zunächst vereinzelt anfallende globale Interaktionen werden.

Die hier vertretene Hypothese besagt, daß Zentrum/Peripherie-Unterscheidungen und die in ihnen implizierten großen Differenzen in der Ausstattung mit bestimmten Ressourcen deshalb eine wichtige Startbedingung des Systems der Weltgesellschaft sind, weil sie das motivieren, was zunächst noch unwahrscheinlich ist: Das Risiko des sich Einlassens auf

33 Siehe dazu Shils 1961.

globale Interaktion und die Anstrengung der Überbrückung großer Distanzen. — warum ?

Daraus folgt in der Logik dieses Arguments, daß die weitere Geschichte der Weltgesellschaft durch die Erosion der Zentren bestimmt ist, die an ihrem Anfang stehen und daß diese Erosion der Zentren sich vor allem in den Funktionssystemen vollzieht, die die Primärdifferenzierung der Weltgesellschaft bilden. Wie aber kann man dies erklären? Meine These ist, daß dies durch die Wechselwirkung dieses dritten Mechanismus mit den beiden ersten Mechanismen plausibel wird. Beide anderen Mechanismen – globale Diffusion und globale Interrelation – operieren prinzipiell lateral. Auch wenn es in ihnen zunächst ausgezeichnete Punkte gibt – Modelle, die besonders häufig imitiert werden, oder zentrale Positionen in Netzwerken –, dann werden diese Zentralpositionen durch den Erfolg des Imitationsvorgangs oder durch das Wachstum der Netzwerke aufgelöst. Beide Mechanismen unterminieren in ihrem Operieren offensichtlich die Zentralitätsprämissen, die eine Startbedingung der Weltgesellschaft waren. Und wenn dieser Prozeß der Dezentralisierung in Funktionssystemen einmal fortgeschritten ist, werden auf dieser Basis die Homogenitätsannahmen, die zunächst eine Implikation des Modells globale Diffusion schienen, erneut problematisch. In dezentralisierten Funktionssystemen kann Variation von überallher kommen und nicht durch Zentren kontrolliert werden. Sie kann sich in Netzwerken ausbreiten und wird über globale Imitation renormalisiert werden. Aber unter keinen Umständen führt dies auf Homogenität hin. = These...

IV Resümee

Die Überlegungen dieses Aufsatzes haben in einer ersten Annäherung zentrale Elemente einer Theorie der Weltgesellschaft zu präsentieren versucht. In einer erneuten und zusammenfassenden Aufzählung könnte man drei Typen dieser Elemente unterscheiden: *Ereignisse*, *Strukturen* und *Prozesse*.

1. Offensichtlich bedarf es einer hinreichend präzisen und detaillierten *Geschichte der Weltgesellschaft*, um Theorien dieses Systems formulieren zu können. Eine solche Geschichte

fragt nach den Startpunkten und den irreversiblen Übergangspunkten in der Geschichte der Weltgesellschaft. Jede Historisierung des Konzepts der Weltgesellschaft nimmt diesem den futuristischen Aspekt und stellt statt dessen einen Reichtum von historischer Evidenz zur Verfügung, die das Testen von Hypothesen erlaubt. Globalisierungsprozesse gibt es offensichtlich in allen Epochen der menschlichen Geschichte; es gibt Hinsichten, in denen man jede Gesellschaft als Weltgesellschaft beschreiben kann;[34] und schließlich gibt es eine lange Vorgeschichte und Geschichte der modernen Welt, in der wir leben. Eine solche ausgeführte Geschichte der Weltgesellschaft stellt in keiner Weise die Singularität der Weltgesellschaft der Moderne in Frage. Man sollte sie eher als eine Technik verstehen, die uns diese Singularität in schärferem Profil zu sehen erlaubt.

2. Jene Elemente, die im zweiten Teil des Arguments als (strukturelle) Innovationen in der Genese der Weltgesellschaft beschrieben worden sind, können auch als *der Weltgesellschaft eigene Formen der Strukturbildung* aufgefaßt werden. Diese Suche nach Formen der Strukturbildung ist vermutlich eine zentrale Komponente in jeder Forschung zum System der Weltgesellschaft. Strukturen wie *Funktionssysteme*, *Organisationen* und *Netzwerke*, die in diesem Aufsatz kurz erörtert wurden, sind keine völlig neuartigen Phänomene. Aber sie gehören zu der Klasse jener Strukturen, die mit der Weltgesellschaft in der Form *reziproker Intensivierung* verbunden sind. Die Weltgesellschaft ruht auf ihrem *modus operandi* und gleichzeitig fungiert die Weltgesellschaft als eine Makroumwelt, die diese Strukturen im Unterschied gegenüber traditionelleren Strukturen privilegiert. Die Forschung zu diesen Formen der Strukturbildung und die Suche nach anderen vergleichbaren Innovationen (z. B. *globale Interaktionssysteme*), die diese Liste verlängern, ist konstitutiv für jede Theorie der Weltgesellschaft.

3. Die Suche nach Prozessen im System der Weltgesellschaft hängt eng mit der Unterscheidung *global/lokal* zusammen, die heute vielleicht die meistverwendete Unterscheidung in der Literatur zur Weltgesellschaft ist. Hinsichtlich dieser Unterscheidung von *Globalität* und *Lokalität* muß ein Argument er-

34 Siehe näher Stichweh 1999.

neut betont werden, das Niklas Luhmann insistent mit Blick auf die für die Differenzierungstheorie zentrale Unterscheidung von *Autonomie* und *Abhängigkeit* vorgetragen hat.[35] In differenzierungstheoretischen Überlegungen geht es nie um ein entweder/oder von Autonomie und Abhängigkeit, vielmehr werden diese beiden Termini als ein Verhältnis wechselseitiger Steigerung gedacht. Ausdifferenzierte Systeme kombinieren einen Autonomiegewinn mit einer größeren Zahl von Abhängigkeiten von einer Pluralität anderer Systeme. Eine analoge Logik gilt für die Unterscheidung *Globalität/Lokalität*. In globalen Systemen, in denen sich eine zunehmende Zahl von globalen Interrelationen beobachten läßt, kann man zugleich eine intensivierte Artikulation lokaler Spezifitäten feststellen. Auf diesen Sachverhalt hat bereits Georg Simmel hingewiesen, als er in *Über sociale Differenzierung* ausführte, daß die *Verallgemeinerung* der mittelalterlichen Welt (ausgelöst durch das Kaisertum mit seinen Ansprüchen auf *Universalsouveränität*[36]) der entscheidende Stimulus des *Partikularismus* der europäischen Völkerwelt geworden sei, den man immer seither beobachtet habe.[37] Wenn man in dieser Weise verschiedene Dynamiken der Vermittlung von Globalität und Lokalität studiert, ist man dabei angewiesen auf die *Prozesse/Mechanismen* der Globalisierung, die wir in unserem dritten Teil vorgestellt haben. Insofern bildet das Studium dieser Prozesse einen dritten unverzichtbaren Teil eines jeden Unterfangens, das auf eine Theorie der Weltgesellschaft abzielt.

Literatur

Bauer, Wolfgang (Hg.), *China und die Fremden. 3000 Jahre Auseinandersetzung in Krieg und Frieden*, München 1980.

Brinton, Mary C. / Nee, Victor (Hg.), *The New Institutionalism in Sociology*, New York 1998.

35 Luhmann 1982.
36 Zu *Universalsouveränität* vgl. Dumont 1985 (wiederabgedruckt als Kap. 2 in Dumont 1991).
37 Simmel 1890.

Coleman, James S., *Foundations of Social Theory*, Cambridge/Mass. und London 1990.

Diamond, Jared, *Guns, Germs, and Steel. The Fates of Human Societies*, New York 1997.

Dumont, Louis (1985), »Are Cultures Living Beings? German Identity in Interaction«, in: *Man* 21 (1985), S. 587-604.

Dumont, Louis (1991), *L'idéologie allemande. France – Allemagne et retour*, Paris 1991.

Emirbayer, Mustafa / Goodwin, Jeff, »Network Analysis, Culture, and the Problem of Agency«, in: *American Journal of Sociology* 99 (1994), S. 1411-1454.

Firsching, Horst, »Ist der Begriff ›Gesellschaft‹ theoretisch haltbar? Zur Problematik des Gesellschaftsbegriffs in Niklas Luhmanns ›Die Gesellschaft der Gesellschaft‹«, in: *Soziale Systeme* 4 (1998), S. 161-173.

Frank, André Gunder / Gills, Barry K. (Hg.), *The World System: 500 Years or 5000?*, London 1993.

Ghils, Paul, »International Civil Society: International Non-governmental Organizations in the International System«, in: *International Social Science Journal* 44 (1992), S. 417-431.

Giddens, Anthony, *The Consequences of Modernity*, Cambridge 1990.

Goffman, Erving, »The Interaction Order«, in: *American Sociological Review* 48 (1983), S. 1-17.

Hartog, François, *Le miroir d'Hérodote. Essai sur la représentation de l'autre*, Paris 1991.

Hirst, Paul / Thompson, Grahame, »The Problem of ›Globalization‹: International Economic Relations, National Economic Management and the Formation of Trading Blocs«, in: *Economy and Society* 21 (1992), S. 357-396.

Inkeles, Alex, »The Emerging Social Structure of the World«, in: *World Politics* 27 (1975), S. 467-495.

John, Richard R., »American Historians and the Concept of the Communications Revolution«, in: Lisa Bud-Frierman (Hg.), *Information Acumen. The Understanding and Use of Knowledge in Modern Business*, London und New York 1994, S. 98-110.

Kochen, Manfred (Hg.), *The Small World*, Norwood, N. J., 1989.

Lübbe, Hermann, »Netzverdichtung. Zur Philosophie industriegesellschaftlicher Entwicklungen«, in: *Zeitschrift für philosophische Forschung* 50 (1996), S. 133-150.

Luhmann Niklas, »Interaktion, Organisation, Gesellschaft«, in: *Soziologische Aufklärung 2. Aufsätze zur Theorie der Gesellschaft*, Opladen 1975, S. 9-20.

Luhmann, Niklas, *The Differentiation of Society*, New York 1982.

Luhmann, Niklas, *Die Gesellschaft der Gesellschaft*, Bd. 1-2, Frankfurt/M. 1997.

Parsons, Talcott, »Kinship and the Associational Aspect of Social Structure«, in: F. L. K. Hsu (Hg.), *Kinship and Culture*, Chicago 1971, S. 409-438.

Parsons, Talcott, »Problem of Balancing Rational Efficiency with Communal Solidarity in Modern Society«, in: *International Symposium ›New Problems of Advanced Societies‹*, Tokyo 1973, S. 9-14.

Parsons, Talcott / Platt, Gerald M., *The American University*, Cambridge/Mass. 1973.

Powell, Walter W. / DiMaggio, Paul J. (Hg.), *The New Institutionalism in Organizational Analysis*, Chicago 1991.

Shils, Edward, »Centre and Periphery«, in: *The Logic of Personal Knowledge. Essays Presented to Michael Polanyi on his Seventieth Birthday, 11 March 1961*, London 1961, S. 117-130.

Simmel, Georg, *Über sociale Differenzierung. Sociologische und psychologische Untersuchungen* (Gesamtausgabe, Bd. 2), Frankfurt/M. 1989.

Stichweh, Rudolf, *Zur Entstehung des modernen Systems wissenschaftlicher Disziplinen. Physik in Deutschland 1740-1890*, Frankfurt/M. 1984.

Stichweh, Rudolf, *Der frühmoderne Staat und die europäische Universität. Zur Interaktion von Politik und Erziehungssystem im Prozeß ihrer Ausdifferenzierung (16.-18. Jahrhundert)*, Frankfurt/M. 1991.

Stichweh, Rudolf, »Zur Theorie der Weltgesellschaft«, in: *Soziale Systeme* 1 (1995), S. 29-45 [in diesem Band: Kap. 1].

Stichweh, Rudolf, »Science in the System of World Society«, in: *Social Science Information* 35 (1996), S. 327-340.

Stichweh, Rudolf, »Konstruktivismus und die Theorie der Weltgesellschaft«, in: Andreas Reckwitz / Holger Sievert (Hg.), *Konstruktion, Interpretation, Kultur. Ein Paradigmenwechsel in den Sozialwissenschaften*, Opladen 1999, S. 208-218 (in diesem Band: Kap. 13).

Stichweh, Rudolf, »Globalisierung von Wirtschaft und Wissenschaft. Produktion und Transfer wissenschaftlichen Wissens in zwei Funktionssystemen der modernen Gesellschaft«, in: *Soziale Systeme* 5 (1999), S. 27-39 (=1999a).

Stichweh, Rudolf, »Soziologie des Vereins. Strukturbildung zwischen Lokalität und Globalität«, in: Emil Brix / Rudolf Richter (Hg.), *Organisierte Privatinteressen. Vereine in Österreich*, Wien 2000, S. 19-31.

Strang, David / Meyer, John W., »Institutional Conditions for Diffusion«, in: *Theory and Society* 22 (1993), S. 487-511.

Wallerstein, Immanuel, *The Modern World-System. Capitalist Agriculture and the Origins of the European World-Economy in the Sixteenth Century*, New York 1974.

Wallerstein, Immanuel (1991), *Geopolitics and Geoculture. Essays on the Changing World-System*, Cambridge und Paris 1991.

Watts, Duncan J., *Small Worlds. The Dynamics of Networks between Order and Randomness*, Princeton 1999.

Watts, Duncan J., »Networks, Dynamics, and the Small-World Phenomenon«, in: *American Journal of Sociology* 105 (1999), S. 493-527.

Wellman, Barry, »Men in Networks. Private Communities, Domestic Friendships«, in: Peter M. Nardi (Hg.), *Men's Friendships*, Newbury Park 1992, S. 74-114.

Wellman, Barry / Berkowitz, S. D. (Hg.), *Social Structures. A Network Approach*, Cambridge 1988.

Wellman, Barry / Carrington, Peter J. / Hall, Alan, »Networks as personal communities«, in: Barry Wellman / S. D. Berkowitz (Hg.), *Social structures: a network approach*, Cambridge 1988, S. 130-184.

Wolffe, Richard, »Microsoft Comforted by Antitrust Case Law«, in: *Financial Times*, 10. November 1999, S. 5.

Quellenverzeichnis

1. »Zur Theorie der Weltgesellschaft«, Vortrag an der Fakultät für Soziologie der Universität Bielefeld am 19. Mai 1993. Veröffentlicht in: *Soziale Systeme* 1 (1995), S. 29-45.

2. »Differenz und Integration in der Weltgesellschaft«, Tagung »Konflikt und Differenz«. DGS-Sektion »Soziologische Theorien«, Universität Jena, 30. September - 1. Oktober 1994. Veröffentlicht in: Hans-Joachim Giegel (Hg.), *Konflikt in modernen Gesellschaften*, Frankfurt/M. 1998, S. 173-189.

3. »Nation und Weltgesellschaft«. Veröffentlicht in: Bernd Estel / Tilman Mayer (Hg.), *Das Prinzip Nation in modernen Gesellschaften*, Opladen 1994, S. 83-96.

4. »Migration, nationale Wohlfahrtsstaaten und die Entstehung der Weltgesellschaft«, Tagung »Migration in nationalen Wohlfahrtsstaaten«, Universität Osnabrück, 28.-30. März 1996. Veröffentlicht in: Michael Bommes / Jost Halfmann (Hg.), *Migration in nationalen Wohlfahrtsstaaten*, Osnabrück 1998, S. 49-61.

5. »Systemtheorie der Exklusion. Zum Konflikt von Wohlfahrtsstaatlichkeit und Globalisierung der Funktionssysteme«. Unveröffentlicht.

6. »Globalisierung der Wissenschaft und die Region Europa«, Vorträge auf dem Österreichischen Wissenschaftstag 1995, »Europa und die Wissenschaften«, Hotel Panhans, Semmering, 26.-28. Oktober 1995, und am Department of Science and Technology Dynamics der Universität Amsterdam am 2. Oktober 1997. Veröffentlicht in: Gert Schmidt / Rainer Trinczek (Hg.), *Globalisierung. Ökonomische und soziale Herausforderungen am Ende des zwanzigsten Jahrhunderts*, Baden-Baden 1999, S. 275-292.

7. »Globalisierung der Wissenschaft und die Rolle der Universität«, Symposion »Universität am Scheideweg«, Akademische Kommission der Universität Bern, Bern 2.-4. April 1997. Veröffentlicht in: Peter Rusterholz / Anna Liechti (Hg.), *Universität am Scheideweg*, Zürich 1998, S. 63-74.

8. »Von der ›Peregrinatio Academica‹ zur internationalen Migration von Studenten. Nationale Kultur und funktionale Differenzierung als Leitthemen«, Vorträge auf dem Colloquium »Modèles nationaux, réseaux transculturels et réseaux migratoires dans le monde universitaire européen, XIXe-XXe siècles«, Ruhr-Universität Bochum, 14.-18. November 1992, und dem Workshop »Transnational Intellectual Networks and the Cultural Logics of Nations, European Universities and Academic Knowledge in the Nineteenth and Twentieth Centuries, Humboldt-Universität Berlin, 17.-19. Mai

1996. Erscheint in Englisch in: J. Schriewer / C. Charle / P. Wagner (Hg.), *Transnational Intellectual Networks and the Cultural Logics of Nations*, Cambridge / Paris: Cambridge U.P. / Maison des Sciences de l'Homme.

9. »Gibt es eine ›Weltpolitik‹ der ‚Weltwissenschaft‹?«, Vortrag auf dem Workshop »Politik in der Globalisierung, Globalisierung des Politischen«. Hamburger Institut für Sozialforschung, 25.-27. September 1997. Veröffentlicht in: *Geographische Revue* 1 (1999), S. 7 - 20.

10. »Raum, Region und Stadt in der Systemtheorie«, Vortrag an der Universität Bremen, ZWE, »Arbeit und Region«, 30. Oktober 1997. Veröffentlicht in: *Soziale Systeme* 4 (1998), S. 341-358.

11. »Ungleichzeitigkeit in der Weltgesellschaft. Zur Unterscheidung von Tradition und Moderne«, Tagung »Ungleichzeitigkeit in der Gesellschaft. Moderne versus Tradition in der Gegenwart«, Hans Böckler Stiftung, Reimlingen, 16. Mai 1999. Erscheint auch in: Annette Simonis / Linda Simonis (Hg.), *Zeitwahrnehmung und Zeitbewußtsein der Moderne*, Bielefeld: Aisthesis 2000.

12. »Adresse und Lokalisierung in einem globalen Kommunikationssystem«, Symposium »Die Adresse des Mediums«, Universität zu Köln, 2.-4. Dezember 1999. Erscheint auch in: *Die Adresse des Mediums*, Köln: DuMont 2001.

13. »Konstruktivismus und die Theorie der Weltgesellschaft«, Forschungscolloquium »Konstruktivismus und Sozialtheorie«, Studienstiftung des deutschen Volkes, Benediktinerabtei Gerleve, 17.-21. Februar 1997. Veröffentlicht in: Nummer 6. *Kunst, Literatur, Theorie* 4, 1997, 91-97, und in: Andreas Reckwitz / Holger Sievert (Hg.), *Interpretation, Konstruktion, Kultur*, Opladen 1999, S. 208 - 218.

14. »Zur Genese der Weltgesellschaft – Innovationen und Mechanismen«, Vortrag u. a. im Zentrum für Kulturwissenschaften und Kulturtheorie, Universität Stuttgart, 22. Januar 1998. Veröffentlicht in: Manfred Bauschulte / Volkhard Krech / Hilge Landweer (Hg.), *Wege – Bilder – Spiele. Festschrift zum 60. Geburtstag von Jürgen Frese*, Bielefeld 1999, S. 289-302.

Sachregister

Soziologie und Systemtheorie
im Suhrkamp Verlag
Eine Auswahl

Dirk Baecker
- Die Form des Unternehmens. stw 1453. 288 Seiten
- Information und Risiko in der Marktwirtschaft.
  382 Seiten. Gebunden
- Organisation als System. stw 1434. 384 Seiten
- Womit handeln Banken? Eine Untersuchung zur Risikover-
  arbeitung in der Wirtschaft. stw 946. 207 Seiten

Claudio Baraldi/Giancarlo Corsi/Elena Esposito. GLU.
Glossar zu Niklas Luhmanns Theorie sozialer Systeme.
stw 1226. 248 Seiten

Karl-Heinrich Bette. Systemtheorie und Sport.
stw 1399. 307 Seiten

Peter Fuchs
- Die Erreichbarkeit der Gesellschaft. Zur Konstruktion und
  Imagination gesellschaftlicher Einheit. 291 Seiten. Gebunden
- Intervention und Erfahrung. stw 1427. 160 Seiten
- Moderne Kommunikation. Zur Theorie des operativen Dis-
  placements. 248 Seiten. Gebunden
- Die Umschrift. Zwei kommunikationstheoretische Studien:
  »japanische Kommunikation« und »Autismus«.
  stw 1216. 198 Seiten
- Das Unbewußte in Psychoanalyse und Systemtheorie. Die
  Herrschaft der Verlautbarung und die Erreichbarkeit des
  Bewußtseins. stw 1373. 240 Seiten

Peter Fuchs/Andreas Göbel (Hg.). Der Mensch – das Medium
der Gesellschaft? stw 1177. 368 Seiten

Grundmann, Matthias (Hg.). Konstruktivistische Sozialisationsforschung. Lebensweltliche Erfahrungskontexte, individuelle Handlungskompetenzen und die Konstruktion sozialer Strukturen. Beiträge zur Soziogenese der Handlungsfähigkeit. stw 1429. 352 Seiten

André Kieserling. Kommunikation unter Anwesenden. Studien über Interaktionssysteme. 520 Seiten. Gebunden

Werner Krawietz/Michael Welker (Hg.). Kritik der Theorie sozialer Systeme. stw 996. 386 Seiten

Niklas Luhmann
- Ausdifferenzierung des Rechts. Beiträge zur Rechtssoziologie und Rechtstheorie. stw 1418. 459 Seiten
- Die Gesellschaft der Gesellschaft. stw 1360. 1164 Seiten
- Die Kunst der Gesellschaft. stw 1303. 517 Seiten
- Die Politik der Gesellschaft. 448 Seiten. Leinen
- Das Recht der Gesellschaft. stw 1183. 598 Seiten
- Die Religion der Gesellschaft. 368 Seiten. Leinen
- Die Wissenschaft der Gesellschaft. stw 1001. 732 Seiten
- Die Wirtschaft der Gesellschaft. stw 1152. 356 Seiten
- Gesellschaftsstruktur und Semantik. Studien zur Wissenssoziologie der modernen Gesellschaft.
  Band 1. stw 1091. 319 Seiten
  Band 2. stw 1092. 294 Seiten
  Band 3. stw 1093. 458 Seiten
  Band 4. stw 1438. 185 Seiten
- Funktion der Religion. stw 407. 324 Seiten
- Legitimation durch Verfahren. stw 443. 261 Seiten
- Liebe als Passion. Zur Codierung von Intimität.
  stw 1124. 231 Seiten
- Protest. Systemtheorie und soziale Bewegungen. Herausgegeben und eingeleitet von Kai-Uwe Hellmann.
  stw 1256. 216 Seiten

- Soziale Systeme. Grundriß einer allgemeinen Theorie.
  stw 666. 675 Seiten
- Zweckbegriff und Systemrationalität. Über die Funktion
  von Zwecken in sozialen Systemen. stw 12. 390 Seiten

Niklas Luhmann/Peter Fuchs. Reden und Schweigen.
stw 848. 227 Seiten

Niklas Luhmann/Robert Spaemann. Paradigm lost: Über
die ethische Reflexion der Moral. Rede von Niklas Luhmann
anläßlich der Verleihung des Hegel-Preises 1989. Laudatio
von Robert Spaemann: Niklas Luhmanns Herausforderung
der Philosophie. stw 797. 73 Seiten

Niklas Luhmann/Karl Eberhard Schorr. Reflexionsprobleme
im Erziehungssystem. stw 740. 390 Seiten

Niklas Luhmann/Karl Eberhard Schorr (Hg.)
- Zwischen Absicht und Person. Fragen an die Pädagogik.
  stw 1036. 217 Seiten
- Zwischen Anfang und Ende. Fragen an die Pädagogik.
  stw 898. 227 Seiten
- Zwischen Intransparenz und Verstehen. Fragen an die
  Pädagogik. stw 572. 325 Seiten
- Zwischen System und Umwelt. Fragen an die Pädagogik.
  stw 1239. 294 Seiten
- Zwischen Technologie und Selbstreferenz. Fragen an die
  Pädagogik. stw 391. 261 Seiten

Niklas Luhmann/Stephan H. Pfürtner (Hg.). Theorietech-
nik und Moral. stw 206. 267 Seiten

Rudolf Maresch/Niels Werber (Hg.). Kommunikation – Medien – Macht. stw 1408. 450 Seiten

NF 125/3/9.00

Frithard Scholz. Freiheit als Indifferenz. Alteuropäische
Probleme mit der Systemtheorie Niklas Luhmanns.
287 Seiten. Kartoniert

Rudolf Stichweh
- Der frühmoderne Staat und die europäische Universität.
  Zur Interaktion von Politik und Erziehungssystem im Prozeß ihrer Ausdifferenzierung im 16.-18. Jahrhundert.
  427 Seiten. Gebunden
- Wissenschaft, Universität, Profession. Soziologische Analysen. stw 1146. 402 Seiten

Helmut Willke
- Ironie des Staates. Grundlinien einer Staatstheorie polyzen-
  trischer Gesellschaft. stw 1221. 399 Seiten
- Supervision des Staates. 380 Seiten. Gebunden

DELFIN
»Zeitschrift für Konstruktion, Analyse und Kritik«
im Suhrkamp Verlag

Der DELFIN versucht Disziplinen, Diskurse und Gattungen ins Gespräch zu bringen, kreative Prozesse in Gang zu setzen, Alternativen zu eröffnen.

Konstruktivismus und Sozialtheorie. DELFIN 1993. Herausgegeben von Gebhard Rusch und Siegfried J. Schmidt. stw 1099. 360 Seiten

Piaget und der Radikale Konstruktivismus. DELFIN 1994. Herausgegeben von Gebhard Rusch und Siegfried J. Schmidt. stw 1156. 286 Seiten

Konstruktivismus und Ethik. DELFIN 1995. Herausgegeben von Gebhard Rusch und Siegfried J. Schmidt. stw 1217. 396 Seiten

Interne Repräsentation. DELFIN 1996. Neue Konzepte der Hirnforschung. Zum Dialog von Konstruktivismus und Neurowissenschaften. Herausgegeben von Gebhard Rusch, Siegfried J. Schmidt und Olaf Breidbach. stw 1277. 230 Seiten

Konstruktivismus in der Medien- und Kommunikationswissenschaft. DELFIN 1997. Herausgegeben von Gebhard Rusch, Siegfried J. Schmidt und Olaf Breidbach. stw 1340. 344 Seiten

Konstruktivismus in Psychiatrie und Psychologie. DELFIN 1998/99. Herausgegeben von Gebhard Rusch und Siegfried J. Schmidt. stw 1503. 240 Seiten

Politische Ökonomie, Staats- und Politiktheorie im Suhrkamp Verlag
Eine Auswahl

Dirk Baecker
- Die Form des Unternehmens. stw 1453. 288 Seiten.
- Information und Risiko in der Marktwirtschaft.
  382 Seiten. Gebunden
- Organisation als System. stw 1434. 384 Seiten
- Womit handeln Banken? Eine Untersuchung zur Risikover-
  arbeitung in der Wirtschaft. stw 946. 207 Seiten

Klaus von Beyme
- Die Kunst der Macht und die Gegenmacht der Kunst.
  Studien zum Spannungsverhältnis von Kunst und Politik.
  stw 1368. 405 Seiten
- Die politische Klasse im Parteienstaat. stw 1064. 224 Seiten
- Theorie der Politik im 20. Jahrhundert. Von der Moderne
  zur Postmoderne. stw 969. 394 Seiten

Hauke Brunkhorst (Hg.). Demokratischer Experimentalis-
mus. Politik in der komplexen Gesellschaft. stw 1369. 397 Seiten

Hauke Brunkhorst/Matthias Kettner (Hg.). Globalisierung
und Demokratie. Wirtschaft, Recht, Medien.
stw 1448. 416 Seiten

**Hauke Brunkhorst/Wolfgang R. Köhler/Matthias Lutz-
Bachmann (Hg.).** Recht auf Menschenrechte. Menschenrechte,
Demokratie und internationale Politik. stw 1441. 352 Seiten

Hauke Brunkhorst/Peter Niesen (Hg.). Das Recht der Republik. stw 1392. 403 Seiten

Christine Chwaszcza/Wolfgang Kersting (Hg.). Politische Philosophie der internationalen Beziehungen. stw 1365. 604 Seiten

Jacques Derrida. Das andere Kap. Die vertagte Demokratie Zwei Essays zu Europa. Übersetzt von Alexander García Düttmann. es 1769. 97 Seiten

Diether Döring (Hg.). Sozialstaat in der Globalisierung. Unter Mitarbeit von Erika Mezger. es 2096. 204 Seiten

Hans Joas/Martin Kohli (Hg.). Zusammenbruch der DDR. es 1777. 325 Seiten

Matthias Kettner (Hg.). Angewandte Ethik als Politikum. stw 1458. 416 Seiten

Ekkehart Krippendorff
- Kritik der Außenpolitik. es 2139. 240 Seiten
- Schöpferische Unzufriedenheit. Ethische Politik von Sokrates bis Mozart. 468 Seiten. Gebunden
- Staat und Krieg. Die historische Logik politischer Unvernunft. es 1305. 436 Seiten

Ernst-Joachim Lampe (Hg.). Zur Entwicklung von Rechtsbewußtsein. stw 1315. 520 Seiten

Niklas Luhmann. Die Wirtschaft der Gesellschaft. stw 1152. 356 Seiten

Ulrich Menzel. Auswege aus der Abhängigkeit. Die entwicklungspolitische Aktualität Europas. es 1312. 649 Seiten

Ulrich Menzel/Dieter Senghaas. Europas Entwicklung und die Dritte Welt. Eine Bestandsaufnahme. es 1393. 295 Seiten

Ulrich Menzel u.a. (Hg.). Die Neue Weltwirtschaft. Entstofflichung und Entgrenzung der Ökonomie. es 1983. 336 Seiten

Wolfgang Merkel/Andreas Busch (Hg.). Demokratie in Ost und West. Für Klaus von Beyme. stw 1425. 718 Seiten

Julian Nida-Rümelin. Demokratie als Kooperation. stw 1430. 224 Seiten

Karl Polanyi. The Great Transformation. Politische und ökonomische Ursprünge von Gesellschaften und Wirtschaftssystemen. Übersetzt von Heinrich Jelinek. stw 260. 394 Seiten

Dieter Senghaas
- Friedensprojekt Europa. es 3333. 226 Seiten
- Konfliktformationen im internationalen System. Weltpolitische Betrachtungen. es 1509. 230 Seiten
- Rüstung und Militarismus. es 498. 370 Seiten
- Weltwirtschaftsordnung und Enwicklungspolitik. Plädoyer für Dissoziation. es 856. 358 Seiten
- Zivilisierung wider Willen. Der Konflikt der Kulturen mit sich selbst. es 2081. 228 Seiten
- Die Zukunft Europas. Probleme der Friedensgestaltung. es 1339. 273 Seiten

Dieter Senghaas (Hg.). Frieden machen. es 2000. 592 Seiten

Gary Smith/Avishai Margalit (Hg.). Amnestie oder Die Politik der Erinnerung in der Demokratie. es 2016. 243 Seiten

Horst Steinmann/Andreas Georg Scherer (Hg.). Zwischen Universalismus und Relativismus. Philosophische Grundlagenprobleme des interkulturellen Managements. stw 1380. 424 Seiten

NF 112/3/6.00